NIVEAU

B2

Les 500
EXERCICES DE
GRAMMAIRE

Marie-Pierre Caquineau-Gündüz

Yvonne Delatour

Jean-Pierre Girodon

Dominique Jennepin

Françoise Lesage-Langot

Pascal Somé

HACHETTE
Français langue étrangère

www.hachettefle.fr

Avant-propos

Cet ouvrage de la collection *Les Exercices* s'adresse à des apprenants de Français Langue Étrangère, adolescents ou adultes, pour un travail **en classe** ou **en autonomie**. Il propose des **exercices d'entraînement** correspondant au niveau **B2 du Cadre Européen Commun de Référence**.

Il comporte **26 chapitres** présentés en six grandes parties : le groupe du nom et les pronoms, le verbe, la phrase, l'expression de la pensée, l'expression des circonstances, la grammaire du texte.

Chaque chapitre se divise en plusieurs sous-parties. Chacune d'elles s'ouvre sur des corpus très courts qui, dans un premier temps, permettent à l'étudiant d'**observer** le fonctionnement de la langue, puis de formuler la règle en répondant à quelques questions. Il s'agit donc d'une démarche de type **inductif**.

Dans un deuxième temps l'étudiant peut alors **s'entraîner** à l'aide d'exercices qui renvoient à des **situations de la vie quotidienne**, rédigés dans une langue courante, ou qui renvoient à des **sujets d'actualité**, rédigés dans une langue écrite d'un registre plus soutenu. Un grand nombre d'exercices sont **contextualisés** afin de s'inscrire dans une **situation de communication authentique**. On trouvera également des exercices plus créatifs étiquetés **À vous !** dont certains peuvent être travaillés en mini-groupes. Quelques textes littéraires sont également utilisés comme support d'exercice.

À l'intérieur de chaque chapitre, les notions sont abordées de façon **progressive** et des renvois internes à l'ouvrage permettent aussi une **progression en spirale**.

Un **bilan** à la fin du chapitre reprend les principaux éléments abordés.

En fin d'ouvrage, un **index** présente les notions abordées dans les différents chapitres tandis qu'une **table** indique les renvois à la *Nouvelle Grammaire du Français, Cours de Civilisation Française de la Sorbonne*, à laquelle l'apprenant pourra se référer en cas de besoin ou pour approfondir ses connaissances grammaticales.

Ce livre d'exercices est le fruit de la collaboration étroite d'une équipe d'auteurs regroupant enseignants de Français Langue Étrangère et linguistes. Nous espérons qu'il répondra à l'attente des apprenants et des enseignants de F.L.E.

Les auteurs

Nous avons fait notre possible pour obtenir les autorisations de reproduction des textes et des documents publiés dans cet ouvrage. Dans le cas où des omissions ou des erreurs se seraient glissées dans nos références, nous y remédierons dans les éditions à venir. Dans certains cas, en l'absence de réponse des ayants-droits, la mention DR a été retenue. Leurs droits sont réservés aux éditions Hachette.

Couverture : Amarante
Maquette intérieure : Médiamax
Réalisation : Médiamax
Suivi éditorial : Vanessa Colnot
Illustrations : Claude Bour

Pour découvrir nos nouveautés, consulter notre catalogue en ligne, contacter nos diffuseurs ou nous écrire, rendez-vous sur Internet : **www.hachettefle.fr**

ISBN 978-2-01-155438-3

© HACHETTE LIVRE 2007, 43 quai de Grenelle, F 75 905 Paris cedex 15.

SOMMAIRE

Ire PARTIE

Le groupe du nom et les pronoms

Observez

• un ordinateur
• l'ordinateur d'Alexandre
• mon ordinateur
• cet ordinateur
• certains ordinateurs

a. Dans les groupes nominaux ci-dessus, soulignez les déterminants du nom « ordinateur » et indiquez à quelle catégorie appartient chacun d'eux.

• L'ordinateur d'Alexandre est très léger.
• Alexandre a acheté un ordinateur portable.
• Dans les ordinateurs portables, les composants électroniques sont très miniaturisés.
• Il n'y a pas de souris externe. Le pavé tactile de l'ordinateur joue le même rôle.
• Alexandre tient beaucoup à son nouvel ordinateur.

b. Dans les phrases ci-dessus, indiquez les différentes fonctions du nom ordinateur : sujet, complément de nom, complément d'objet direct ou indirect, complément de lieu.
c. Soulignez les adjectifs qui qualifient « ordinateur ». Lesquels sont placés à côté de ce nom ? Lequel est relié à ce nom par l'intermédiaire d'un verbe (adjectif attribut) ?

Alexandre et sa sœur utilisent beaucoup leur ordinateur pour travailler, pour jouer. Chacun a le sien. Celui d'Alexandre et celui de Laura ne sont pas de la même fabrication, mais ils sont très performants tous les deux, chacun dans leur genre. L'ordinateur que j'utilise n'a pas autant de mémoire que les leurs.

d. Dans le texte ci-dessus, soulignez les pronoms qui remplacent le nom « ordinateur ». Indiquez la catégorie à laquelle appartient chacun de ces pronoms.

La formation des noms inanimés

• Les noms dérivés

Observez

Un **règlement** (1) de copropriété précise les règles de gestion d'un immeuble. Lors de la dernière assemblée générale de notre immeuble, les copropriétaires se sont plaints du mauvais **réglage** du chauffage collectif. Par ailleurs, le syndic a demandé une plus grande **régularité** dans le paiement des charges afin de permettre le **règlement** (2) des travaux en cours.

a. Quel est le sens de *règlement* (1), *réglage*, *régularité*, *règlement* (2) ?

b. Trouvez le mot : nom, verbe ou adjectif qui sert de base à chacun d'entre eux.

Entraînez-vous

1 a) Trouvez les noms dérivés du verbe, de l'adjectif, puis du nom et indiquez leur genre.

– Verbe → nom : continuez les listes.

Terminaisons	
-ment	charger → *le chargement* recruter, licencier, investir, aboutir, renouveler, percer, héberger...
-tion / -sion / -xion / -ison	démolir → ... *démolition* réagir, guérir, voir, trahir, apparaître, connecter, acquérir, persuader, prévenir, annexer, polluer, réviser, recevoir, médiatiser...
-ure	brûler → ... *brûlure* casser, peindre, rompre, mordre, relier, couvrir, couper...
-age	bricoler → ... *bricolage* barrer, chômer, sonder, emballer, masser, recycler, jardiner, espionner...
-ée	traverser → ... *traversée* plonger, flamber, arriver, monter, penser, avancer, tomber...
-ance	tolérer → ... *tolérance* naître, assister, confier, espérer, descendre, résister, croître...
-eur	balader → ... *baladeur* interrompre, aspirer, ordonner, battre, contenir...
-euse	tondre → ... *tondeuse* percer, shampouiner, agrafer, poncer, veiller, couver...

– Adjectif → nom : continuez les listes.

Terminaisons	
-ance / -ence	vigilant → ... *vigilance* clairvoyant, urgent, compétent, réticent, divergent, arrogant...
-ude	seul → ... *solitude* certain, habituel, exact, las, prompt, hébété, long...
-ité / -eté / -té	curieux → ... *curiosité* émotif, capable, étrange, ponctuel, unanime, libre, convivial...
-(er)ie	jaloux → ... *jalousie* drôle, fou, étourdi, fourbe, courtois, coquet...
-isme	social → ... *socialisme* réel, romantique, naturel, existentiel...

– Nom → nom : continuez les listes.

Terminaisons	
-age	ville → ... *village* feuille, grille, rive, esclave...
-rie	message → ... *messagerie* fromage, billet, infirme, teinture, déchet, plomb...
-isme	capital → ... *capitalisme* impression, cube, Bouddha, bandit, perfection...

b) Quelle différence de sens y a-t-il entre

1. un ordinateur et une ordonnance ?
2. une interruption et un interrupteur ?
3. la longueur et la longitude ?
4. la descente et la descendance?
5. la veillée et une veilleuse ?

2 **Précisez le sens de chacun des noms en l'insérant dans un bref contexte.**

Exemple : **l'heure : l'horaire, l'horloge, ...**
→ *l'**horaire** des trains pour Marseille, le tic-tac d'une **horloge***

1. *le lieu* : local, localisation, localité
2. *la forme* : format, formule, formulation, formulaire
3. *le gril* : grille, grillage, grillade
4. *l'échelle* : échelon, escalier, escalator, escalade
5. *la terre* : terrain, territoire, terroir, terrasse

• Puzzle gréco-latino-français !

Observez

- monosyllabe
- pronom
- parachute
- minijupe
- copropriété
- thermomètre
- zoologie
- claustrophobie

Dégagez, en le soulignant, le nom français simple qui entre dans la formation de ces noms.

Entraînez-vous

3 Reliez le mot et sa définition, comme pour le premier mot donné en exemple.

1. *la chronologie* •
2. la chorégraphie •
3. la biologie •
4. une biographie •
5. la cardiologie •
6. la démographie •

- **a.** la description d'une danse sur le papier
- **b.** le récit de la vie d'une personne
- **c.** *l'étude des dates des événements historiques*
- **d.** la description et l'analyse statistique de la population
- **e.** l'étude des êtres vivants
- **f.** l'étude médicale du cœur

4 **À vous !** Trouvez des noms commençant par les éléments : *télé – vidéo – auto – micro* et des noms finissant par les éléments : *thèque – thérapie – pathie – mètre*. Insérez-les dans un bref contexte pour en préciser le sens.

Exemple : **télé** → *télécommunication, téléobjectif, téléchargement, etc.*
    → *un satellite de télécommunications*

• Jeux avec les noms

5 Trouvez, d'après le contexte, l'homonyme des noms proposés.

Exemple : le boulot – Le .... est un arbre.
    → *Le bouleau est un arbre.*

1. l'encre   L' ...... sert à immobiliser un bateau.
2. la balle (de tennis) le ...... du 14 juillet
3. la chaîne (de TV)   Le ...... est un arbre.
4. le chant   un ...... de maïs
5. le cœur   un chef de ......
6. la colle   le ...... d'une chemise
7. le fil (à coudre)   une ...... d'attente
8. une fois   Le ...... est un organe du corps qui secrète la bile. / La ...... en Dieu
9. un signe   Le ...... est un bel animal généralement blanc.
10. le golf   le ...... du Mexique
11. la morale   avoir le ...... à zéro

6 Trouvez l'adjectif qui forme une unité sémantique avec le nom.

Exemple : Les plantes ...... se développent dans les climats chauds et arides.
→ Les plantes grasses se développent dans les climats chauds et arides.

1. Des chaises ...... sont à la disposition des clients autour de la piscine de l'hôtel.
2. L'entretien des espaces ...... de la ville occupe trois personnes à plein temps.
3. Marie a eu le ...... rire en voyant sa mère affublée d'un pareil chapeau !
4. L'histoire et la sociologie font partie des sciences ....
5. Pour le ravalement de l'immeuble, chaque réunion de chantier fait l'objet d'un compte ....
6. L'entreprise ne fait pas crédit ; elle exige le paiement ...... de ses services.
7. Les chercheurs du CNRS (Centre National de la Recherche Scientifique) ont écrit une lettre ......
au président de la République pour dénoncer l'insuffisance des crédits de la recherche.

Les constructions nominales

7 a) Précisez le sens de *sentiment* et de *sensation* en choisissant les compléments qui conviennent dans la liste. (Attention certains noms peuvent être employés deux fois.)

de bien-être – de bonheur – de confort – de douleur – **de fraîcheur** – de gratitude – de mépris – d'étouffement – de tristesse – de vertige – **d'indignation**

Exemple : une sensation de fraîcheur   un sentiment d'indignation

b) Même exercice avec *contrat* et *mois*.

à durée indéterminée – d'assurance – de congé – de mariage – d'entretien – de stage – de travail – d'hospitalisation

Exemple : un contrat ......   un mois ......

8 Complétez les groupes nominaux avec une préposition, si nécessaire.

*Exemples : – une voie / issue → une voie **sans** issue*
– un gâteau / maison → un gâteau maison

1. le travail / la chaîne
2. une vente / les enchères
3. un passage / piétons
4. le service / vente
5. une bière / pression
6. une entrée / matière
7. un hôtel / cinq étoiles
8. une arme /double tranchant
9. un crayon / feutre
10. des cartes / jouer
11. un vélo / tout terrain
12. une fermeture / éclair

9 Choisissez parmi les compléments proposés celui qui donne sens à la phrase.

à jour – au point – en cause – en garde – en place – en scène – en service – en valeur

1. On joue en ce moment à la Comédie-Française *Rhinocéros* de Ionesco dans une mise ...... très réussie.
2. Une rencontre internationale comme les Jeux olympiques nécessite la mise ...... d'un important service d'ordre.
3. La mise ...... d'un monument dépend beaucoup de la qualité de son éclairage.
4. Ce médicament peut avoir des effets secondaires dangereux. Il a fait l'objet d'une mise ...... du corps médical.
5. Une langue ne cesse d'évoluer, ce qui nécessite une constante mise ...... des dictionnaires.

6. La mise …… de la nouvelle ligne de tramway d'Orléans aura lieu en mars prochain.
7. La voiture hybride, fonctionnant à l'essence et à l'électricité, fait une percée encore timide sur le marché de l'automobile. La mise …… de modèles compétitifs demandera encore des mois de travail.
8. Toute la ville est en émoi depuis la mise …… du maire dans une affaire de profits illicites.

II. L'adjectif

La formation des adjectifs

Observez

> La jolie petite ville de Champs a accueilli en juillet son premier festival européen de la chanson. Le maire a eu l'idée originale de créer des installations hyper-légères et transportables pour les musiciens. Tout le monde a apprécié les changements de lieux créant une ambiance toujours différente. Un brillant succès pour le maire et ses collaborateurs. Gageons que ce festival sera bientôt archiconnu chez les fans de la chanson.

Relevez les adjectifs et classez-les dans le tableau.

Adjectifs non dérivés	Adjectifs dérivés d'un nom, d'un adjectif ou d'un verbe	Adjectifs précédés d'un préfixe
joli	*européen*	*hyper-légères*
…………………………	…………………………	…………………………
…………………………	…………………………	…………………………
…………………………	…………………………	…………………………

Entraînez-vous

10 **Formez des adjectifs à partir des noms et des verbes proposés et placez-les dans un groupe nominal. Aidez-vous d'un dictionnaire, si nécessaire.**

Exemples : – route → les transports routiers
– réaliser → un projet réalisable

<u>Noms</u> : barbe – célibat – culture – illusion – lieu – lumière – malade – piéton – pluie – religion
<u>Verbes</u> : accepter – construire – faire – flatter – hâter – préciser

11 **Ajoutez à chaque adjectif le préfixe qui convient.**

anti – **archi** – bio – extra – non – sous – super

Exemple : un autobus très plein → un autobus archiplein

1. une soirée très sympa
2. un pays peu développé
3. des haricots verts très très fins
4. des phares contre le brouillard
5. une lessive biologiquement dégradable
6. des engrais qui ne polluent pas

12 Remplacez le complément du nom ou la proposition subordonnée relative par un adjectif, comme dans l'exemple.

Exemple : les travaux du ménage → les travaux ménagers

1. un port sur la mer
2. un bruit qui ne s'interrompt pas
3. un endroit à l'ombre
4. un comportement qui tend au suicide
5. un immeuble de Paris

6. l'air de la mer
7. des propos qui blessent
8. une piste pour les cyclistes
9. le personnel de l'hôpital
10. une revue qui paraît tous les mois

13 Complétez le texte par l'une des deux formes proposées pour chacun des adjectifs.

contrarié / contrariant – énervant / énervé – satisfait / satisfaisant – respectueux / respectable – tolérable / tolérant – vivant / vivable

7 h 30 sur l'autoroute A6.

Claude, au volant de sa voiture depuis 1 heure, est super-...... . À la radio, on annonce 5 km de bouchons jusqu'à l'entrée du périphérique.

« J'en ai assez d'habiter aussi loin de mon boulot. Ce n'est pas ...... ! Une fois de plus, j'arriverai en retard au bureau et mon chef sera ......, d'autant que ce n'est pas un homme .... J'avoue que de mon côté je ne suis pas très ...... des horaires. Tiens ! Ça redémarre. Je vais peut-être y arriver. J'en connais un qui sera ...... ! »

14 Accordez les adjectifs entre parenthèses et soulignez ceux qui comportent une modification phonétique, comme dans l'exemple.

Exemple : une allée (cavalier) → une allée cavalière

une réponse (franc) – ma chanson (favori) – une personne (handicapé) – une grand-mère (gentil) – une conférence (européen) – une analyse (sanguin) – une femme (ambitieux) – une attitude (méprisant) – la faune (marin) – une situation (confus) – une histoire (rigolo) – la guerre (civil) – une maladie (bénin) – une vision (partiel) – une couette (moelleux) – une crème (nutritif) – une histoire (banal) – la côte (breton) – une attitude (conservateur)

La place de l'adjectif

Observez

1. Les rues piétonnes dans les vieux quartiers strasbourgeois permettent aux touristes de flâner tout en admirant les pittoresques maisons dont certaines datent du Moyen Âge.

2. Au marché aux puces de Saint-Ouen, j'ai trouvé une jolie table basse et une lampe bleue avec des motifs jaunes un peu compliqués mais très décoratifs. Le tout pour 150 euros. Je crois que j'ai fait une bonne affaire !

Relevez les adjectifs de ces textes et classez-les dans le tableau.

Toujours avant le nom	Toujours après le nom	Avant ou après le nom
vieux	....	....
....	....	....
....	....	....

Entraînez-vous

15 Placez les adjectifs proposés avant ou après le nom selon le sens de la phrase. Puis, écrivez une phrase dans laquelle l'adjectif sera placé différemment. (Attention aux changements de sens et aux accords.)

ancien – pauvre – propre – seul – vrai

Exemple : simple

> → *On m'a donné une **explication simple** qui m'a convaincu.*
> → *Un **simple coup de téléphone** et votre commande sera enregistrée.*

1. Hier, Fred a rencontré par hasard son **amie** dans un café.
2. Ma **tante** n'a pas de chance : elle a glissé dans les escaliers et s'est foulé la cheville.
3. Il a été battu aux élections dans sa **ville**.
4. Je ne veux pas laisser les **enfants** à la maison.
5. J'ai un **problème** avec mes voisins au sujet de leur chien. Je ne sais plus quoi faire.

16 Formez des groupes nominaux à partir des éléments proposés, comme dans les exemples. (Attention aux accords.)

a) 2 adjectifs

Exemple : haut – enneigé / montagne
> → *une haute montagne enneigée*

1. chocolaté – délicieux / crème
2. gros – sauvage / bouquet de fleurs
3. bleu – léger / fumée
4. défoncé – vieux / route
5. vitaminé – nouveau / boisson
6. blafard – faible / lueur

b) 3 adjectifs que vous pouvez coordonner par *mais – et*.

Exemple : sage – obéissant – petit / garçon
> → *un petit garçon sage et obéissant*

1. talentueux – peu connu – jeune / un peintre
2. rapide – dangereux – petite / une moto
3. original – amusant – joli / film
4. grand – mélancolique – bleu / des yeux
5. nouveau – superbe – très difficile / des pistes de ski

17 Voici trois annonces publicitaires. Placez les adjectifs proposés de façon à ce que l'annonce soit la plus convaincante possible. Utilisez des virgules, si nécessaire.

MOBILIER
Le lampadaire Tano diffuse une lumière
qui convient à la salle de séjour.
Sa silhouette trouve sa place
dans tous les styles d'ameublement.

chaleureuse – contemporain – élégant – léger et robuste

Voyage au Mexique

Découvrez les trésors
de l'époque coloniale du Mexique
et admirez les témoignages
d'un passé déterminant dans l'histoire
du pays. Un circuit pour une découverte
des villes coloniales classées
au patrimoine de l'humanité.

HIGH-TECH

Le logiciel **Photopro** ne désarçonnera pas
ses utilisateurs. Il permet d'effectuer
un traitement de la photo.
Grâce aux options, chacun peut laisser
parler sa créativité.
Un achat à faire avant les fêtes de fin
d'année !

artistique – authentique –
extraordinaires – nombreux

étendues – excellent – nouveau –
pratique et simple

Les constructions adjectivales

• Adjectifs suivis de la prépositions *à* ou *de*

18 Complétez les adjectifs avec *à* ou *de*.

1. Les habitants du quartier sont tous opposés ...... la démolition du vieil Hôtel de Ville.

2. Éric est trop individualiste pour être apte ...... le travail en équipe.

3. Cette histoire nous a laissés muets ...... étonnement.

4. Beaucoup de gens sont inquiets ...... l'évolution de la planète.

5. Êtes-vous en possession de tous les documents relatifs ...... votre demande de renouvellement
de carte d'identité ?

6. Regarde ! J'ai acheté un appareil photo pareil ...... le tien.

7. Vous serez payé à l'heure et votre salaire sera proportionnel ...... le nombre d'heures travaillées.

8. Augustin est très jaloux ...... sa petite sœur.

19 Écrivez deux phrases avec chacun des adjectifs proposés ; l'adjectif sera suivi d'un infinitif,
puis d'un nom, comme dans l'exemple.

désolé – enchanté – furieux – stupéfait

Exemple : content de

> → *Je suis content **d'avoir réussi** mon examen.*
> → *Je suis content **de votre succès** à l'examen.*

20 Faites des phrases avec les éléments proposés pour bien mettre en relief la double
construction des adjectifs : adjectif + *à* + infinitif / adjectif + *de* + infinitif.

un travail ennuyeux – une émission de télévision passionnante – une recette de cuisine facile –
un dessin animé – un musée intéressant

Exemple : un exercice difficile

> → *Je trouve que cet exercice de maths est **difficile à faire**.*
> → *Je trouve que c'est **difficile de faire** cet exercice de maths en temps limité.*

• Prépositions *à, pour, en, de, contre*

21 Complétez le texte avec les prépositions : *à, de, pour, en, contre.*

Line et Jacques ont un fils de 14 ans qui leur donne beaucoup de soucis. Ils vont voir la conseillère d'éducation du collège.

— Romain est nul ...... tout, ou presque. Nous ne savons pas quoi faire. Il ne travaille pas. Il passe son temps à gratter sa guitare. Vous croyez que c'est bon ...... sa santé, ça ? Nous sommes fâchés ...... sa prof qui répète qu'il est très doué ...... la musique. Elle oublie de dire qu'il est très faible ...... maths et ...... français. Il est calé ...... musique, d'accord. Mais qu'est-ce qu'on fait avec la musique ? C'est pas un métier !

— Ne soyez pas soyez inquiets ...... votre fils. Je pense que le Directeur sera favorable ...... une orientation artistique qui sera riche ...... possibilités pour votre enfant.

Bilan

22 Répondez aux questions sur le texte.

DÉVELOPPEMENT DURABLE, COMMERCE ÉQUITABLE

Aujourd'hui, le développement (durable) ne relève plus seulement du domaine **de l'utopie**. À l'écologie et au social, les deux grands thèmes (porteur) du développement durable, s'ajoute désormais l'économie.

D'(intéressant) projets dans les filières **de l'agriculture**, du bois, du textile, pour n'en citer que quelques-unes, se mettent en place.

Des labels et des normes (fiable), établis par des instances (international), sont attribués aux produits **du commerce** équitable. On peut acheter maintenant nombre de ces produits dans les hyper ou supermarchés.

On sait que la loi du commerce est (implacable). C'est, en définitive, le consommateur qui jugera.

a. Accordez les adjectifs entre parenthèses.

b. Remplacez les adjectifs soulignés par une subordonnée relative.

c. Remplacez les compléments du nom en gras par un adjectif.

d. Quel nom composé d'un adjectif et d'un nom emploie-t-on souvent à la place de *hyper* ou *supermarché* ?

23 Employez les mots proposés comme noms, puis comme adjectifs.

accessoire – court – documentaire – intérieur – général – générique – manuel – standard

*Exemple : local → un **local** à usage commercial / la presse **locale***

24 Précisez la différence de sens entre les adjectifs.

1. partiel / partial
2. réel / réaliste / réalisable

3. paisible / pacifique
4. ombragé / ombrageux

25 Réalisez l'expansion des noms proposés à l'aide de compléments de nom et d'adjectifs, comme dans les exemples.

chanson – livre – paysage – plante – restaurant – voiture

Exemples : – histoire → une belle mais triste histoire d'amour
– château → un vieux château abandonné

2 L'expansion du nom : la proposition subordonnée relative

Observez

> 1   Je t'aime pour toutes les femmes que je n'ai pas connues
>   Je t'aime pour tous les temps où je n'ai pas vécu
>   Pour l'odeur du grand large et l'odeur du pain chaud
>   Pour la neige qui fond pour les premières fleurs
> 5   Pour les animaux purs que l'homme n'effraie pas
>   Je t'aime pour aimer
>   Je t'aime pour toutes les femmes que je n'aime pas
>
>   Paul Éluard, *Le Phénix*, 1951, © Éditions Seghers.

Note : *phénix* : oiseau fabuleux dont la particularité était qu'il se brûlait lui-même mais renaissait de ses cendres.

Pour l'emploi du conditionnel et du subjonctif dans la proposition subordonnée relative, voir chapitre 10, page 96

a. Soulignez les propositions relatives dans le poème et dans la note.

b. Entourez chaque pronom relatif et indiquez son antécédent, c'est-à-dire le nom qu'il représente.

c. Le pronom relatif peut-il avoir d'autres formes que celles utilisées par Paul Éluard ?

d. Quel est le rôle d'une proposition relative ?

I. Les pronoms *qui, que, dont, où*

Entraînez-vous

1 Reliez les deux phrases par les pronoms *qui, que, dont, où*, comme dans l'exemple.

Exemple : J'ai acheté un super vélo. Ce vélo était à un tarif promotionnel.
> *→ J'ai acheté un super vélo **qui** était à un tarif promotionnel.*

1. J'ai acheté à Bricorama une petite table basse. Elle ira très bien devant le canapé du salon.
2. J'ai acheté ce livre dans une librairie. On trouve un excellent choix de livres d'occasion dans cette librairie.
3. J'ai acheté à mon fils des chaussures à la mode. Tous ses copains portent ces chaussures.
4. J'ai acheté à ma fille la petite souris en peluche Diddl. Toutes ses amies de l'école raffolent de cette peluche.
5. J'ai acheté un nouveau magazine sportif. Le titre du magazine est : *Sport Plus*.
6. J'ai acheté cet ensemble en cuir un samedi. Ce samedi-là, j'avais vraiment envie de faire une folie.

2 Complétez les phrases avec les pronoms qui conviennent.

1. Le nouveau PDG de l'entreprise Duroz ...... travaillent 500 personnes est un homme ...... l'on dit compétent, mais très exigeant.
2. Il régnait dans la maison un profond silence ...... pas un craquement, pas un soupir ne venaient troubler.

3. Le sang-froid ...... les habitants ont fait preuve pendant l'inondation du quartier est tout à fait remarquable.

4. Apportez-nous deux cafés, s'il vous plaît, ... un décaféiné.

5. Le bâtiment de ...... s'échappaient des émanations de gaz était une usine de produits chimiques.

3 Complétez le texte avec les pronoms *qui, que, dont, où.*

LA CÔTE D'AZUR

La Côte d'Azur est une vaste région ...... la caractéristique principale est la richesse et la variété des paysages. La Côte méditerranéenne, ... un romancier au XIXᵉ siècle a baptisée « Côte d'Azur », bénéficie d'un climat doux et lumineux. Elle est extrêmement variée : la Côte toulonnaise, très découpée, offre des criques ...... mouillent les yachts et ...... sont autant de petits paradis pour la baignade. Suit la Côte des Maures ...... les sites charmants sont couverts d'une magnifique végétation. Elle se prolonge par la Côte de l'Esterel, abrupte et chaotique, ... les rochers forment des milliers d'îlots ...... les lichens colorent de vert. Ensuite, viennent les larges baies de la Côte d'Antibes ...... Cannes est le pôle d'attraction. Enfin, on trouve la Riviera ...... dominent les montagnes des Préalpes ...... séparent radicalement la côte de l'arrière-pays.

4 **À vous !** Complétez les phrases du dialogue.

— Bonjour ! Je voudrais m'inscrire au cours de taï chi chuan de M. Li. Un ami m'a conseillé ce cours. Faire du taï chi c'est quelque chose dont ...... depuis longtemps. La personne que ...... lundi dernier et à qui ...... m'a affirmé qu'il y avait encore de la place.

— Peut-être ce jour-là, mais aujourd'hui tous les cours de M. Li sont complets. Vous savez, ici c'est un endroit où .... Il aurait fallu réserver plus tôt !

5 **À vous !** Complétez les phrases.

1. Je déteste les repas où ....

2. Les secouristes qui ...... n'ont malheureusement pas pu dégager les deux skieurs ensevelis sous l'avalanche.

3. Pendant la guerre, plusieurs familles ont accueilli des réfugiés qui ...... et que ....

4. La Tour Eiffel a été construite à une époque où ....

5. J'adore lire des biographies, particulièrement celles dont ....

II. *Ce que, ce qui, ce dont, ce* + préposition + *quoi*

Observez

Depuis quelque temps, on peut voir dans la presse people la jeune et ravissante actrice Louise Lebrun photographiée en compagnie d'un richissime industriel japonais, ce qui laisse à penser qu'elle va bientôt convoler en justes noces. Il y a six mois elle avait déclaré qu'elle songeait à arrêter sa carrière, ce à quoi ses fans avaient refusé de prêter attention tant cela semblait improbable. Mais c'est ce en quoi ils se trompaient ! Aujourd'hui le doute plane...

a. Soulignez les emplois du pronom relatif précédé de *ce*.

b. Que représente *ce* ?

Entraînez-vous

6 Complétez les phrases avec : *ce qui, ce que, ce dont, ce* + préposition + *quoi*.

1. Je me demande …… pourrait faire plaisir à mon filleul de 10 ans qui a déjà beaucoup de jeux et de livres.
2. La pollution dans les grandes villes, c'est …… tout le monde se plaint.
3. Mon amie Lucile et son copain ont débarqué chez moi pour trois jours, …… je n'avais pas prévu et …… ne m'arrange pas du tout.
4. Faut-il ou non poursuivre la grève, c'est …… ont porté les discussions des syndicats.
5. L'injustice et la violence, c'est …… il faut lutter.

7 Complétez le texte avec les structures : *ce qui, ce à quoi* (2), *ce que*.

Retrouver la fille aux longs cheveux bruns qu'il avait vue à la plage au début des vacances, c'était …… il pensait sans cesse. Lui parler, lui dire qu'elle était belle, c'était …… il désirait le plus au monde. Lui lire les poèmes qu'il avait écrits pour elle, c'était …… lui tenait le plus à cœur. Le dernier jour des vacances, …… il ne s'attendait plus, est arrivé : elle était là, devant lui, souriante. Allait-il oser l'aborder ?

8 Complétez le texte avec les expressions proposées. Attention plusieurs solutions sont possibles.

après quoi – faute de quoi – grâce à quoi – moyennant quoi – sans quoi

LA JACINTHE
UNE JOLIE FLEUR D'HIVER ET DE PRINTEMPS

Quelques conseils pour la culture des jacinthes à la maison :

– Achetez en septembre des bulbes de jacinthes que vous placerez en pots dans une terre légère et sableuse. Mettez des cailloux dans le fond des pots, …… les bulbes pourriront.

– ……, laissez les pots au frais et à l'obscurité six à huit semaines. Les racines vont se développer.

– Vous laisserez ensuite les pots dans un endroit bien éclairé, …… la couleur et le parfum des fleurs perdureront.

– Veillez à ce que la terre reste à peine humide, …… les jacinthes pousseront trop vite.

– N'hésitez pas à les sortir la nuit sur le balcon, …… elles se conserveront plus longtemps. La jacinthe aime le froid !
Bonne culture !

III. Les pronoms relatifs composés

Observez

L'effet de serre est un phénomène naturel sans lequel le climat de la terre serait invivable. Mais on sait aujourd'hui que depuis la révolution industrielle, grâce à laquelle le niveau de vie de nombreux pays a progressé de façon spectaculaire, la concentration de gaz dans l'atmosphère s'est considérablement élevée. Le réchauffement de la planète est un phénomène avec lequel il faut désormais compter. C'est donc un grave problème auquel la communauté scientifique et les citoyens doivent s'attaquer.

a. Soulignez les pronoms relatifs composés et leurs antécédents.

b. Pourquoi n'est-il pas possible d'employer des relatifs simples ?

Entraînez-vous

9 Reliez les deux phrases par un pronom relatif simple ou composé, comme dans l'exemple.

Exemple : La réunion a été annulée. Je devais participer à cette réunion.
*→ La réunion **à laquelle** je devais participer a été annulée.*

1. On a arrêté le malfaiteur ainsi que trois complices. Il avait cambriolé plusieurs appartements avec eux.
2. Le Directeur a fait un long discours en anglais. Je n'ai rien compris à ce discours.
3. Je me souviens que ma mère avait un tiroir secret. Elle cachait ses bijoux au fond de ce tiroir.
4. Les étudiants peuvent bénéficier d'une carte spéciale. Grâce à cette carte, ils bénéficient d'un tarif spécial dans les transports en commun.
5. Je dois faire la liste de tous les courriels. Je n'ai pas encore répondu à ces courriels.
6. Je dois faire réparer l'ordinateur. Je rédige tous mes devoirs sur cet ordinateur. Quel souci !

10 **À vous !** Décrivez chacun des dessins ci-dessous en utilisant au moins quatre pronoms relatifs dont un composé.

*Exemple : C'est un animal **qui** vit avec l'homme, **que** les*
*chasseurs emmènent avec eux à la chasse, **dont***
*les enfants ont quelquefois peur, grâce **auquel***
la maison est bien gardée.

IV. La place de la subordonnée relative

Observez

Au commencement des années cinquante, vécut, dans l'appartement qu'acheta plus tard Madame Moreau, une Américaine énigmatique, que sa beauté, sa blondeur et le mystère qui l'entourait avaient fait surnommer la Lorelei. Elle disait s'appeler Joy Slowburn et vivait apparemment seule dans cet immense espace sous la protection silencieuse d'un chauffeur-garde du corps répondant au nom de Carlos [...]. On le rencontrait parfois chez des commerçants de luxe, faisant l'acquisition de fruits confits, de chocolats ou de sucreries. Elle, on ne la voyait jamais dans la rue. [...] Elle ne recevait pas de courrier et sa porte s'ouvrait seulement pour des traiteurs qui livraient des repas tout préparés ou des fleuristes qui, chaque matin, apportaient des monceaux de lys, d'arums et de tubéreuses.

Georges Perec, *La Vie mode d'emploi*, © Hachette, 1978.

a. Quelles sont les propositions relatives que l'on pourrait supprimer sans que le sens de la phrase en soit modifié ?

b. Quelles sont les propositions relatives qui ne peuvent pas être supprimées et pourquoi ?

c. Essayez de définir le rôle de chacune des propositions relatives dans de ce texte : déterminer, informer, décrire, expliquer.

Entraînez-vous

11 Regroupez en une seule phrase les deux phrases proposées, comme dans l'exemple. (Attention à la place de la subordonnée et à la ponctuation.)

Exemple : Pierre est arrivé à 11 h du soir. Nous l'attendions pour le dîner.
> → *Pierre, que nous attendions pour le dîner, est arrivé à 11 h du soir.*

1. Un avion s'est écrasé à l'atterrissage. Il transportait 150 passagers.
2. Un jeune écrivain a reçu le Prix Goncourt. Son nom est inconnu du grand public.
3. Le restaurant sur le vieux port à Marseille était complet. Des copains nous l'avaient indiqué.
4. La petite salle de cinéma à côté de chez moi va fermer ses portes. Seuls les habitants du quartier y allaient de temps en temps.
5. Jean-Michel a été élu président du club de foot du lycée. J'avais voté pour lui.

12 **À vous !** Développez les thèmes à l'aide de propositions relatives, comme dans l'exemple.

Exemple :
Thème : Cette nuit, l'équipe de secouristes de la Croix-Rouge a repéré deux SDF (personnes sans domicile fixe). Les deux hommes étaient épuisés. Les secouristes les ont conduits dans un centre d'hébergement.

*Expansion : Cette nuit, l'équipe de secouristes de la Croix-Rouge, **qui faisait une tournée dans le quartier de la Défense,** a repéré deux SDF **qui étaient couchés sur une bouche d'aération du métro.** Les deux hommes **qui n'avaient pas mangé depuis deux jours** étaient épuisés. Les secouristes les ont conduits dans un centre d'hébergement **où on a jugé que leur état nécessitait une hospitalisation.***

1. D'importantes manifestations d'étudiants ont eu lieu à Paris et dans plusieurs grandes villes pour demander une amélioration des locaux et des créations de postes de professeurs.

2. Un centre culturel et sportif vient de s'ouvrir dans un quartier défavorisé de la banlieue lyonnaise.

3. Les garde-côtes de Brest ont arraisonné un navire au large de la côte. Il était suspecté de transporter des armes. Le capitaine a été interrogé par la police du port, puis relâché à la surprise générale. L'affaire a fait grand bruit dans la ville.

4. Ce printemps, la mode sera aux tissus légers et aux couleurs vives. Une mode jeune et gaie.

Bilan

13 **Complétez le texte avec des pronoms relatifs simples ou composés.**

Louis-Victor, guide de haute montagne, donne des conseils à un groupe de jeunes qu'il va emmener gravir un sommet dans le massif du Mont-Blanc.

« Nous partirons demain à 15 h. Rendez-vous sur le petit parking du Cugnon d'..... part le sentier ...... nous conduira au refuge de Tête Rousse. Avant de partir, vérifiez votre matériel : chaussures de montagne, gants, bonnet, lunettes de soleil, un casse-croûte léger mais énergétique ...... consistera en biscuits, fruits secs et barres chocolatées. Prévoyez une gourde ...... vous pourrez remplir au refuge avant l'ascension.

Le lendemain, debout à 4 h, une heure à ...... j'imagine que vous n'avez pas l'habitude de vous réveiller. On ne doit pas protester ! Départ à 4 h 30. Dès que nous arriverons au glacier, il faudra mettre les crampons grâce à ...... vous marcherez sur la glace en sécurité. Il faut marcher lentement et régulièrement. Ensuite, nous quitterons le glacier pour éviter les grandes crevasses et nous passerons sur la moraine. C'est une zone de gros rochers entre ...... il faudra se faufiler. Puis, nous arriverons au col de Miage depuis ...... on aperçoit enfin le sommet du Dôme de Miage ...... n'est plus qu'à 1 h de marche facile mais vertigineuse sur l'arête. Du sommet, la vue ...... l'on a sur toute la chaîne du Mont-Blanc est fabuleuse.

Bien sûr, il faudra sortir l'appareil photo ...... vous n'aurez pas oublié d'emporter. Retour vers 17 h au village des Contamines. »

14 **À vous !** **Seul(e) ou en groupe, faites des phrases en reliant les éléments donnés par des pronoms relatifs, comme dans l'exemple. (Attention : plusieurs solutions sont possibles.)**

nouvelle chanson	qui	beaucoup de gens	avoir un grand succès auprès des jeunes
la 2 CV Citroën	grâce auxquels	visiteurs	très utiles
conseils	dont	autorisée par le maire	être près de la fac
musée du cinéma	où	titre	brusquement annulée
rave partie	que	réussir le concours	totalement rénové
bistrot sympa	avec laquelle	traverser la France	être aujourd'hui une voiture de collection

Exemple : 1. La 2 CV avec laquelle mes grands-parents traversaient la France dans les années 1950 est aujourd'hui une voiture de collection.

2. La 2 CV que beaucoup de gens ont achetée dans les années 1950 a un grand succès auprès des jeunes.

Les articles

I. Les trois articles : indéfini, partitif, défini

Observez

– Que faut-il faire pour devenir champion de ski ?
– Il faut **des skis, un bonnet, une combinaison** et **des lunettes de soleil**, bien sûr, mais surtout ceux-ci doivent être de bonne qualité : **les skis** doivent être bien réglés, **le bonnet** et **la combinaison** être chauds et **les lunettes** avoir un indice de protection élevé.
– Il faut également bien se nourrir : manger **des pâtes** et **de la viande**, boire **du lait**, mais surtout l'alimentation doit être adaptée : **la viande** doit être maigre, **les pâtes** au blé complet, **le lait** demi-écrémé.
– Enfin il faut un bon « mental » : ayez **du courage** et **de la persévérance**. **Le courage** vous donnera la force d'entreprendre, et **la persévérance** vous permettra de poursuivre vos efforts jusqu'à la victoire !

a. Quels articles utilise-t-on pour parler d'un objet concret ou abstrait indéfini ?
b. Quel article utilise-t-on pour parler d'un objet concret ou abstrait défini ?
c. Quelle est la différence entre l'article indéfini et l'article partitif ?
d. Placez les articles indéfini, partitif et défini dans le tableau.

articles de sens indéfini		articles de sens défini
objet(s) comptable(s)	objet(s) non comptable(s)	....../....../......
....../....../......	....../....../......	

Entraînez-vous

I Complétez les phrases avec les articles indéfinis, partitifs ou définis qui conviennent.

Exemple : J'ai acheté ...... livre et ...... papier à lettres. J'ai lu ...... livre et j'ai utilisé ...... papier à lettres pour écrire ...... lettre à mon père.
*→ J'ai acheté **un** livre et **du** papier à lettres. J'ai lu **le** livre et j'ai utilisé **le** papier à lettres pour écrire **une** lettre à mon père.*

1. Max a commandé ...... viande et ...... légumes. Il a mangé ...... viande mais il n'a pas fini ...... légumes parce qu'ils étaient trop cuits.
2. – Tu as ...... crayon, ... gomme et ...... colle ?
– Oui. ...... crayon est dans le pot à crayons, ... gomme et ...... colle sont dans le tiroir de gauche.
3. Hier soir, nous sommes sortis dans ...... bar où il y avait ...... bruit et ...... fumée et en sortant je me sentais mal : ...... bruit et ...... fumée de ...... bar m'ont donné mal à la tête.
4. Quand nous sommes entrés dans la pièce, il régnait un grand désordre : ...... bouteilles vides jonchaient le sol, ... chaise était renversée, ... café avait été renversé par terre. J'ai redressé ...... chaise, j'ai ramassé ...... bouteilles vides et épongé ...... café.

II. Désigner quelque chose ou quelqu'un en particulier

Observez

Un camion a percuté une voiture ce matin sur la RN 20. La voiture, à bord de laquelle se trouvaient des passagers, est sortie de la route et s'est immobilisée dans un champ de blé. Le conducteur a été tué tandis que les passagers étaient grièvement blessés. Le camion, qui transportait du carburant depuis Bordeaux, s'est renversé sur la chaussée. Par chance, le carburant n'a pas pris feu.

Relevez les groupes nominaux et placez-les dans le tableau.

on désigne un(e)/des personne(s) ou objet(s) :		
nouveau(x) dans le récit	**dont on a déjà parlé dans le récit**	**connus par expérience/contexte**
un camion	......	*la RN 20*
......	*la voiture*	......
......	......	......

Entraînez-vous

2 | **Complétez le texte de cette recette avec les articles qui conviennent.**

Pour faire une ratatouille, il faut : ...... oignons, ... tomates, ... poivron, ... belle aubergine, ... courgettes et ...... ail. Hachez ...... oignons. Mettez-les dans ...... faitout sur ...... feu et faites-les revenir dans ...... huile d'olive pendant 5 minutes. Faites attention de ne pas trop faire chauffer ...... huile afin que ...... oignons ne roussissent pas. Ajoutez ...... poivron coupé en dés, puis ...... aubergine, ... tomates, ... courgettes coupées en gros morceaux et ...... ail écrasé. N'oubliez pas de mettre ...... sel, ... poivre et ...... laurier (une feuille). Laissez cuire ...... ratatouille à feu très doux pendant 40 minutes ou, si vous êtes pressé(e), utilisez ...... cocotte minute.

3 | **Complétez le texte de ce fait divers avec les articles qui conviennent.**

FAIT DIVERS

$\mathcal{H}$ier soir à Bordeaux, ... homme et ...... femme sont entrés dans ...... appartement et ont volé ...... tableaux de valeur, ... argent, ... vaisselle en porcelaine de Limoges, ... ordinateur et ...... montre en or.

...... homme a transporté ...... tableaux et ...... ordinateur jusqu'à sa camionnette et ...... femme a placé ...... vaisselle, ... argent et ...... montre dans ...... sac de voyage. En repartant, ... homme a laissé tomber son portefeuille dans ...... appartement et ...... femme a oublié ...... sac de voyage dans ...... station-service où ils s'étaient arrêtés pour prendre ...... essence.

...... policiers n'ont pas mis longtemps à retrouver leur trace : ...... cambrioleurs ont été arrêtés ce matin.

III. Désigner quelque chose ou quelqu'un de déjà connu

Observez

> Cher papa,
> Juste un petit mot pour te dire que j'ai invité quelques amis à la maison hier soir. Je sais que j'aurais dû te prévenir, excuse-moi, mais rassure-toi, nous nous sommes juste un peu servis dans vos réserves : nous avons pris **une bouteille de Sancerre** et **des gâteaux apéritifs**. Comme nous étions un peu nombreux, tu sais ce que c'est, nous avons fait quelques dégâts dans votre vaisselle : nous avons cassé **des verres à pied** et **un plat en porcelaine**. Rien de grave. À bientôt !
>
> Tanguy

> Ma chérie,
> Je viens de rentrer de voyage et j'ai eu une mauvaise surprise : notre fils a invité tout un tas de gens à la maison, et nous n'avons plus rien pour notre apéritif ce soir. D'abord, ils ont bu **la bouteille de Sancerre**, alors qu'elle vieillissait à la cave depuis 15 ans ! Ensuite, ils ont mangé **les gâteaux apéritifs**, il n'y en a plus, et ce n'est pas tout : ils ont cassé **les verres à pied**, tu imagines ? Tous les verres à pied ! Et, pour finir, ils ont cassé **le plat en porcelaine** de Limoges, le seul qui te reste de ta mère ! Les sales gosses !

a. Pourquoi le fils emploie-t-il l'article indéfini ? Pourquoi le père emploie-t-il l'article défini ?

b. Déduisez la règle :

– un / une / des = ...   – le / la / les = ...

Entraînez-vous

4 | Analysez les expressions soulignées comme dans les exemples, puis complétez le texte avec les articles qui conviennent.

Exemples : <u>la piscine</u> = la seule piscine de la ville. Il n'y en a pas d'autres.

<u>une entrée</u> = une entrée parmi d'autres. L'employé vend d'autres entrées à d'autres baigneurs.

Hier, comme il faisait beau, je suis allée à <u>**la**</u> piscine. Je suis entrée dans <u>**le** hall</u> et je suis allée <u>**au** guichet</u> où j'ai demandé <u>**une**</u> entrée à <u>**l'**employé</u>. Ensuite, j'ai cherché <u>**le** vestiaire</u> et je suis entrée dans <u>**une** cabine</u> pour enfiler mon maillot de bain, puis j'ai mis mes affaires dans <u>**un** casier</u> et j'ai récupéré <u>**la** clé</u> que j'ai attachée à mon poignet. Après je suis allée m'installer sur ...... pelouse. J'ai posé ma serviette sur ...... chaise longue qui était libre et je suis allée faire quelques brasses. Ensuite, je me suis fait sécher à ...... soleil en regardant ...... gens autour de moi. ...... maîtres nageurs surveillaient ...... baigneurs, ... enfants criaient dans ...... petit bassin, ... femmes lisaient, d'autres bavardaient et, à un moment, ... maître nageur a fait sortir ...... adolescents qui importunaient ...... jeunes filles dans le grand bassin.

5 | Complétez les textes A et B avec les articles indéfinis ou définis qui conviennent.

A.

J'ai une vieille voiture très peu fonctionnelle et très peu confortable : ...... moteur consomme beaucoup d'essence, ... volant n'a même pas la direction assistée, ... fauteuils sont en skaï, ... coffre est tout petit et ...... roue se dégonfle tout le temps.

En plus, il y a ...... voyants qui ne s'allument plus, par exemple ...... voyant de niveau d'essence : c'est très gênant, un de ces jours je vais tomber en panne sèche. Il faut que je remplace cette voiture, c'est ...... danger public !

B.

1. ..... soleil a rendez-vous avec ..... lune.

2. ..... soleil est ..... étoile.

3. ..... soleil est ..... étoile la plus proche de ..... terre.

4. La Loire est ..... fleuve. C'est ..... fleuve le plus long de France.

5. ..... baleines sont ..... mammifères. Ce sont ..... mammifères qui vivent dans l'eau.

6. ..... rivières, ... lacs et ..... mers constituent ..... réserves d'eau de ..... terre.

7. ..... chiens sont ..... animaux domestiques. Ce sont ..... animaux domestiques préférés des Français.

6 | **À vous !** Décrivez ce que font les personnages sur l'image ci-dessous.

Exemple : Des voyageurs font la queue, des gens sont assis sur les fauteuils, ...

IV. Désigner quelque chose ou quelqu'un en général

Observez

– Chers auditeurs, aujourd'hui nous recevons Monsieur le professeur Jean-Louis Bouchard, entomologiste, qui depuis trente ans étudie **les abeilles**. Alors professeur, vous dites que **les abeilles** sont des animaux passionnants.

– C'est vrai, c'est un cas intéressant de communication animale. En effet, **les abeilles** possèdent une sorte de langage qui s'exprime par une danse.

– Alors, si je comprends bien, **les abeilles** sont intelligentes.

– D'une certaine façon, oui. L'intelligence animale existe : comme **l'homme**, **l'animal** est capable de transmettre des messages ayant un sens. Ainsi, **une abeille** peut communiquer deux informations, c'est-à-dire la direction et la distance à laquelle se trouve une source de pollen. **Un chimpanzé**, par comparaison, est beaucoup plus intelligent, mais encore très loin de l'intelligence humaine.

a. Placez les expressions en gras, qui servent à désigner quelque chose ou quelqu'un en général, dans le tableau selon les indications données.

sens : tou(te)s les	sens : n'importe quel(le)	sens : la catégorie, l'espèce
les abeilles	....	....
....	....	....
....	....	....

b. Quels articles permettent de désigner quelque chose ou quelqu'un en général ?

Entraînez-vous

7 | **À vous !** Généralisez en utilisant l'article indéfini ou l'article défini et discutez.

1. ...... sont plus forts que ....
2. ...... est plus intelligent que ....
3. ...... boivent beaucoup de bière.
4. ...... court plus vite que ....
5. ...... sont égoïstes.

8 | Transformez les phrases pour les rendre plus familières et pour mettre en relief.

Exemple : L'histoire ancienne me passionne.
*→ L'histoire ancienne, **ça** me passionne.*

1. Les éléphants sont rancuniers.
2. Un enfant a besoin d'affection.
3. Le jus d'orange est plein de vitamines.
4. Un chêne vit 200 ans.
5. L'argent ne tombe pas du ciel.
6. Les hommes fument plus que les femmes.

9 Pour chaque situation, cochez les groupes de mots qui conviennent.

1. — Allo, Martine ? Dis-donc, je me demande si le chien que tu m'as donné s'habitue bien à ma maison.
Il aboie tout le temps : quand il a faim, quand il veut sortir, quand quelqu'un vient...
— Mais Gisèle, c'est parfaitement normal, ... aboie(nt) !

❑ le chien ❑ les chiens ❑ les chiens, ça ❑ un chien, ça

2. Cher Alex, un petit mot du Quercy, où je passe mes vacances. C'est magnifique. Dans cette région, ...
est (sont) en pierre blanche et l'architecture est très intéressante.

❑ la maison ❑ une maison ❑ une maison, ce ❑ les maisons

3. ...... vit (vivent) dans les mers froides. Ce mammifère marin est rarement un danger pour l'homme :
...... n'attaque(nt) un homme qu'en situation de stress.

❑ un orque ❑ les orques, ça ❑ l'orque ❑ les orques

4. — Pour mon anniversaire, je vais inviter Mathieu, Alexandre, Ahmadou, Georgio et Victor.
— Et tu n'invites pas de filles ?
— Ah non, ... est (sont) trop bête(s) !

❑ les filles ❑ une fille, ce ❑ la fille ❑ les filles, ce

10 **À vous !** Faites-les parler ! Un professeur, un jeune lycéen ou l'auteur d'un article
de magazine parlent des sujets suivants.

adolescent – cerveau – ***éléphant*** – maison – moto – roman – symphonie

Exemple : Le professeur : « L'éléphant est un pachyderme. »
L'adolescent : « Les éléphants, ça me plaît. »
L'auteur d'articles de magazine : « Les éléphants sont chassés pour leur ivoire. »

V. Omission de l'article

Observez

– Valentine, c'est toi ? Alors, montre-moi ce que tu as acheté.
– Euh... Ben... J'ai acheté un ou deux « trucs », quoi : je me suis acheté **une** jupe, **des** chaussettes,
du maquillage, **de la** bibeloterie, et **le** dernier CD de Kerr, il est d'enfer !
– Mais c'est pour t'acheter un dictionnaire d'anglais que je t'avais donné de l'argent.
– « Ouais » mais bon, tu sais, c'était pas urgent, urgent.
– Ah bon ? Et ton shopping, c'était urgent, peut-être ? Tu veux dire que tu avais absolument besoin
d'une jupe, **de** chaussettes, **de** maquillage, **de** bimbeloterie et **du** CD de ton groupe qui joue une
musique de dingues ? Tu te moques de moi, Valentine !
– Mais « c'est pas » moi, c'est Mélissa qui voulait faire du shopping. Elle cherchait <u>un chapeau de soleil</u>
pour les vacances. Finalement, on a trouvé <u>un chapeau de cow-boy</u> au marché aux puces, il est génial,
et tu « sais pas » ? Le type qui nous l'a vendu nous a dit que c'était <u>le chapeau du cow-boy</u> dans
le film *Little Big Man* !
– Ah oui ? Et moi je suis la reine d'Angleterre !

a. Que deviennent { – l'article indéfini / – l'article partitif / – l'article défini } **après la préposition *de* ?**

**b. Relevez les expressions comportant le nom *chapeau*. Pourquoi dans un cas n'y a-t-il pas d'article
après la préposition *de* ? Pourquoi, dans l'autre cas, y a-t-il *de + article défini* ?**

Entraînez-vous

II Complétez le texte avec les articles qui conviennent, si nécessaire.

Damien et Gilles sont jumeaux, mais ils n'ont pas le même style de vie. Damien vend des chevaux de course, et Gilles s'occupe de ...... chevaux en Camargue. Damien aime les grosses voitures, tandis que Gilles se plaint de ...... grosses voitures qui polluent l'atmosphère. Damien passe des vacances dans des grands hôtels, et Gilles, lui, rêve de ...... vacances dans les montagnes de l'Himalaya. Damien méprise le cinéma d'art et d'essai, Gilles parle de ...... cinéma d'art et d'essai avec passion. Damien utilise du papier à lettres de première qualité, alors que Gilles ne se sert que de ...... papier recyclé.

I2 Complétez le texte avec les mots proposés. Modifiez les articles, si nécessaire.

de la tapisserie – de la vaisselle – de l'eau – des fossés – des renseignements – des tableaux – du cuir – le grand salon – les appartements – une bibliothèque

Ce château est entouré de ...... remplis de .... À l'intérieur du château, on entre dans des salles d'armes suivies de ......, de ...... et de ...... privés. Les murs sont ornés de .... Dans la salle à manger, un buffet est rempli de ...... en porcelaine. On peut voir également de nombreux fauteuils recouverts de ...... ou de .... On peut acheter un guide dans lequel on trouve toutes sortes de ...... sur l'histoire du château.

I3 Complétez les textes A et B avec des articles, si nécessaire.

A.

Sylvie revient d'un mariage.

Franck : – Alors, ce mariage ?

Sylvie : – Eh bien, les mariés étaient très sympathiques, mais ils ne savent pas s'habiller : le costume **du** (= *de + le*) marié était trop court, et la robe de ...... mariée était affreuse. Enfin, de toute façon, je n'aime pas les robes de ...... mariée, je trouve ça ringard. Je préfère les robes de ...... star, c'est plus coloré.

B.

Hier soir, Paul est allé à un concert. Il voulait prendre le programme ...... spectacle, alors il est allé voir à l'accueil. Il y avait effectivement des programmes ...... spectacles, mais c'étaient ceux de la semaine dernière. Alors il a quand même pris une affiche ...... concert auquel il allait assister.

VI. Modifications de l'article

Articles et négation

Observez

Esprit de contradiction (1) :
– Vous avez une voiture ?   – Non, je n'ai pas de voiture, je suis écologiste.
– Vous faites du sport ?   – Ah non, je ne fais pas de sport, j'ai horreur de ça.
– Vous lisez des romans ?   – Je ne lis pas de romans, je n'aime que la poésie.
– Vous écoutez la radio ?   – Ah ça non, je n'écoute pas la radio, ça me casse les oreilles !

a. Quels articles sont modifiés par la négation ? De quelle façon ?

b. Quel article n'est pas modifié par la négation ?

Esprit de contradiction (2) :
- Vous avez bien un chat ?   - Je n'ai pas un chat, mais trois chats.
- Et vous jouez du violon ?   - Je ne joue pas du violon, mais du violoncelle.

c. Relevez les articles. Sont-ils modifiés par la négation ? Pourquoi ?

Entraînez-vous

14 **Complétez le dialogue avec les articles qui conviennent, si nécessaire.**

Un contrôle fiscal : l'inspecteur des impôts interroge un homme politique.
— M. le député, vous avez un appartement de cinq pièces et un studio à Neuilly, n'est-ce pas ?
— Non, je n'ai pas gardé …… studio : je l'ai revendu il y a six mois.
— Bien. Et vous possédez également une maison à Deauville.
— Ah non, je n'ai pas …… maison à Deauville : je vais dans la maison de mes beaux-parents.
— Mais vous avez bien une maison de campagne en Normandie ?
— Je n'ai pas …… maison, mais …… appartement en Normandie.
— D'après nos informations, vous avez acheté un yacht à l'étranger, et vous avez ouvert un compte dans une banque suisse.
— Mais jamais de la vie ! Je n'ai pas acheté …… yacht, d'ailleurs je n'aime pas …… mer, et je n'ai jamais ouvert …… compte en Suisse !

Article partitif ou article indéfini

Observez

• D'habitude, les jeunes du troisième font **du bruit**, mais hier soir ils ont vraiment fait **un bruit d'enfer**.

• Nous laissons **de la liberté** à nos enfants mais les enfants de nos voisins, eux, ont **une liberté incroyable**.

Quand remplace-t-on l'article partitif par l'article indéfini ?

Entraînez-vous

15 **Complétez les phrases avec les noms proposés, comme dans l'exemple.**

admiration – colère – patience – **peine** – soleil – tendresse

Exemple : – Qu'est-ce qu'on éprouve quand on perd une personne proche ?
*– On éprouve **de la** peine, **une** grande peine.*

1. Les employés ont mal fait leur travail. Leur patron a manifesté ……, il est même entré dans …… .
2. Hier, il y avait déjà …… mais aujourd'hui nous avons …… : c'est vraiment la canicule.
3. Je suis attaché à cette vieille femme : je ressens …… pour elle, …… .
4. Ce professeur est très compétent. Ses étudiants ont …… pour lui, …… .
5. Les instituteurs de maternelle doivent tous avoir …… avec les enfants, mais l'institutrice de mon fils a vraiment …… .

16 **Complétez le texte avec les articles indéfinis, partitifs ou définis qui conviennent.**

Jean, patron d'une grande entreprise agroalimentaire, raconte l'histoire de sa famille.

« Mon grand-père a immigré en France d'Espagne. Il a acheté ...... camionnette, ... réfrigérateur et ...... matériel pour faire ...... crème glacée, et il a commencé à vendre ...... glaces dans sa camionnette près d'...... plage. Au début, c'était difficile, mais comme mon grand-père avait ...... courage et ...... ténacité, petit à petit, il s'est fait connaître. Il a commencé à gagner ...... argent : ...... glaces étaient délicieuses et tout le monde venait spécialement sur ...... plage pour les acheter. Avec ...... argent gagné, il a changé ...... matériel, ... réfrigérateur et ...... camionnette, puis plus tard encore il les a revendus et a acheté ...... petit magasin, puis ...... magasin plus grand, et ainsi de suite. C'est comme ça que mon grand-père est devenu le roi de la crème glacée ! »

17 **Complétez le texte avec les articles qui conviennent.**

Hier soir, Cyril et moi sommes allés voir ...... pièce de théâtre. C'était à ...... théâtre des Champs-Élysées, et ...... pièce était ...... comédie de Courteline. J'ai adoré : j'ai trouvé ...... acteurs formidables, mais d'après Cyril ...... actrice était moins bonne que les autres. Je crois qu'il s'agit de ...... actrice qui jouait le rôle de ...... belle-mère de ...... jeune premier, Cyril trouvait qu'elle exagérait son jeu. Moi, je ne suis pas d'accord : ...... belle-mère, ça doit être caricatural. Et puis j'aime ...... acteurs qui ont ...... énergie et ...... bonne humeur. À ...... entracte, nous avons décidé de boire quelque chose et, comme c'était mon anniversaire, nous avons bu ...... coupe de ...... champagne et grignoté un sachet de ...... cacahuètes. ...... deuxième partie de ...... spectacle était encore plus drôle que ...... première. C'est souvent comme ça, parce que ...... acteurs sont plus détendus une fois qu'ils ont « apprivoisé » ...... spectateurs. À la fin, ... public a applaudi à tout rompre, c'était ...... folie ! Il y avait même ...... messieurs et ...... dames très chics qui criaient « bravo » à tue-tête, il y avait ...... ambiance terrible ! Décidément, j'adore ...... théâtre !

4 Les démonstratifs et les possessifs

I. Les déterminants et pronoms démonstratifs

Observez

Un randonneur se renseigne auprès d'un villageois.

– Vous nous conseillez quel itinéraire pour découvrir l'île ? **Celui** de l'intérieur ou **celui** qui longe la côte ?

– **Ça** dépend des gens. Il y a **ceux** qui préfèrent la montagne et qui choisissent le sentier qui grimpe jusqu'à **ce** hameau là-bas. Les autres passent par le chemin côtier, **ce** qui est moins fatigant. Mais que vous preniez **celui**-ci ou **celui**-là, vous ne serez pas déçus.

– Où pourrons-nous dormir ?

– Il est possible de passer la nuit dans un refuge ; **celui** ayant la plus belle vue est situé à l'ouest. **Cet** hébergement est très apprécié des marcheurs.

– Est-ce qu'il faut consulter la météo avant notre randonnée ?

– **Ce** serait plus prudent. On annonce de violents orages **cet** après-midi.

– Merci de tous **ces** renseignements.

a. Quand utilise-t-on l'adjectif (déterminant) démonstratif *cet* ?

b. L'adjectif démonstratif sert-il toujours à montrer ?

c. Par quoi peut être suivi un pronom démonstratif ?

Entraînez-vous

1 Complétez le dialogue avec l'adjectif ou le pronom démonstratif qui convient.

Chez l'opticien.

– Je voudrais voir …… lunettes en vitrine.

– Bien sûr, …… ou …… ?

– Oui, …… .

– Tenez, vous avez un miroir de …… côté.

– Voyons voir… Non. Vous avez autre chose dans …… esprit ?

– …… style vous conviendrait-il ?

– Pourquoi pas ?

– …… vous vont mieux que …… de tout à l'heure.

– Vous avez raison.

– En plus, …… modèle est moins onéreux que …… qui vous plaisait.

– Marché conclu, je les prends.

2 Complétez les phrases par un des mots proposés commençant par un *h* aspiré ou muet.

handicap – haut fonctionnaire – héros – hiver – hobby

1. Cet …… il n'a pas neigé et les températures étaient plus clémentes.
2. Elle est malentendante et malgré ce ……, elle s'en est brillamment sortie.
3. Il collectionne les sucres publicitaires ; la pratique de ce …… ne requiert pas de gros moyens.
4. Ce …… a accompli un travail remarquable au Parlement européen.
5. Ce …… de bande dessinée est très populaire dans mon pays.

3 Dans le dialogue, indiquez, comme dans l'exemple, si les démonstratifs servent à montrer, situer, reprendre ou souligner.

*Exemple : — Tu as vu **cette** voiture ?*
— Oui, c'est la nouvelle coccinelle Volkswagen.
*→ valeur du démonstratif **cette** : **montrer** quelque chose*

Nathan et Chloé bavardent dans le salon.
— Ce soir, il y a une émission sur ton écrivain préféré.
— Ah oui, et à quelle heure ?
— J'ai oublié. Regarde dans ce journal ou dans cette revue. Il y a un article quelque part.
— Cet article semble intéressant, en effet... Tu savais que cet écrivain n'avait publié qu'un seul roman ?
— Non, mais tu l'as adoré ce bouquin, n'est-ce pas ?
— Oui, et même si cet entretien passe très tard, je serai devant ma télé.

4 Complétez le dialogue en utilisant les différentes valeurs (montrer, situer, reprendre ou souligner) indiquées entre parenthèses.

Deux amies se promènent dans le quartier latin.

— Regarde !
— Quoi ? ...... ? (montrer)
— Elle est belle, n'est-ce pas ?
— Très belle.
— Tu m'accompagneras ?
— Désolée, mais ...... film. (reprendre)

— C'était intéressant ?
— Passionnant. Tu sais, il est ...... acteur ! (souligner)
— Tu n'as pas envie d'y retourner ?
— Après tout, pourquoi pas...
— Tu es libre quand ?
— Allons-y ...... ou plutôt .... (situer)

5 Comparez les deux appartements en utilisant le pronom démonstratif suivi de *-ci, -là*, d'une préposition, d'un pronom relatif, d'un participe présent ou passé.

Exemple : ...... une cheminée a plus de charme que ...... n'en a pas.
*→ **Celui avec/qui a/ayant** une cheminée a plus de charme que **celui sans/qui** n'en a pas/n'en ayant pas.*

PARIS 14. Immeuble ancien. 3 pièces. 65 m². Sur rue. 4e étage sans ascenseur. Parquet. Cheminée. Refait neuf. Cuisine équipée. Cave. Parking. 425 000 euros.

VINCENNES. Duplex. 80 m². 4 pièces. Dans immeuble récent. Dernier étage. Ascenseur. Exposition sud. Cuisine américaine. Terrasse. Proximité métro et bois. 500 000 euros.

1. ...... Paris est un peu moins grand que ...... Vincennes.
2. ...... se trouve dans un immeuble ancien est plus classique que ...... se trouve dans un immeuble récent.
3. ...... ascenseur est plus pratique que ...... ascenseur.
4. ...... me plaît beaucoup plus que ....
5. ...... une cuisine américaine est plus moderne que ...... une cuisine traditionnelle.
6. ...... près du bois de Vincennes est plus calme que ...... à Paris.
7. ...... le prix est de 425 000 euros correspond plus à notre budget que ...... 500 000 euros.

Le pronom neutre

Observez

Deux collègues se rencontrent à la machine à café.
– Alors, ce voyage, ça a été ?
– Oui, ça s'est bien passé.
– Ce n'était pas ennuyeux ?
– Au contraire, c'était passionnant.
– C'est vrai ? Tu me raconteras ça.
– Tu sais, ce serait bien si tu pouvais venir avec nous la prochaine fois.
– Partir si loin, ça ne s'improvise pas. Ça dépendra de mon emploi du temps.
– C'est noté. On en reparle.

Un résultat sans surprise.
Monsieur Untel a été élu au second tour des municipales. Même si ce fut difficile, ce n'est une surprise pour personne qu'il l'ait emporté. Beau joueur, le maire sortant lui a aussitôt souhaité un bon mandat ; cela est assez rare pour être signalé. Une fois n'est pas coutume, cela confirme ce que les sondages avaient laissé prévoir.

a. Quand utilise-t-on telle ou telle forme du pronom neutre ?

b. Dans les deux textes, les utilisations du pronom neutre appartiennent-elles à la langue familière, courante ou soutenue ?

Entraînez-vous

6 | **Complétez les phrases avec *ce (c')* ou *cela (ça)*, comme dans l'exemple.**

Exemple : Pourquoi est-...... que vous ne viendriez pas dîner à la maison ...... soir ?
...... nous ferait plaisir, ... est si rare d'être réunis.
    → *Pourquoi est-**ce** que vous ne viendriez pas dîner à la maison **ce** soir ?*
    ***Cela** nous ferait plaisir, **c'**est si rare d'être réunis.*

1. Elle a encore perdu ses clés, ... lui arrive fréquemment. ...... est la deuxième fois cette semaine.

2. ...... alors ! ...... est incroyable ! ...... fait des années qu'on ne s'est pas vu. Quelle coïncidence !

3. ...... est surprenant ! Personne n'a jamais réussi à résoudre cette énigme. ...... demeure un mystère et ...... serait un exploit si nous y parvenions.

4. Recevoir une lettre manuscrite, ... était habituel, ... devient de plus en plus rare. Avec le développement des courriels, écrire à la main, ... se perd.

5. Regarde ...... ! J'ai hâte de savoir plonger. Le monde sous-marin, ... doit être merveilleux. ...... est un sport relativement coûteux, mais ...... procure des sensations inoubliables.

7 | **Complétez les phrases avec les expressions proposées.**

cela dit – et avec ça – et ce – ***pour ce faire*** – qu'à cela ne tienne – sur ce
Exemple : Nous venons d'acheter un appartement et ...... , il nous a fallu emprunter.
    → *Nous venons d'acheter un appartement et **pour ce faire**, il nous a fallu emprunter.*

1. Un kilo de pommes de terre, ... Madame ? Une livre de cerises, s'il vous plaît.

2. Elle ne parle pas encore couramment. ......, elle a fait d'énormes progrès.

3. Nous avons passé une excellente soirée. ......, nous allons vous quitter car il commence à se faire tard.

4. On va au restaurant universitaire ? Tu n'as pas d'argent ? ...... je t'invite.

5. Il a résolu ce problème, ..., avec une facilité déconcertante.

8 | **À vous !** Terminez les phrases en ajoutant *ça fait* ou *ça ne fait pas* suivi d'un adjectif au masculin.

Exemple : Il y a 20 minutes que j'attends le bus, ...
> → *Il y a 20 minutes que j'attends le bus,* ***ça fait long.***

1. Sept euros le kilo de tomates ! Même si elles sont bonnes, ...
2. Il s'habille toujours en noir, ...
3. Arriver tous les jours en retard, ...
4. Une Japonaise qui parle le français avec l'accent marseillais, ...
5. Assortir sa cravate à la couleur de sa chemise, ...
6. 40 m² avec deux enfants, ...

9 | **À vous !** Complétez de façon à obtenir les réponses proposées.

Exemple : – ....   → *– Il est très en retard.*
> *– Ça m'inquiète.*   *– Ça m'inquiète.*

1. – ....
 – Ça a été.
2. – ....
 – Ça va.
3. – ....
 – Ça ira.
4. – ....
 – Ça ne fait rien.
5. – ....
 – Ça m'est égal.
6. – ....
 – Ça ne me dit rien.
7. – ....
 – Ça se pourrait.
8. – ....
 – Ça m'étonnerait.
9. – ....
 – Ça m'arrangerait.

II. Les déterminants et pronoms possessifs

Observez

Papa s'inquiète...
– Tu es au courant que **ta** fille, à **son** âge, veut un piercing ?
– **Ma** fille ? Tu veux dire **notre** fille, je présume. Oui, elle m'en a vaguement parlé...
– Décidément, je ne comprends plus **nos** enfants ni ceux de **leur** âge.
– **Notre** époque avait **ses** valeurs ; **la leur** a **les siennes**, c'est tout.
– Remarque, après **son** tatouage, il fallait s'y attendre...
– Et bientôt, elle voudra **son** scooter et **son** indépendance...
– On a **notre** mot à dire quand même !
– C'est vrai, **ses** goûts ne sont ni **les tiens** ni **les miens**, mais tu sais, ses meilleures amies ont déjà un piercing.
– Ce n'est pas **mon** problème. Si **leurs** parents acceptent...
– Avec ou sans piercing, ce sera toujours **ta** fille, n'est-ce pas ?
– **Ma** fille ? Non, **notre** fille !

a. Quand utilise-t-on les adjectifs (déterminants) possessifs *mon, ton* et *son* ?
b. Quelle est la différence entre *son, sa* et *leur* ? entre *ses* et *leurs* ?

Entraînez-vous

10 **Complétez avec l'adjectif ou le pronom possessif qui convient.**

Au bureau des objets trouvés.

— Bonjour Monsieur. Qu'avez-vous perdu ?

— J'ai égaré ...... portefeuille avec ...... carte d'identité et ...... cartes de crédit.

— Inscrivez ...... nom et prénom sur ce formulaire ainsi que ..... adresse. Où et quand les avez-vous perdus ?

— ...... foi, je ne sais pas. Nous sommes sortis mardi soir avec ...... épouse, dans ...... quartier. À ......
retour, à ...... grande surprise, plus rien. Même ...... clés avaient disparu. Heureusement, ma femme
avait ....

— Patientez un instant.

— Merci de ...... aide.

— Ce matin, une dame est venue récupérer ......, mais des tas de gens ne viennent jamais réclamer ....
Voyons voir... celui-ci, est-ce que c'est ...... ?

— Non, ... est marron.

— Celui-là ?

— Faites voir... Oui, c'est ....

— En effet, c'est bien ...... photo. Tenez, voici ...... papiers.

— Merci infiniment et bonne journée.

— À ...... service.

11 **Complétez les phrases avec les mots proposés commençant par un *h* aspiré ou muet.**

habileté – haine – hausse – hésitation – humeur

1. Un jour, c'est oui et le lendemain, c'est non. Son ...... est très changeante.
2. Rien ne justifie sa ...... envers cette collègue qui l'a toujours soutenue.
3. Malgré sa ...... récente, la bourse reste à un niveau relativement bas.
4. C'est un grand golfeur. Son ...... au putting est impressionnante.
5. Le journal lui a proposé le poste de correspondant à Rome. Je ne comprends guère son ....

12 **Mettez les phrases au discours indirect.**

Exemple : — Il dit à son épouse : « Je prends ta voiture et non la mienne. »
        *— Il dit à son épouse **qu'il prend sa voiture et non la sienne**.*

1. Il répond à son meilleur ami : « Mes parents sont moins tolérants que les tiens. »
2. Nos collègues nous prétendent : « Notre solution est meilleure que la vôtre. »
3. Elle explique à ses clients : « Mon erreur est moins grave que la vôtre. »
4. Ils font remarquer à leurs adversaires : « Vos explications sont moins claires que la nôtre. »
5. Elles confirment à leur interlocuteur : « Nos idées sont plus originales que les vôtres. »

13 **Retrouvez les noms qui ont disparu.**

Exemple : — Où sont ...... ? Je ne trouve pas les miennes.
        *— Où sont **tes lunettes** ? Je ne trouve pas les miennes.*

1. ...... sont très bruyants tandis que les vôtres semblent discrets.
2. Quand prenez-vous ...... cette année ? Nous prenons les nôtres en août.
3. ...... est-il récent ? Le mien a déjà quelques années.
4. Ils n'ont pas encore fini ...... ? Et toi, as-tu terminé les tiens ?
5. ...... fait du judo alors que la nôtre fait de la natation.

14 **À vous !** En utilisant des adjectifs et des pronoms possessifs, dites quelles sont
les ressemblances et les différences entre ces quatre chats (robe, yeux, oreilles, moustaches, air...).

Bilan

15 Complétez avec les adjectifs et pronoms démonstratifs ou possessifs qui conviennent.

À la station Sèvres-Babylone, deux amies se retrouvent par hasard dans une rame de métro.

— Bonjour, quelle surprise !

— ...... alors, bonjour.

— Vous êtes bien chargée !

— Oui, je sors du Bon Marché, j'ai fait des courses pour mes enfants. ...... est un peu lourd mais ...... ira.

— Vous avez raison, ... jours-......, ... sont les soldes. Il faut en profiter ! À propos, que font ...... enfants
...... été ?

— Chacun a ...... programme. ...... fille a ...... et ...... deux garçons ...... Elle va perfectionner ...... anglais
à Londres. Elle part avec la fille de ...... meilleurs amis.

— ...... est plus rassurant.

— Oui, quant aux jumeaux, ils s'en vont en colonie de vacances à Belle-Île avec ...... cousins.

— Et ...... ?

— ...... passeront le mois de juillet en Bretagne avec ...... père. En août, le grand reste à Paris pour réviser
...... partiels de septembre, ... de juin n'ayant pas été fameux. De ...... côté, j'emmène le petit dernier,
...... qui vient de fêter ...... huit ans, à la campagne chez ...... arrière-grand-mère.

— Je dois vous laisser. Je descends à ...... station. Bonnes vacances !

— Pareillement. Bonjour à ...... mari.

— Mes amitiés à ...... également.

— Je n'y manquerai pas. À bientôt.

5 Les indéfinis

I. Les déterminants et pronoms indéfinis exprimant une quantité

Observez

Dans le roman policier *Le crime de l'Orient Express* d'Agatha Christie, un homme est assassiné à bord du célèbre train reliant Istanbul à Paris, l'« Orient Express ». Le perspicace détective Hercule Poirot, qui mène l'enquête, cherche l'assassin en interrogeant **les voyageurs** : qui sont-*ils* ? La plupart d'entre eux semblent des personnes respectables : quelques-uns sont des aristocrates et plusieurs sont d'honnêtes commerçants. Beaucoup ont un alibi. Cependant, certains ont un mobile. En réalité, peu d'entre eux sont au-dessus de tout soupçon et Hercule Poirot prouvera finalement qu'aucun n'est innocent : chacun d'eux a poignardé la victime à tour de rôle, ils sont donc tous coupables, c'était un meurtre collectif !

a. Que désigne le pronom personnel *ils* ?

b. Que désignent les pronoms indéfinis soulignés ? Pourquoi sont-ils différents du pronom personnel *ils* ?

c. Complétez le tableau des pronoms indéfinis de quantité.

quantité nulle	petit nombre	grand nombre	totalité
……	……	*la plupart (d'entre eux)*	……
……	……	……	……

Peu / Un peu / Quelques

Observez

Lisez ces deux extraits de critiques de film :

1.
« …… C'est un film d'aventures raté où l'on s'ennuie. Il y a peu de suspense et peu de scènes d'action. »

2.
« …… C'est un film d'aventures plutôt raté, mais il y a quand même un peu de suspense et quelques scènes d'action : malgré tout on ne s'ennuie pas. »

a. Soulignez les déterminants indéfinis. Quel déterminant utilise-t-on avec un nom comptable ? Avec un nom non comptable ? Avec les deux ?

b. – Lequel a un sens restrictif (= « pas beaucoup de ») ?
– Lequel a un sens positif (= « pas beaucoup, mais une certaine quantité quand même ») ?

Entraînez-vous

1 | Construisez des phrases en utilisant *un peu, peu* et *quelques*.

Vous êtes journaliste pour un guide touristique et l'on vous a envoyé essayer un hôtel. Vous trouvez l'hôtel médiocre. Sur les thèmes ci-dessous, vous faites :
a) une critique sévère ;
b) une critique indulgente.

*Exemple : a) Les chambres sont exposées au nord-est : il y a **peu** de lumière.*
*b) Les chambres sont exposées au nord-est : il y a **un peu** de lumière le matin.*

1. place pour ranger ses affaires dans les chambres
2. nombre de serveurs au petit-déjeuner
3. chaises longues et parasols près de la piscine
4. musique d'ambiance dans la salle de restaurant
5. activités touristiques proposées

Quelques / Certain(e)s

Observez

A : – Est-ce que tous les étudiants de la classe ont participé à la soirée d'hier ?
B : – Non : **quelques-uns** ne sont pas venus.
A : – Quelques-uns ? Combien ?
B : – Oh, je dirais quatre ou cinq.

A : – Est-ce que tous les étudiants de la classe ont participé à la soirée d'hier ?
B : – Non : **certains** ne sont pas venus.
A : – Certains ? Qui donc ?
B : – Des Brésiliens et des Chinois.

a. Quel type d'information apporte-t-on pour préciser le sens de *quelques-uns* ?
b. Quel type d'information apporte-t-on pour préciser le sens de *certains* ?

Entraînez-vous

2 | Complétez les mini dialogues avec *quelques, quelques-uns* ou *certains*.

1. – Je vais prendre des avocats.
  – Vous en voulez combien ?
  – Donnez-m'en ...... : euh, trois, non, quatre.
2. – Je n'aime pas les chats, ils ne sont pas affectueux.
  – Pourtant, ... sont très attachants : les chats angoras, par exemple.
3. – J'ai détesté ce film. Les acteurs étaient nuls.
  – Ah non, tu exagères, pas tous : ...... jouaient très bien.
  – Ah bon ? Et qui donc ?
  – Eh bien, Catherine Frot et Edouard Baer : il suffit souvent de ...... bons comédiens pour sauver un film.
4. – Il y a eu du monde à la réunion du comité d'entreprise ?
  – Pas énormément. Il y avait ...... cadres et employés. C'était difficile de venir pour ...... : ceux qui ont des enfants ne pouvaient pas venir si tard.

Plusieurs / Quelques-uns – quelques

Observez

Un entretien d'embauche.

– Bon, alors, votre expérience en entreprise, c'est léger : vous n'avez fait qu'un stage, c'est bien ça ?

– Mais non, je n'ai pas fait un stage, j'en ai fait **plusieurs**.

– Mouais... *(langue familière)* Et vous n'avez pas de connaissances en informatique.

– Mais si ! Je n'en ai pas beaucoup, c'est vrai, mais j'en ai quand même **quelques-unes** : je sais me servir d'un ordinateur.

– Bon, on vous rappellera.

a. À quoi s'oppose *plusieurs* ?

b. À quoi s'oppose *quelques-unes* ?

Entraînez-vous

3 | Complétez les phrases avec *plusieurs* ou *quelques, quelques-un(e)s* comme dans les exemples.

Exemples :

*– Juliette adore les sacs à main. Alors, elle n'utilise pas un seul sac, elle en utilise **plusieurs**.*

*– Anne adore les orchidées mais elle trouve ça cher. Alors, elle n'en achète que **quelques-unes** de temps en temps.*

1. Yann est passionné de moto. Alors il n'a pas une moto, il en a ....
2. Paul n'est pas un grand cinéphile, alors il n'a pas beaucoup de DVD : seulement ....
3. Romain vient de déménager. Il ne connaît pas encore beaucoup de monde : il ne s'est fait que ...... amis.
4. Véronique et Bruno ont un niveau de vie élevé : ils possèdent ...... voitures et ...... résidences secondaires.
5. Jacques n'a aucune activité physique. Sa femme n'est pas très sportive non plus, mais elle fait ...... exercices de gymnastique le matin.

II. Les déterminants et pronoms indéfinis exprimant l'identité et la différence

Les uns... d'autres / Certains / Le, la, les même(s)

Observez

L'équipe de basket du quartier est composée de joueurs de divers âges ayant différentes activités. Les uns sont étudiants, d'autres travaillent. Certains sont chômeurs, d'autres sont retraités. Deux frères dirigent le club avec le même enthousiasme. Mon voisin joue dans cette équipe conviviale, et si je décide un jour de reprendre le basket, je choisirai la même. Vive le sport amateur !

a. Relevez les déterminants et les pronoms qui expriment la différence.

b. Relevez les déterminants et les pronoms qui expriment l'identité.

Entraînez-vous

4 Transformez les phrases comme dans l'exemple de façon à éviter les répétitions, en utilisant *les uns, d'autres, certains, le/la/les même(s)*.

Exemple :
— *J'ai plusieurs chiens de couleurs différentes.*
— *Des chiens sont blancs, d'autres chiens sont roux, certains chiens sont noirs.*
→ *Les uns sont blancs, d'autres sont roux, certains sont noirs.*

1. — Dans ce groupe de touristes, des personnes veulent se reposer, d'autres personnes veulent aller au musée, certaines personnes veulent faire des achats.
   — Le guide a laissé des personnes se reposer, il a emmené d'autres personnes au musée et il a envoyé certaines personnes faire des achats.

2. Les élèves de cette classe étudient différentes langues vivantes.
   — Certains élèves font de l'anglais, d'autres élèves étudient l'allemand.
   — On prépare certains élèves à l'examen d'anglais, on prépare d'autres élèves aux épreuves d'allemand.

3. Toutes nos voitures ont de nombreux accessoires.
   — Certaines de ces voitures ont un lecteur de CD, d'autres voitures ont un lève-vitre électrique.
   — Nous équipons certaines de ces voitures d'un lecteur de CD, nous équipons d'autres voitures d'un lève-vitre électrique.

4. Arielle a acheté ses lunettes 200 euros.
   — Les mêmes lunettes coûtaient deux fois moins cher au supermarché.
   — Elle aurait trouvé les mêmes lunettes deux fois moins cher au supermarché.

5 **À vous !** Décrivez l'image ci-dessous avec les déterminants et pronoms exprimant la différence et l'identité.

D'autres / Des autres

Observez

1.
Je n'avais que des tee-shirts sans manches pour les vacances, alors <u>j'ai acheté</u> **un autre tee-shirt** pour les jours plus frais.

2.
Je n'avais que des tee-shirts sans manches pour les vacances, alors <u>j'ai eu besoin</u> d'**un autre tee-shirt** quand il a fait plus frais.

a. Mettez au pluriel le complément en gras. Que remarquez-vous ?

1. *J'ai acheté* ...... *tee-shirts.*

2. *J'ai eu besoin <u>de</u>* ...... *tee-shirts.*

3.
J'ai acheté 2 tee-shirts, un sans manches et un à manches courtes. J'ai pris le tee-shirt sans manches pour les grosses chaleurs et <u>j'ai acheté</u> **l'autre tee-shirt** pour les jours plus frais.

4.
J'ai acheté 2 tee-shirts, un sans manches et un à manches courtes. J'ai mis le tee-shirt sans manches pour les grosses chaleurs et <u>j'ai eu besoin de</u> **l'autre tee-shirt** quand il a fait plus frais.

b. Mettez au pluriel le complément en gras. Que remarquez-vous ?

3. *J'ai acheté* ...... *tee-shirts.*

4. *J'ai eu besoin <u>de</u>* ...... *tee-shirts.*

Entraînez-vous

6 Transformez les phrases, comme dans l'exemple, en utilisant *d'autres* ou *des autres*.

Exemple :
— Je n'ai plus de feuilles blanches pour imprimer mon rapport, alors j'utilise d'autres feuilles.
*→ Alors je me sers **d'autres** feuilles.*
— Il n'y a plus de feuilles blanches dans le paquet, alors j'utilise les autres feuilles.
*→ Alors je me sers **des autres** feuilles.*

1. Après ce grave accident de train, les pompiers ont secouru les blessés et ont accompagné les autres passagers qui étaient très choqués.
   → Et ils se sont occupés ...... passagers qui étaient très choqués.

2. Les familles de deux enfants ont droit aux allocations familiales, mais les familles de trois enfants et plus ont droit à d'autres avantages.
   → Mais les familles de trois enfants et plus bénéficient ...... avantages.

3. La police a démantelé un réseau de drogue. Elle a arrêté certains membres de l'organisation et perquisitionné chez les autres.
   → Elle a perquisitionné au domicile ....

4. La médecine occidentale se concentre sur les maladies tandis que la médecine traditionnelle chinoise s'intéresse à d'autres problèmes comme l'équilibre général du patient.
   → La médecine traditionnelle chinoise se préoccupe ...... problèmes comme l'équilibre général du patient.

5. Si tu prends un abonnement dans ce club de sport, non seulement tu pourras aller à la piscine mais tu pourras aussi utiliser les autres équipements comme le sauna et les appareils de musculation.
   → Tu pourras aussi profiter ...... équipements comme le sauna et les appareils de musculation.

III. Les indéfinis *tout / tous / toute(s)*

Observez

Près de chez moi se trouve un magasin que tous les enfants et toutes les ménagères avisées connaissent : tout y est vendu à un euro ! Vous ne me croyez pas ? Regardez les jouets : tous coûtent un euro. Vous préférez des tasses, des assiettes ? Elles sont toutes à un euro. Si vous entrez dans ce tout petit magasin, vous aurez envie d'acheter toute la marchandise et d'y passer tout votre temps.

a. Soulignez les expressions comprenant *tout / toute / tous / toutes* et classez-les dans le tableau selon leur fonction grammaticale.

déterminant	pronom neutre	pronom de rappel	adverbe
tous les enfants	……	……	……

b. Que désignent les pronoms ?

c. Quel est le sens de *tout* adverbe ?

Entraînez-vous

7 | Transformez les phrases en utilisant les pronoms *tous / toutes* de façon à éviter les répétitions.

Exemple : J'ai loué des DVD à la vidéothèque. Tous les DVD étaient récents. J'ai visionné tous les DVD.
*→ J'ai loué des DVD à la vidéothèque. **Ils** étaient **tous** récents et le **les** ai **tous** visionnés.*

1. J'adore les tableaux de Botticelli. Tous les tableaux de Botticelli sont magnifiques.
2. Mon frère est un amateur de films d'espionnage. Il connaît tous les films d'espionnage.
3. Ma mère est une inconditionnelle des ballets de Maurice Béjart. Elle pense que tous les ballets de Maurice Béjart sont uniques.
4. Mon père est un fervent admirateur des chanteurs de flamenco. Il trouve tous les chanteurs de flamenco exceptionnels.
5. Ma sœur est passionnée par les romans de science-fiction de Matheson. D'après elle, tous les romans de science-fiction de Matheson sont géniaux. Quelle famille !

8 | Complétez le dialogue avec *tout, toute, tous, toutes*.

Stella est une actrice célèbre. Elle appelle son agent dans un moment de déprime.

— Allo, mon chou ? J'ai eu une journée épouvantable : ce matin …… s'est très mal passé pendant le tournage. …… les techniciens ont été odieux et les autres actrices étaient …… contre moi.
— Mais c'est parce qu'elles sont jalouses, darling !
— Non, c'est plus grave. Ce matin, je n'ai signé que dix autographes, je vais perdre …… mes admirateurs et je vais finir …… seule dans la misère, abandonnée de ……!
— Allons chérie, ressaisis-toi ! Qu'est-ce qui se passe aujourd'hui ? Tu vois …… en noir. Pourtant, il y a deux jours encore, tu étais …… contente à l'idée d'aller tourner à Ibiza. C'est pas bien Ibiza ? …… la jet-set est là-bas : tu devrais être contente, c'est …… ce que tu aimes !
— C'est vrai, tu as raison. Merci, je me sens mieux maintenant.

Observez

Raphaël, étudiant, se plaint de son colocataire.

« C'est moi qui prépare tous les repas et qui fais toutes les courses. Lui ne prépare jamais aucun repas et il ne fait aucune course. Bref, moi je fais tout tandis que lui ne fait rien : absolument rien ! »

Quel est le contraire de *tous les / toutes les* ? Quel est le contraire de *tout* ?

Entraînez-vous

9 **Complétez les mini dialogues avec *aucun(e)* ou *rien*.**

1. – Vous avez bien reçu toutes mes lettres ?   – Ah non, je n'ai reçu **aucune** lettre.
2. – Tu as bien tout compris ?   – Ah non, je n'ai **rien** compris.
3. – Tout est prêt ?   – Non, ... n'est prêt.
4. – Tous les étudiants sont arrivés à l'heure ?   – Ah non, ... étudiant n'était à l'heure.
5. – Toutes les secrétaires sont bilingues ?   – Ah non, ...
6. – Vous acceptez toutes les cartes bancaires ?   – Non, ...
7. – Tu as tout entendu, n'est-ce pas ?   – Mais non, ...

IV. Les pronoms indéfinis désignant une personne, une chose ou une circonstance

Observez

Chère Inès,

J'ai un secret à te dire : je suis tombée amoureuse de quelqu'un. Il s'appelle Franck. C'est quelqu'un de très sympa et qui comprend les filles. Hier, après le lycée, on est allés prendre un café et il m'a dit quelque chose de très romantique. En plus, il m'a dit qu'il faisait de la musique, il paraît qu'il joue « super bien » de la basse. Demain soir, il m'emmène dîner quelque part, je suis sûre que ça sera un dîner romantique aux chandelles. C'est génial ! Mylène

Chère Sandra,

Tu « sais pas » la nouvelle ? Mylène est encore amoureuse ! Elle rêve encore du grand amour, mais moi je le connais son prince charmant, c'est un « baratineur » : je suis sûre qu'il lui a raconté n'importe quoi. Tu sais qu'il lui a dit qu'il faisait de la musique ! Si c'est vrai, il doit jouer n'importe comment, parce qu'il chante faux. Il l'a soi disant invitée à dîner, je parie qu'il va l'emmener n'importe où, dans n'importe quel « fast-food ». Et après il l'appellera n'importe quand pour lui demander de faire ses exercices de maths à sa place ! Inès

a. Relevez les indéfinis qui permettent de désigner une personne, une chose ou une circonstance.

b. Quel changement de ton y a-t-il entre les expressions de Mylène et celles d'Inès ?

Entraînez-vous

10 Complétez le dialogue avec *quelqu'un / quelque chose / quelque part / n'importe qui / n'importe quoi* (2) / *n'importe où / n'importe comment.*

En voiture.

Monique : – Ça fait une heure qu'on tourne : on est perdues, il faut qu'on s'arrête ...... pour regarder le plan.

Yvonne : – D'accord, mais je ne peux pas m'arrêter ......, il faut que je trouve une place de stationnement.

Monique : – Mais non, on en a pour quelques minutes : mets-toi en double file.

Yvonne : – Tu veux rire, en double file dans cette rue étroite ? Je ne peux quand même pas faire ....

Monique : – Eh bien, dans ce cas, demandons notre chemin à ....

Yvonne : – Mais à qui ?

Monique : – Eh bien, à ......, tiens, à ce piéton, là : ralentis. Pardon Monsieur, je... Il ne s'est même pas arrêté !

Un automobiliste, *derrière* : – Dites-donc, vous bloquez tout le monde, vous n'avez pas le droit de vous arrêter comme ça. Ah là, là, les « bonnes femmes », ça conduit ...... !

Monique *(à Yvonne)* : – Mais dis-lui ......, Yvonne, ..., ne te laisse pas insulter par ce crétin !

Bilan

11 Complétez le texte avec les pronoms / déterminants indéfinis qui conviennent *(aucun(e), peu, quelques-uns / quelques (2), la plupart, certains, certaines, tous).* Pensez à ajouter un deuxième déterminant *(le / la / les)* ou une préposition *(de)* si nécessaire.

L'exposition sur les Incas qui se tient actuellement au Petit Palais est remarquable. Il n'y a ...... copie : ...... objets sans exception sont des pièces originales. ......, en nombre limité, ont été prêtés par des collectionneurs particuliers. ...... pièces particulièrement ont une valeur inestimable. L'exposition rencontre un grand succès auprès du public, à ...... exceptions près : ...... visiteurs en sortent enchantés, très ...... entre eux sont déçus mais ......, cependant, regrettent que le nombre d'objets exposés ne soit pas plus élevé.

12 Complétez le dialogue en utilisant *aucun (2), rien, peu, un peu, quelques, plusieurs, beaucoup, la plupart, tous, certains.*

René, un chasseur, répond aux questions d'un journaliste du Chasseur Solognot.

– Dites-nous, René, quels animaux voit-on dans votre belle région ?

– Beaucoup de lapins et de chevreuils, bien sûr, mais aussi ...... sangliers.

– Des sangliers ! Et vous en chassez ...... ?

– Non, personnellement, je n'en ai encore jamais tué .... C'est difficile la chasse au sanglier, et puis c'est dangereux, mais il y a des amateurs : ...... chasseurs ne chassent que le sanglier.

– On ne doit quand même pas croiser des sangliers tous les jours. Vous en avez vu un récemment ?

– J'en ai même vu ...... : la mère et les deux marcassins, pas plus tard qu'hier !

– On trouve aussi des canards ? Il doit y en avoir beaucoup.

– Eh bien non, contrairement à ce qu'on pourrait croire, il y en a ...... par ici. En fait, ... des bêtes à plumes que je chasse sont des faisans.

– Une dernière question : qu'est-ce qui vous plaît dans la chasse ?

– Ce qui me plaît, c'est marcher dans la campagne, quand il y a juste ...... de brume au-dessus des étangs et qu'il n'y a presque ...... bruit. J'oublie ...... mes soucis, je ne pense à ......, je suis bien.

– Merci de votre témoignage, René.

Les pronoms personnels

Observez

Lu dans la presse !

1. *À propos des jeux vidéo, un adolescent témoigne :*

> « Je ne peux pas m'en passer. J'y consacre trois heures par jour et, quand je ne joue pas, je suis nerveux. »
>
> Jean, 12 ans

2. *À propos des* Restos du Cœur *(repas distribués gratuitement) lancés par l'artiste Coluche en 1985 :*

© Gamma / photo news, S. Benhamou

> « Sans lui,
> ça n'existerait pas
>
> Sans vous,
> ça n'existerait plus »

3. *À propos de Ferdinand Gilson, l'un des derniers « poilus » de la Guerre de 1914-1918 :*

> Sans cesse,
> on le félicitait de figurer parmi
> les « ders des ders ».
> « *Vous savez, je ne l'ai pas fait exprès* », répondait
> Ferdinand Gilson qui est mort le 26 février 2006, à l'âge
> de 107 ans.

a. Soulignez les pronoms personnels dans chacune des coupures de presse.

b. Lorsque ces pronoms sont compléments d'un verbe, indiquez la construction du verbe et ce que chaque pronom représente.

*Exemple : m'**en** passer → se passer **des jeux vidéo***

I. Les pronoms toniques

Observez

1.

Mon amie Julie et moi, nous sommes « fans » de tennis. Quelquefois, nous jouons avec ses jeunes frères mais nous sommes plus fortes qu'eux. Hier, j'ai joué en simple contre Stéphane. C'est moi qui l'ai battu, pas lui !

2.
– Hubert est très pantouflard *(langue familière)*. Il ne se sent bien que chez lui !
– Après une journée de ski, comme on est bien chez soi devant un bon feu de cheminée !

a. Soulignez les pronoms toniques. Dans quels cas sont-ils employés ?
b. Dans le 2, pourquoi emploie-t-on dans un cas, *lui*, et dans l'autre, *soi* ?

Entraînez-vous

I Complétez les mini dialogues avec les pronoms toniques qui conviennent.

1. – Qu'est-ce qui se passe, Martin ? Tu n'as pas l'air content. Tu as quelque chose contre …… ?
– Pas du tout! C'est …… qui inventes toujours des histoires.

2. – Pour créer sa propre entreprise, c'est vrai qu'il vaut mieux avoir une certaine expérience derrière …… mais si on se sent sûr de ……, il faut se lancer.

3. – Irène et ……, nous retapons *(langue familière)* notre maison ……-mêmes.
– Quoi ! c'est …… qui faites la plomberie, la peinture, tout, quoi ?
– Mais oui ! Ça t'étonne ?

4. – Ta sœur et ……, ça vous dirait d'aller passer un week-end à Amsterdam ?
– Excellente idée ! Et mon amie Alexia, elle peut venir, …… aussi ?

5. – Carine, tu savais que Philippe Lebrun avait dix ans de moins que sa femme ?
– Non, et pourtant elle paraît plus jeune que …… .

II. Les pronoms compléments

En / y

Observez

MANGEZ DES ORANGES !
MANGEZ-**EN** BEAUCOUP !
C'EST PLEIN DE VITAMINE C.
LES ENFANTS **EN** ONT BESOIN
POUR LEUR CROISSANCE
ET LES PERSONNES ÂGÉES
POUR FIXER LE CALCIUM.

Campagne « Ville Propre » :
De nouvelles poubelles en service dans la ville !
Jetez-**y** papiers, emballages, déchets de toutes sortes ! La propreté, chacun doit **y** contribuer.
C'est notre affaire à tous.

a. Quels sont les deux emplois de *en* ?
b. Quels sont les deux emplois de *y* ?

Entraînez-vous

2 Complétez le dialogue en répondant aux questions de Jean et Mathilde avec les pronoms *en* et *y*, comme dans l'exemple.

Exemple : — Vous vous plaisez dans ce quartier ?
        — (beaucoup. Quartier tranquille, très famille)
        *→ Oui, nous nous **y** plaisons beaucoup. C'est un quartier tranquille, très famille.*

Jean et Mathilde, un couple d'amis d'Olivier et Clémentine, envisagent de s'installer dans le même immeuble qu'eux. Ils s'informent sur la vie dans le quartier.

— Vous habitez depuis longtemps dans ce quartier ?
— *(depuis trois ans)*
— Est-ce qu'il y a des commerces à proximité ?
— *(des commerces de toutes les sortes et aussi un grand supermarché)*
— Votre fille est-elle contente de son école ?
— *(être ravie de son école ; se faire plein de copains)*
— Quels sont les horaires de l'école ?
— *(Marie aller à l'école à 9 h et sortir de l'école à 16 h 30)*
— La municipalité organise certainement des activités pour les enfants. Est-ce que Marie participe à ces activités ?
— *(Bien sûr participer à ces activités. Le mardi, faire de la danse et, le mercredi, aller à un atelier vidéo)*
— Question transports, est-ce qu'on est loin de la station de RER ?
— *(pas très loin, à 10 minutes à pied en marchant vite)*

Le, la, les et *se*

Observez

> • Rome, vous connaissez cette ville, n'est-ce pas ? Oui, je **l'**ai visitée plusieurs fois.
> • Vous connaissez mon fils ? Non, je n'ai jamais eu l'occasion de **le** rencontrer.
> • Vous connaissez tous les collègues de votre femme ? Non, je ne **les** connais pas tous ; je n'en connais que quelques-uns.
> • Votre fils et celui des voisins **se** connaissent-ils ? Ils **se** croisent sans vraiment **se** connaître.

a. Quel type de complément suit les verbes *connaître, visiter, rencontrer* et *croiser* ?
b. Quand on emploie *le, la* ou *les*, quels déterminants sont placés devant le nom complément ?
c. Que représente *se* ?

> • Hier, en passant devant chez Legourmand, je n'ai pas résisté à la tentation et j'ai acheté des chocolats. Je **les** ai mis dans le réfrigérateur. Va **les** chercher. On **en** prendra avec le café.

d. Pourquoi *les* et *en* sont-ils successivement utilisés pour remplacer *chocolats* ?

Entraînez-vous

3 Complétez les mini dialogues avec *le, la, les, se* ou *en*.

Exemple : — Hilda est une fan de Titeuf, n'est-ce pas ?
— Et comment ! Les albums de Zep, elle ...... a tous lus. Elle ...... a même certains dans
différentes versions.
*→ — Et comment ! Les albums de Zep, elle **les** a tous lus. Elle **en** a même certains dans*
différentes versions.

1. — Bonjour, Monsieur. Avez-vous encore un exemplaire du dernier Prix Nobel ?
— Désolé ! Nous ne ...... avons plus aucun. Nous ...... avons tous vendus.

2. — La nouvelle petite amie de Sébastien, tu ...... as déjà vue ?
— Oui, bien sûr ! Il ne ...... a jamais eu une d'aussi sympa.
— À qui le dis-tu ? J'aimerais bien que celle-là, il ...... garde.

3. — Maintenant, c'est la folie yoga. Toutes les stars ...... font.
— Eh bien ! moi aussi et pourquoi pas toi ? C'est merveilleux pour ...... détendre, gagner en souplesse,
mieux ...... concentrer.

4. — Sabine, il paraît que tu as un nouveau chien.
— Oui, ... voici ! C'est un Golden Retriver. Je ...... ai eu plusieurs de cette race-là mais c'est le plus
intelligent.

5. — Le dernier roman de Le Clézio, comment ...... trouves-tu ?
— Je ne sais pas encore, je ne ...... ai lu que la moitié.

Lui, leur et *se*

Observez

> Il existe deux types d'amateurs de football : le sportif du ballon rond et le sportif du fauteuil. Un
> entraîneur fixe au premier des objectifs et il **se** donne un mal fou pour les atteindre. Le second, assis
> devant la télévision, applaudit le premier, **lui** crie des « hourrahs » de satisfaction ou des « hous » de
> réprobation. Et toi ? Tu joues ou tu regardes ?

a. Que représentent les pronoms *se* et *lui* ? De quelle sorte de complément s'agit-il ?
b. Remplacez « le sportif du ballon rond et le sportif du fauteuil » par « les sportifs... et les sportifs... ».
Quels changements cela entraîne-t-il dans le texte ?

Entraînez-vous

4 Complétez l'article avec les pronoms *en, le, la, les, leur, se.*

LA MALNUTRITION SERA-T-ELLE VAINCUE GRÂCE À LA SPIRULINE ?

Qui connaît la spiruline ? On fonde de grands espoirs sur cette microscopique algue verte, pour remédier à la malnutrition qui sévit dans certains pays africains. Elle ...... développe au fond des lacs mais on peut aussi ...... cultiver avec des moyens très réduits. Elle est riche en vitamines, en minéraux et elle présente une impressionnante teneur en protéines. Elle ...... contient même plus que le soja.

Au Burkina Faso, où des fermes pilotes cultivent la spiruline, on a déjà pu ...... mesurer les effets positifs sur des enfants souffrant de malnutrition. En ...... faisant absorber deux grammes verts par jour dans leur bouillie de mil, on a pu réussir à ...... faire grossir de 100 grammes par jour. Les qualités nutritionnelles de la spiruline sont telles que l'Agence spatiale européenne ...... demande si elle ne

pourrait pas ...... utiliser pour la survie de ses équipages. La spiruline ...... fournirait un aliment riche sous un faible volume et on envisagerait même de ...... nourrir à partir de cultures pratiquées directement sur la Lune ou sur Mars.
Le progrès, on ne ...... arrête pas, et c'est tant mieux quand il est au service de l'Homme.

III. Les pronoms neutres

Le

Observez

Un journaliste interroge une romancière célèbre.
– Pourquoi..., comment êtes-vous devenue écrivaine ?
– Je ne **le** sais pas très bien moi-même. J'ai eu très jeune le goût d'écrire.
– Votre famille a-t-elle influencé votre choix ?
– Peut-être plus que je (ne) **le** pensais. Mes parents étaient passionnés de littérature.
– Votre dernier roman sera-t-il bientôt traduit en anglais ?
– Oui, il **le** sera certainement avant la fin de l'année.

a. Que remplace chacun des pronoms *le* ?
b. Dans quelle phrase *le* ne peut-il absolument pas être omis ?

Entraînez-vous

5 Reliez les phrases (ou les parties de phrases) correspondantes.

1. *La Terre tourne sur elle-même.*
2. Florence est plus âgée qu'...
3. La vie sera-t-elle possible sur la planète Mars ?
4. Quand Marguerite Yourcenar est-elle devenue la première femme membre de l'Académie française ?
5. La popularité du Premier ministre est en baisse.
6. Qui a assassiné le Président Kennedy ?

- **a.** Elle l'est devenue en 1980.
- **b.** Tous les sondages l'indiquent.
- **c.** On l'ignore toujours.
- **d.** *L'expérience du pendule de Foucault le prouve.*
- **e.** elle ne le paraît.
- **f.** Elle le sera peut-être un jour.

6 **À vous !** Complétez les phrases, comme dans l'exemple.

Exemple : ...... ? Je me le demande.
→ ***Vais-je réussir à obtenir une bourse d'études*** *? Je me le demande.*

1. ...... ? On le saura peut-être un jour.
2. Comme je te le disais hier, ...
3. ...... qu'il ne le voudrait.
4. ...... ? Personne ne le sait.
5. ...... qu'elle ne l'est en réalité.

En et *y*

Observez

- Il conduit comme un fou. Il a fini par avoir un accident. Il fallait bien s'**y** attendre.
- Les enfants difficiles sont de plus en plus nombreux. Les instituteurs ne cessent de s'**en** rendre compte.

a. Que remplacent *y* et *en* ?
b. Pourquoi emploie-t-on dans un cas *y* et dans l'autre *en* ?

Entraînez-vous

7 Complétez les phrases avec les pronoms *le, y* ou *en*.

1. — Nous pourrions faire une fête pour les 60 ans de maman. Qu'est-ce que tu ...... penses ?
   — Bonne idée! Je ne ...... avais pas pensé. Décidément, tu es un meilleur fils que je ne ...... pensais.
2. Les banques Le Crédit Bordelais et la Société d'Épargne Nantaise vont-elles fusionner ? On ...... dit, mais au fond, personne ne ...... sait rien.
3. Trouver un vaccin contre le Sida, on ...... parviendra mais dans combien de temps ?
4. La répression est-elle un bon moyen de lutter contre la violence ? Je ...... doute.
5. Recommandation aux moniteurs de l'École de Voile : « Les enfants doivent attacher leur gilet de sauvetage avant d'embarquer. Veillez-...... ! »
6. Dans le procès de X, certains témoins ont été manipulés. Le procureur se ...... est très vite rendu compte.

Le ou *en* ?

Observez

> **1.** Le nom de la directrice de l'école, on me l'a dit mais je l'ai oublié.
> **2.** Pour la sortie scolaire du 28 juin, les enfants devront apporter un pique-nique. Dites-**le**-leur !
> **3.** Si Félix veut sortir avec ses copains, on ne peut pas l'**en** empêcher.

a. Reformulez les phrases sans les pronoms *le* et *en*. Que remplacent-ils ?

b. Pourquoi emploie-t-on *le* dans la phrase 2 et *en* dans la phrase 3 ?

Entraînez-vous

8 Complétez les phrases par *le* ou *en*.

1. Vincent viendra pour les 80 ans de sa grand-mère ; il me ...... a promis.

2. Nous, les élèves, on voudrait bien sortir du lycée à l'heure du déjeuner mais on nous ...... interdit, si on n'est pas majeurs.

3. Sur le distributeur de boissons, une affiche est posée : « Cet appareil est hors service. Veuillez nous ...... excuser. »

4. Les caisses de la mairie sont vides parce que le maire a fait des dépenses somptuaires. Ses administrés ...... lui reprochent et il ne sera pas réélu par le conseil municipal.

5. Ma vieille tante Juliette persiste à vouloir conduire sa voiture elle-même mais c'est un danger public. Comment la ...... dissuader ?

6. Les Couturier seraient peut-être d'accord pour aller au Canada avec nous cet été. En tout cas, on peut ...... leur proposer.

IV. Les doubles pronoms

Observez

> • **Donner quelque chose à quelqu'un**
>
> | Tu | *m'en / nous en* | donnes | Donne-*m'en / nous-en* | Ne *m'en / nous-en* | donne pas |
> |----|----|----|----|----|----|
> | Tu | *lui en / leur en* | donnes | Donne-*lui-en / leur-en* | Ne *lui-en / leur-en* | donne pas |
> | Il | *s'en* | donne | | | |
> | Il | *me le / nous le* | donne | Donne-*le-moi / le-nous* | Ne *me le / nous le* | donne pas |
> | Il | *le lui / le leur* | donne | Donne-*le-lui / le-leur* | Ne *le lui / le leur* | donne pas |
> | Il | *se le* | donne | | | |
>
> • **S'intéresser à quelque chose**
>
> | Tu | *t'y* | intéresses |
> |----|----|----|
> | Elle | *s'y* | intéresse |

a. Quand il y a deux pronoms compléments, quelle est toujours la place du pronom *en* ? du pronom *y* ?

b. Quelles remarques faites-vous sur la place du pronom *le* (ou *la, les*) ?

c. Quels changements remarquez-vous entre l'impératif affirmatif et l'impératif négatif ?

Entraînez-vous

9 Complétez le texte avec les pronoms qui conviennent, comme dans l'exemple.

Le cambriolage d'une maison vient d'avoir lieu. Le propriétaire commente l'événement.

Exemple : Dans l'entrée, nous avions une belle horloge ancienne. Nos cambrioleurs ont du goût.

      Ils (la lui / nous en / nous l') .... ont prise.

      → *Ils **nous l'**ont prise.*

Ma femme et moi, nous avions chacun notre ordinateur. Ils *(les leur / nous en / nous les)* .... ont emportés tous les deux. Nous avions aussi plusieurs bibelots de valeur auxquels nous tenions beaucoup ; on ne *(m'en / nous les / nous en)* .... a laissé aucun. Les cambrioleurs n'ont pas oublié les bijoux. Ma femme avait un joli bracelet en or ; je *(lui en / le lui / le leur)* .... avais offert pour nos dix ans de mariage. Parti, envolé ! J'avais fait mettre des barres de sécurité sur les volets, comme mon assureur *(nous l' / nous y / me l')* .... avait recommandé. Ça n'a servi à rien ! Pourquoi le système d'alarme n'a-t-il pas fonctionné ? On ne *(vous le / se l' / le lui)* .... explique pas.

10 Complétez les mini dialogues avec les pronoms qui conviennent.

Exemple : — Maintenant que Marie est grande, nous n'avons plus besoin de la poussette
       et du lit d'enfant que Jules et Coline nous ont prêtés. Rendons-......-...... .
       — Oui, téléphone pour demander quand nous pouvons .... rapporter.
       → *— Maintenant que Marie est grande, nous n'avons plus besoin de la poussette*
       *et du lit d'enfant que Jules et Coline nous ont prêtés. Rendons-**les-leur**.*
       *— Oui, téléphone pour demander quand nous pouvons **les leur** rapporter.*

1. *Paul à son père :* — Papa, ta voiture, tu ne trouves pas qu'elle est un peu poussive ? Tu devrais .... donner.
   La mère de Paul : — Mais oui chéri, donne- ......-...... donc ! On .... sert très peu.
   Le père : — D'accord, mais je .... donne seulement si tu te charges de payer l'essence, l'entretien et les PV.

2. *Deux élèves en classe.*
   — Ça y est ! Mon crayon à bille ne marche plus. Passe- .... un, s'il te plaît.
   — Je n'en ai pas, mais Claude à côté de toi a une trousse pleine de crayons. Demande-......-...... un !

3. *Dans une entreprise.*
   — Mme Duroi, tous ces papiers sont à faire signer au Directeur. Pourriez-vous .... remettre de ma part. Merci.
   — Entendu ! Dès que ce sera fait, je .... rapporterai dans votre bureau.

4. *Une mère à propos de sa fille.*
   — Ma fille Jeanne, qui est très dépensière, n'arrête pas de faire des emprunts à ses grands-parents. Le mois dernier, elle leur a emprunté de l'argent, cette semaine, elle .... a encore demandé. Jeanne a promis de .... rendre mais le fera-t-elle ?

V. Pronoms compléments et infinitif

Observez

Alexis aime servir des plats du Sud-Ouest : cassoulet, confit de canard, etc. Il va **les** acheter dans une boutique de la rue Montorgueil qui **les** fait venir directement de la région de Toulouse. Il **m'en** a souvent fait goûter.

Quelles remarques faites-vous sur la place du ou des pronoms compléments quand un infinitif suit un autre verbe ?

Entraînez-vous

11 **Remettez les mots dans l'ordre qui convient.**

Exemple : Le pot-au-feu, pour qu'il soit bon, (le / il /cuire / faut / laisser) pendant au moins deux heures.

→ *... **il faut le laisser cuire** pendant au moins deux heures.*

1. Excuse-moi ! Pourrais-tu me répéter ton numéro de téléphone. (me / viens / le / de / tu / donner), mais je l'ai déjà oublié.
2. C'est l'anniversaire de Cécile, vendredi prochain. (feras / y / tu / penser / me).
3. Quel personnage antipathique ! Il n'écoute pas les autres. (parler / il / lui-même / écoute / se).
4. Isabelle Adjani en Camille Claudel aux côtés de Gérard Depardieu en Rodin était excellente. (avais vue / je / la / jouer / ne / dans aucun autre film).
5. Achille a été odieux avec toi. (voir / plus / veux / ne / le / tu). Eh, bien ! Tant pis pour lui !

12 **À vous ! Terminez les phrases en utilisant des pronoms personnels comme dans l'exemple.**

Exemple : — Mamie, c'est la Chandeleur. On adore les crêpes. (pouvoir faire) ...... ?

→ *Tu pourrais nous en faire ?*

1. Vous ne connaissez pas mon amie Ariane. (aller présenter) ......
2. Il m'arrive souvent d'avoir envie de lire un livre. (entendre parler à la télévision) ......
3. Ton fils dit qu'il veut prendre un studio et se débrouiller tout seul. (laisser faire) ...... !
4. Lucie ne connaît pas la Sicile. (aimer bien aller cet été) ....
5. Alice adore la danse. (faire prendre des cours) ...... !

VI. Cas particuliers

Me, te, lui, nous, vous, leur ou préposition + *moi, toi, lui/elle, nous, vous, eux/elles* ?

Observez

> Quand on a des amis, il faut leur téléphoner pour leur anniversaire, leur offrir de temps en temps un petit cadeau, s'intéresser à eux et à leurs problèmes, autrement dit, penser à eux, mais aussi savoir s'opposer à eux.

a. Soulignez les pronoms qui remplacent *à des amis.*
b. Quels verbes se construisent avec *à* + pronom tonique ?

Entraînez-vous

13 Complétez les textes comme dans l'exemple.

Exemple : Maryse ne s'entend pas avec sa fille qui pourtant (ressembler beaucoup à sa mère) ....
Elle (s'opposer à sa mère) ...... à propos de tout et de rien. Vraiment, ce n'est pas une mère très diplomate. L'adolescence, elle (ne rien comprendre à l'adolescence) ....
*→ Maryse ne s'entend pas avec sa fille qui pourtant **lui** ressemble beaucoup. Elle s'oppose **à elle** à propos de tout et de rien. [...] L'adolescence, elle n'**y** comprend rien.*

1. La maîtresse de mon fils Hugo est en congé de maternité. Sa remplaçante est très gentille et mon fils (s'habituer bien à cette remplaçante) .... Ses nouvelles méthodes, il (s'adapter à ses nouvelles méthodes) ....

2. Corentin est très compétent en informatique. Comme il habite juste au-dessus de chez moi, je (faire appel à Corentin) ...... dès que mon ordinateur plante ou que j'ai un problème. C'est très pratique ; je (passer un coup de fil à Corentin) ...... et il descend.

3. — Ton frère Colin, tu as remarqué comme il a changé depuis qu'il a rencontré ta copine Chloé ?
   — Ah ! Oui, alors ! Il détestait le sport. Eh, bien ! Incroyable mais vrai ! Il (se mettre au sport) .... Cet été, il part avec Chloé faire de la randonnée en haute montagne. C'est vraiment qu'il (tenir à Chloé) ....
   — Et Chloé, Colin (plaire à Chloé) ...... ?
   — Oh oui ! Elle (s'attacher à Colin) ...... beaucoup plus qu'elle ne veut le reconnaître.

14 **À vous !** Avec chacun des verbes proposés : *s'intéresser à, songer à, se fier à, s'attacher à, se joindre à*, composez des phrases où vous opposerez *à* + pronom tonique et *y*.

*Exemple : **s'adresser à***
1. *Le vendeur d'un kiosque à journaux.*
   — *Les gens s'adressent souvent **à moi** pour me demander leur chemin quand ils ne connaissent pas le quartier.*
2. *L'Office du Tourisme est près de la cathédrale. Vous pouvez vous **y** adresser de 14 h à 19 h.*

En ou *de* + pronom tonique ?

Observez

> – À propos, qu'est-ce qu'on dit dans les couloirs de la nouvelle Secrétaire d'état au logement ?
> – Les premières réactions sont favorables mais on lui reproche d'être un peu trop médiatique, de beaucoup faire parler d'**elle**. Son activisme, certains s'**en** inquiètent.

a. Dans quel cas emploie-t-on *en* ?
b. Dans quel cas emploie-t-on *de* + pronom tonique ?

Entraînez-vous

15 | Complétez les phrases comme dans l'exemple.

Exemple : – Faire la morale à Julien, ça ne sert à rien. On (ne rien obtenir de Julien) ...... par cette méthode-là.
> → *Faire la morale à Julien, ça ne sert à rien. On **n'obtient rien de lui** par cette méthode-là.*

1. Le petit Jérémie est très doué en maths comme en piano. Qu'est-ce que vous (aller faire du petit Jérémie) ...... ? Un mathématicien ? Un pianiste ?
2. L'immeuble en face de chez nous est en complète rénovation. Qu'est-ce qu'on (aller faire de cet immeuble) ...... ? Des bureaux, des logements ? Personne n'en sait rien.
3. Jane Birkin a vécu avec Serge Gainsbourg pendant une dizaine d'années. Elle (se séparer de Serge Gainsbourg) ...... en 1980.
4. Faire du saut en parachute, je (avoir envie de faire du saut en parachute depuis très longtemps) ....

Pronom personnel ou démonstratif neutre ?

Observez

> **1.** Ce garçon, je **le** trouve très sympathique.
> **2.** La télévision, parfois je trouve **ça** débile.
> **3.** Cette émission, je **l'**ai trouvée débile.

Pourquoi emploie-t-on *le / l'* dans les phrases 1 et 3 et *ça* dans la phrase 2 ?

Entraînez-vous

16 | Remplacez les compléments entre parenthèses par *le, la, les* ou *ça*.

Exemple : Les gâteaux, j'adore (les gâteaux) → *Les gâteaux, j'adore **ça**.*

1. Max, j'ai attendu (Max) pendant plus d'une heure et il n'est pas arrivé !
2. Les vacances, tous les enfants attendent (les vacances) avec impatience et les adultes aussi.
3. Les biftecks, tu aimes (les biftecks) saignants, bien cuits ou « à point » ?
4. Au Québec, une voiture, on appelle (une voiture) un char.
5. Sa moto, il bichonne (sa moto), il y tient comme à la prunelle de ses yeux.

6

Les expressions lexicalisées

Entraînez-vous

17 Reliez les phrases (ou les parties de phrases) qui correspondent.

1. *Les vendeurs de Bricotout s'y connaissent très bien en bricolage.*

2. Tu es d'une humeur de chien *(langue familière)* parce que tu n'as pas fini tes devoirs.

3. Déménager, c'est crevant ! *(langue familière)*

4. J'ai osé le critiquer.

5. Il a gagné 3 000 euros au jeu télévisé « Qui veut gagner des millions ? »

6. Les caisses de l'association sportive sont vides.

7. La nuit d'hôtel, petit-déjeuner compris,

8. La vie dans cette région froide, humide, inhospitalière,

9. Si tu rates ton permis de conduire cette fois-ci,

- **a.** Comment en est-on arrivé là ? Mauvaise gestion ou malhonnêteté ?
- **b.** Depuis ce temps-là, il m'en veut.
- **c.** *On peut leur demander conseil.*
- **d.** ne t'en fais pas ! Tu l'auras la prochaine fois.
- **e.** Qu'est-ce que tu veux que j'y fasse ? Il fallait t'y prendre plus tôt.
- **f.** il va bien falloir nous y faire.
- **g.** Nous n'en pouvons plus.
- **h.** Il n'en revenait pas.
- **i.** elle en a eu pour 85 euros.

Bilan

18 Complétez le texte avec les pronoms qui conviennent.

LE LOUVRE, DERRIÈRE DISNEYLAND MAIS DEVANT LA TOUR EIFFEL, AU HIT-PARADE DES MONUMENTS LES PLUS VISITÉS.

En 2005, le Musée du Louvre a accueilli plus de 7 millions de visiteurs, — soit 10 % de plus que l'année précédente — et les deux tiers d'entre ...... sont étrangers. Un esprit nouveau souffle sur le vieux musée, on ...... remarque à de multiples signes.

Le Louvre voyage. Ses œuvres, il ...... expose à l'étranger et, en 2005, mille cinq cents ont été envoyées dans différents pays. Cette politique de prêt n'est pas sans risques pour les œuvres fragiles, mais le Musée, qui

encourage de cette façon la générosité des mécènes, ... retire d'appréciables bénéfices. Ainsi, la nouvelle salle de présentation de la Joconde, c'est une chaîne de TV japonaise qui ...... a financée. Banques et grandes entreprises jouent volontiers le rôle de mécènes. En France, une loi récente ...... garantit une forte exonération d'impôts lorsqu'elles achètent des trésors nationaux.

Le Louvre ...... adresse aussi à un public plus large. Les Nocturnes du vendredi sont

gratuites pour les moins de 26 ans. 60 % de jeunes ..... fréquentent. Dans la journée aussi, les visiteurs affluent au Musée. Ils ..... sont attirés par les expositions temporaires, dont le nombre a doublé ces dernières années. Enfin, un grand projet a vu le jour : l'ouverture à Lens, dans le Nord, d'une annexe du Louvre. Une partie des réserves de Paris ..... sera exposée. L'art ..... adresse à tous, y compris à ceux qui ne montent jamais à Paris.

IIᵉ PARTIE

Le verbe

Observez

A	B	C
• Eva **est née** en Tchéquie en 1987. • Elle n'**a** donc aucun souvenir de la chute du mur de Berlin ; elle **était** trop jeune. • Quelques années auparavant, ses parents **avaient déménagé** à Prague.	• Aujourd'hui, Eva **étudie** la photo à Paris. • Elle **vit** avec Clément, un Français de la région d'Avignon.	• Que **fera**-t-elle dans les années à venir ? • **Retournera**-t-elle à Prague lorsqu'elle **aura terminé** ses études ? • **Épousera**-t-elle Clément ?

a. À quel mode et à quels temps sont les verbes en caractères gras ?

b. À quel moment du temps renvoie chacune des colonnes A, B et C ?

c. Qu'exprime le mode indicatif ?

	A	B
①	• Ses parents souhaitent qu'elle **revienne** vivre à Prague.	• En tout cas, ils voudraient qu'elle **ait fini** ses études avant de se marier.
②	• Pour le moment, Eva **aimerait** trouver un petit boulot chez un photographe qui, en même temps, la **formerait**.	• Elle **aurait voulu** continuer à travailler avec le photographe de Prague qui l'a initiée à la photo mais il est parti à l'étranger.
③	• Ses amis de Prague ne cessent de lui dire : « **Reviens** nous voir ! » Tu nous manques !	• « **Sois revenue** avant de nous avoir oubliés ! » lui répètent-ils.

d. À quels modes sont les verbes en gras des lignes 1, 2 et 3 ?

e. Quelle différence y a-t-il entre les temps de la colonne A et ceux de la colonne B ? À quoi servent les temps de la colonne B ?

f. Qu'exprime chacun des modes employés dans cet encadré ?

	A	B
①	• Eva aimerait **revoir** sa famille et ses amis et l'été prochain, elle retournera **passer** les vacances à Prague.	• Elle est très contente d'**avoir réussi** à convaincre Clément de l'accompagner.
②	• Eva **s'exprimant** parfaitement en français, on la prend pour une Française.	• Eva, **ayant vécu** longtemps en France, s'exprime très bien en français.

g. À quels modes sont les verbes en gras des lignes 1 et 2 ? Quelle différence y a-t-il entre les modes de cet encadré et ceux des deux précédents encadrés ?

Les constructions verbales

Observez

Scène de réconciliation entre Zidane et Matterazi.
Les deux joueurs avançaient. Au milieu du terrain, ils ont gravi les marches du podium préparé pour l'occasion. Ils ont pris la parole devant les millions de téléspectateurs qui suivaient l'événement et ils ont fait la paix. Puis des journalistes ont posé quelques questions à Zidane et Matterazi.

Classez dans le tableau les verbes de ce texte en trois groupes.

verbe(s) sans complément	verbe(s) à un seul complément	verbe(s) à deux compléments
....	*ont gravi les marches*	....
....	....	....

Verbes suivis d'un seul complément

Observez

Ce garçon ressemble à son père. Il a les mêmes yeux, la même voix et les mêmes mimiques. Comme lui, il rêve de devenir pilote de ligne. Il s'intéresse aux avions depuis l'âge de 5 ans.

a. Soulignez les verbes et leurs compléments.
b. Lesquels sont reliés directement au verbe (COD) ?
c. Comment les autres y sont-ils reliés ?

Entraînez-vous

I **Complétez les deux textes avec les verbes proposés en les mettant aux temps qui conviennent.**

a) Présentation du programme de la Comédie-Française à la presse.

chercher à – s'adresser à – se soustraire à – renoncer à – répondre à

L'administrateur général du Théâtre-Français a rappelé que la troupe, née en 1680, ne pouvait ...... l'obligation de présenter un certain nombre de pièces du répertoire classique mais qu'elle ne voulait pas pour autant ...... créer des pièces d'auteurs contemporains. Selon lui, la programmation de la saison prochaine ...... cette double exigence puisqu'elle ...... le public des habitués des spectacles classiques et qu'en même temps elle ...... faire connaître de jeunes auteurs.

b) Préparation d'une fête d'anniversaire.

compter sur — s'agir de — se charger de — s'occuper de — prendre contact avec — réfléchir à

José : — Je crois que nous avons ...... les aspects essentiels de l'organisation. Pour la répartition des tâches, on récapitule. Chacun rappelle ce qu'il doit faire.

Judith : — Moi, je dois ...... mon copain de Dijon et lui dire qu'on ...... lui pour la réservation de la salle.

Boubacar : — Moi, je ...... la musique.

Tibila : — Marie-Pierre et moi ...... centraliser ce que chaque participant compte apporter pour le buffet.

José : — Moi, je suis responsable de la coordination générale. Et n'oubliez pas qu'il ...... une surprise.

---

2 | **Rayez la préposition qui ne convient pas.**

1. Fumer nuit gravement (à / de) la santé.

2. Le porc-épic appartient (à / de) la famille des rongeurs.

3. Hôtesse d'accueil dans un aéroport, c'est un travail qui conviendrait très bien (à / de) Cécile.

4. Dimanche après-midi, nous avons profité (à / de) une belle éclaircie pour sortir.

5. (À / De) qui profite le crime ?

6. Le coupable le plus recherché dans cette affaire criminelle a échappé de justesse (à / de) la police. Et quand enfin il a été pris, il a réussi à s'échapper (à / de) la prison de Fresnes.

7. Les étudiants qui ne sont pas logés en cité universitaire peuvent bénéficier (de / à) une allocation logement.

8. La croissance économique, bien souvent, ne bénéficie pas (de / à) les plus défavorisés.

---

3 | **Complétez les phrases comme dans l'exemple. (Attention le verbe peut être construit directement ou avec la préposition *à* ou *de*.)**

Exemple : Les étudiants se rendent compte qu'ils ont pris du retard dans leur travail.
    *→ Les étudiants se rendent compte **du retard qu'ils ont pris dans leur travail**.*

1. Il s'est enfin aperçu qu'il avait fait une erreur.
   Il s'est enfin aperçu ....

2. Croyez-vous que ce nouveau médicament soit efficace ?
   Croyez-vous ....

3. La partie civile regrette que le principal accusé soit absent.
   La partie civile regrette ....

4. Beaucoup de Français se souviennent encore que l'Abbé Pierre a lancé pendant l'hiver 1954 un appel pressant en faveur des sans-abri.
   Beaucoup de Français se souviennent encore ....

---

4 | **Complétez les phrases à l'aide des compléments proposés.**

a) servir (à quelqu'un – à rien – *ce plat* – de leurs relations – de lit)

*Exemple : servir ... chaud → servir **ce plat** chaud*

1. Ne jette pas ce meuble, il pourra toujours servir ....

2. Ce canapé sert ...... quand nous avons des amis.

3. Pourquoi te mets-tu en colère ? Ça ne sert ....

4. Certaines personnes se servent ...... pour obtenir ce qu'elles veulent.

b) décider (de réaliser cette année le voyage dont nous avons toujours rêvé – la projection de ce soir serait annulée – la reprise du travail – son fils de 21 ans qui s'ennuyait terriblement)

1. Les grévistes viennent de décider à l'unanimité ....

2. Il a pu décider ...... à s'engager dans une association à but humanitaire.

3. Isabelle et moi avons décidé ....

4. La direction du festival du film en plein air a décidé que ...... à cause de l'orage qui s'annonce.

c) tenir (à cette guitare – de sa mère – le voile de la mariée)

1. Quand je l'ai vue pour la première fois, c'était à un mariage. Elle tenait ....

2. Le petit Grégory tenait ......, c'était le seul souvenir matériel qui lui restait de son père.

3. Il tient ...... sa passion pour le jazz.

d) manquer (à ces derniers – d'eau potable – le début du film)

1. Si vous ne vous dépêchez pas, vous allez manquer ....

2. Aujourd'hui encore beaucoup de villages africains manquent ....

3. Les enfants qui vivent très loin de leurs grands-parents manquent beaucoup ....

e) apprendre (à leurs enfants – beaucoup de choses – de mes collègues)

1. À 18 mois, les enfants apprennent ...... en très peu de temps.

2. Les parents apprennent bien des choses ...... sans s'en rendre compte.

3. J'ai appris ...... que les cours reprendraient seulement la semaine prochaine.

Verbes suivis de deux compléments

Observez

Le Premier ministre a reçu hier les principaux responsables de son parti politique. Il leur a annoncé sa décision de ne pas démissionner. Il a rappelé à ces élus l'engagement pris par son gouvernement pour faire baisser le chômage. Il a remercié les uns de leur soutien sans faille et a incité les autres à plus de retenue et de prudence dans leurs déclarations à la presse.

Soulignez les verbes à deux compléments et précisez leur construction avec leurs compléments.

Exemple : Il leur a annoncé sa décision ... → *annoncer qqch à qqn*

Entraînez-vous

5 Rétablissez l'ordre des éléments proposés pour faire des phrases.

Exemple : le président de l'Institut Curie / à / de son action / les membres du conseil d'administration/ le bilan / présentera / .
→ Le président de l'Institut Curie présentera aux membres du conseil d'administration le bilan de son action.

1. ce professeur / depuis 30 ans / des élèves de la banlieue parisienne / le français / à / enseigne / .

2. tous les participants à ce colloque / de / une pochette / les organisateurs / ont reçu / pour ranger leurs documents.

3. les secouristes / leur supérieur hiérarchique / l'autorisation / attendent / pour se rendre sur les lieux de la catastrophe / de /.

4. le guide / à / la prudence au cours de leurs déplacements dans la ville / les touristes dont il est responsable / vient de recommander / .

5. mon frère / la préparation de ce concours / a l'intention de / beaucoup de temps / à / consacrer /.

6. le maire / les jeunes / à / une aide financière pour passer le permis de conduire / de la ville / a promis / .

6 **a) Complétez le texte avec les prépositions à ou de.**

Une jeune femme vient d'**accuser** un chanteur très connu ...... harcèlement sexuel. La semaine prochaine, il devra **convaincre** les juges ...... son innocence. Dans un communiqué radiodiffusé, il **a remercié** ses admirateurs et admiratrices ...... leur soutien. Il les **a félicités** ...... leur sérénité, les **a invités** ...... faire confiance à la justice et les **a encouragés** ...... assister nombreux au procès qui va bientôt s'ouvrir. Il **a chargé** deux avocats expérimentés ...... sa défense. Le tribunal l'**oblige** ...... être présent durant tout le procès, ce qui signifie l'annulation de son prochain concert. Cette mesure pourrait **inciter** son fan club ...... protester violemment.

b) Classez les verbes dans le tableau selon leurs constructions.

accuser qqn de qqch	inciter qqn à qqch
....	....

7 **Utilisez les éléments proposés pour faire des phrases.**

Exemple : les habitants / suggérer / commerçants du quartier / organiser une fête.
→ Les habitants ont suggéré aux commerçants du quartier d'organiser une fête

1. les médecins / conseiller / les jeunes qui passent un concours / ne jamais étudier la veille pour être détendus.

2. dans certains pays, la loi / imposer / tous les citoyens / être bilingues.

3. Véronique / reprocher / son mari / regarder un peu trop la télévision quand il est à la maison.

4. les employés du magasin / se plaindre/ leur délégué syndical / leurs nouveaux horaires de travail.

5. la diététicienne / recommander / mon mari / consommer des poissons gras riches en oméga 3.

6. nous / proposer / notre voisine qui vit seule / passer la soirée du 31 décembre avec nous.

Verbes suivis d'un attribut

Observez

Au début de la cérémonie d'inauguration, le nouveau directeur du festival de théâtre semblait **intimidé** par le nombre des participants. Il était **inquiet** de l'accueil qu'allait recevoir la programmation. À la fin de son allocution, il a déclaré le festival ouvert. Quelques minutes après, il est reparti **soulagé**, sous les applaudissements du public.

a. **Comment les adjectifs en gras sont-ils reliés au nom ou pronom qu'ils qualifient ?**
b. **Reformulez la phrase « il a déclaré le festival ouvert » : « il a déclaré que... ».**

Entraînez-vous

8 | **Complétez le texte avec les attributs proposés.**

brûlant – délicieux – immangeables – ***minuscules*** – très fatigués – très grands

Une petite halte au cœur de la savane africaine.
De loin, les arbres semblaient ...*minuscules*... Mais plus on s'approchait, plus on se rendait compte qu'ils étaient .... Nous les connaissions bien. Leurs beaux petits fruits jaunes ont l'air ...... mais ils sont ......, et ils sentent vraiment bon. Comme le soleil devenait de plus en plus ......, nous nous sentions .... Nous nous sommes reposés à l'ombre des arbres avant de repartir.

9 | **Utilisez les verbes** *revenir, vivre, rester* **sans attribut (1), puis avec attribut (2), comme dans l'exemple.**

Exemple : ***sortir*** *1. Où est ta fille ? →* *Elle vient de sortir.*
2. Qu'est-ce qu'elle a ta fille ? Je l'ai rencontrée. Elle n'avait pas l'air contente ?
→ *Elle est sortie furieuse parce qu'elle ne supporte plus les remarques de son père.*

a) revenir

1. — Ta copine est toujours en voyage ? → Non, ...
2. — Comment s'est déroulé le séjour de ta copine en Thaïlande ? → ......

b) vivre

1. — Ta grand-mère, qui nous recevait si gentiment quand nous étions petits, vit toujours ? → Non, ...
2. — Fabienne est divorcée, n'est-ce pas ? Est-ce qu'elle vit avec quelqu'un d'autre ? → Non, ...

c) rester

1. — Qu'est-ce que tu fais, tu viens avec nous ? → Non, ...
2. — Comment va Marie depuis son opération ? → ......

10 | **À vous !** **Construisez des phrases en utilisant :** *trouver ... excellent(e), rendre ... heureux/se, nommer ... directeur/trice, déclarer ... ouvert(e), croire ... coupable.*

Exemples : – Je trouve ce plat très épicé mais il est délicieux.
– Le bruit d'un marteau-piqueur, ça me rend fou.

II. Les périphrases verbales

Faire + infinitif

Observez

1. Sylvie est bonne en couture : elle fait elle-même ses robes.	**2.** Léa, elle, ne sait pas coudre mais, comme elle n'aime pas les modèles de prêt-à-porter, elle fait faire ses robes par une couturière.

Pour chacune des situations, dites combien de personnes interviennent dans l'action et qui fait les robes. Comment ajoute-t-on un intervenant ?

Entraînez-vous

II Complétez les phrases avec le semi-auxiliaire *faire* + infinitif.

1. Luc fait ses devoirs seul mais son frère n'en est pas capable. C'est sa mère qui lui .... ses devoirs.
2. À Noël, Jeanne s'est maquillée elle-même mais Claire s'...... ...... par une esthéticienne.
3. Samedi, Georges et Pierre ont fait une excursion en vélo mais au retour ils ont crevé. George a pu réparer sa roue tout seul mais Pierre .... la sienne par un garagiste.
4. Après une compétition, les sportifs se .... par les kinés.

12 Transformez les questions, comme dans l'exemple.

Exemple : Pourquoi pleures-tu ? → Qu'est ce qui te fait pleurer ?

1. Pourquoi rougis-tu ? → ......
2. Pourquoi rient-elles ? → ......
3. Pourquoi a-t-elle réagi ainsi ? → ......
4. Pourquoi a-t-il dit ça ? → ......
5. Pourquoi avez-vous changé d'avis ? → ......
6. Pourquoi as-tu déménagé ? → ......

13 Formez des phrases avec le semi-auxiliaire *faire* + infinitif.

Exemple : le propriétaire / le gardien de l'immeuble / balayer le trottoir / .
→ Le propriétaire fait balayer le trottoir par le gardien de l'immeuble.

1. le directeur du centre équestre / le garçon d'écurie / nettoyer tous les jours les boxes des chevaux / .
2. le professeur des écoles / les élèves / recopier le résumé de la leçon / .
3. le patron / les serveurs / travailler jusqu'à la fermeture du restaurant / .

14 **À vous !** Imaginez que vous héritez d'une grosse fortune et dites tout ce que vous aimeriez faire faire par d'autres personnes.

Exemple : Je voudrais me faire construire une villa luxueuse par un grand architecte avec une piscine et un jacuzzi couverts d'un toit amovible.

Laisser + infinitif

Observez

1. Martine est très étourdie : hier, elle est sortie très vite de chez elle car elle était en retard, résultat, elle a laissé ses clés à l'intérieur. Heureusement que le concierge avait un double !

2. Martine est très permissive : ses enfants peuvent faire tout ce qu'ils veulent. Lorsqu'ils rentrent de l'école, elle les laisse regarder la télé et elle les laisse même grignoter des biscuits apéritif bourrés d'huile ! Si ça continue, ils vont devenir obèses !

a. Pour chacune des situations, dites combien de personnes interviennent dans l'action soulignée. Comment ajoute-t-on un intervenant ?

b. Dans la deuxième situation, quel autre verbe peut-on utiliser pour exprimer la même idée ?

c. Dans quelle phrase, *laisser* a-t-il son sens plein ? Dans quelle phrase est-il employé comme semi-auxiliaire ?

Entraînez-vous

15 Transformez les phrases, comme dans l'exemple.

Exemple : Le guide ne permet pas aux skieurs de faire du hors piste car il y a un risque d'avalanche.
→ Le guide ne laisse pas les skieurs faire du hors piste...

1. Le maître nageur ne permet pas aux enfants de nager sous les plongeoirs.
2. Les surveillants ne permettent pas aux étudiants de sortir pendant la première heure de l'examen.
3. L'entraîneur permet à ses joueurs de se détendre pendant les pauses mais il ne leur permet pas de s'éloigner du terrain.
4. Depuis qu'elle est enceinte, son médecin autorise Marine à faire un peu d'exercice, du yoga par exemple, mais il ne lui permet pas de boire de l'alcool ni de fumer car c'est dangereux pour le bébé.
5. Le chef de chantier permet aux ouvriers de chanter pendant qu'ils travaillent mais il ne leur permet pas de téléphoner, les téléphones portables doivent rester au vestiaire.

16 Employez les verbes proposés avec le semi-auxiliaire *laisser* + infinitif.

approcher – dire – entrer – faire – filmer – photographier – pleurer

1. Le musée ouvre à 9 heures ; les gardiens ouvrent les portes et .... les visiteurs. C'est le premier jour de l'exposition et il y a foule. On ne ...... pas les visiteurs ...... des peintures, il y a des barrières de sécurité tout autour. On ne les ...... pas non plus ...... ni ...... : les droits de reproduction des œuvres sont payants.
2. Autrefois, l'éducation des jeunes était beaucoup plus stricte : on ne les ...... pas ...... ce qu'ils voulaient, ils devaient obéir. On ne les ...... pas non plus ...... n'importe quoi, ils devaient parler poliment aux adultes.
3. Autrefois, si un bébé pleurait un peu avant de s'endormir, on disait qu'il fallait le .... jusqu'à ce qu'il se calme et s'endorme tranquillement.

17 Cochez la case correspondant à l'emploi du verbe *laisser*.

	verbe plein	semi-auxiliaire
1. Michel laisse ses bagages à la consigne.	☐	☐
2. Il ne faut pas gaspiller l'eau, par exemple ne pas la laisser couler pendant qu'on se brosse les dents.	☐	☐
3. Arrête de faire du bruit, laisse-moi écouter la musique !	☐	☐

Pouvoir + infinitif

Observez

- Je connais bien Colette. Elle **peut** courir le 100 m en 10 secondes.

- Je **peux** regarder la télé avant de faire mes devoirs ?

- Pour la fête, louons une tente. Il **peut** pleuvoir.

- Tiens, **peux**-tu m'aider à déplacer cette table ?

a. Dans laquelle de ces phrases, *pouvoir* **a-t-il le sens de « capacité d'agir » ?**

b. Qu'exprime-t-il dans les autres cas ?

Entraînez-vous

18 Complétez le tableau selon le sens de la périphrase *pouvoir* + infinitif, en indiquant les numéros des mini dialogues correspondants.

1. — Je cherche une voiture pour aller chercher un copain à l'aéroport.
— Tu **peux** prendre la mienne. Je n'en ai pas besoin ce matin.

2. — **Peux**-tu me chercher le sel à la cuisine, s'il te plaît ?
— Bien sûr ! Si tu me dis où tu le ranges.

3. — Notre président a vraiment fait beaucoup de progrès !
— C'est vrai ! Quand il a pris le pouvoir, il ne **pouvait** même pas lire correctement un discours.

4. — Bien sûr que ton copain **peut** venir avec nous !
— C'est vrai ? Chouette alors *(langue familière)* !

5. — Éric n'est pas encore là. Il **a pu** être retardé par un client.
— Non, il vient de téléphoner. Il arrive.

6. — Vraiment, cet exercice est trop difficile ! Je n'y arriverai jamais.
— Tu **peux** le faire, je t'assure ! Réfléchis un peu !

capacité	possibilité	permission	politesse
.....	.....	I	.....

19 Dans le mini dialogue, utilisez *savoir* ou *pouvoir* à la forme indiquée.

— À 16 ans, Virgile (à l'imparfait : ......) déjà conduire. Mais il ne (à l'imparfait : *pouvait*) pas le faire parce qu'il n'avait pas son permis. Il faut avoir 18 ans pour (à l'infinitif : ......) le passer. Je me demande bien comment il a fait pour apprendre à conduire. Il n'a pas (au participe passé : ......) le faire sans voiture ! Et qui a bien (au participe passé : ......) le lui apprendre dans son entourage ?

— Sans doute sa bande de copains de l'époque. Qu'est-ce qu'ils ne (au présent : ......) pas faire ces jeunes !

Devoir + infinitif

Observez

- Pour trouver du travail, tu n'as pas le choix, tu **dois** faire au moins un stage en entreprise.

- – Nous ne **devons** plus être loin de Niamey maintenant. Nous survolons le Sahara.
  – Déjà ! Le Niger n'est vraiment pas loin de la France…

- – Allô. C'était juste pour te dire que finalement je n'ai pas raté mon train. Il **doit** partir d'une minute à l'autre. On vient de l'annoncer. Je te rappelle quand j'arrive.

a. Dans laquelle de ces phrases, *devoir* a-t-il le sens d'« obligation » ?

b. Qu'exprime-t-il dans les deux autres cas ?

Entraînez-vous

20 Dans le mini dialogue, dites si *devoir* + infinitif exprime une obligation, une probabilité ou un événement prévu ?

— C'est Nicolas que nous attendons pour commencer la fête. Il **devrait** arriver (*probabilité*) d'un moment à l'autre.

— Je peux te dire qu'il **devra** présenter (......) toutes ses excuses à Jacqueline. Tu sais qu'elle ne supporte pas les retards quand elle organise une soirée.

— Quand je l'ai eu au téléphone, il me disait qu'il était parti comme prévu mais qu'il **devait** passer (......) d'abord chez sa copine Ségolène. Comme elle n'était pas là et qu'elle tenait à le voir, il **a dû** attendre (......) une bonne heure avant de reprendre la route. Il **devait** arriver (......) à cette heure-ci. Je ne comprends pas. Il **a dû** être pris (......) dans les embouteillages. Ce qui m'inquiète le plus, c'est qu'il n'est plus joignable sur son téléphone portable.

21 Complétez, comme dans l'exemple, en utilisant les réponses proposées.

*Exemple : (**a.** le professeur a dû se soumettre à la décision du président de l'université /*
***b.** je pense que le professeur a dû être surpris par nos cris de protestation.)*
Tu sais pourquoi l'examen de biologie a été reporté ?
*— Oui, **le professeur a dû se soumettre à la décision du président de l'université**.*
*— Non, mais **je pense que le professeur a dû être surpris par nos cris de protestation**.*

1. (**a.** il a dû oublier la réunion / **b.** il a dû rester au lit, il vous demande d'excuser son absence)
   — Tu sais pourquoi Éric n'est pas là ce matin ?
   — Oui, ...   — Non, ...

2. (**a.** depuis une semaine, rien ne va plus au sein de son gouvernement, il doit d'abord régler ce problème /
   b. il doit craindre les manifestations de protestation prévues dans tous les pays où il doit se rendre)
   — Tu sais pourquoi le premier ministre a annulé son voyage à l'étranger ?
   — Oui, ...   — Non, mais ......

3. (**a.** elle devait avoir quelque chose de plus intéressant à faire / **b.** elle devait d'abord aller chez le médecin)
   — Tu sais pourquoi Philomène n'est pas encore passée nous voir cet après-midi ?
   — Oui, ...   — Non, mais ......

III. Les constructions impersonnelles

Observez

LES PANIERS BIO

Il se passe des choses intéressantes dans l'entreprise d'emballages écologiques Durand.

Depuis un an, à l'initiative de la DRH*, un producteur de fruits et légumes bio en Île de France livre une fois par semaine, directement au siège de l'entreprise à Paris, des « paniers bio » (fruits, légumes et fleurs, selon la saison). Il faut que les employés intéressés s'inscrivent le lundi pour la livraison du mercredi. Ensuite, ils passent dans les deux jours prendre leurs paniers qui sont entreposés au sous-sol de l'immeuble où il fait frais quelle que soit la saison. Il est évident que les prix sont très compétitifs. Le succès est tel que déjà deux autres entreprises parisiennes ont décidé de tenter l'expérience.

* Direction des Ressources Humaines.

a. Soulignez tous les verbes impersonnels. Quelle est leur caractéristique commune ?

b. Quel est le verbe toujours impersonnel ?

c. Quels sont les verbes qui admettent la double construction personnelle / impersonnelle ?

d. Dans la langue familière, que peut-on dire à la place de « il est évident » ?

Les verbes de la météorologie

Entraînez-vous

22 Voici un bulletin météorologique daté du 16 mars 2006. Réécrivez les phrases en employant des verbes et expressions de la météo (*il pleut, il souffle, il fait beau, il gèle, il y a*...) au futur.

*Exemple : Jeudi, **il y aura** un temps instable avec des nuages.*

Jeudi, de l'instabilité se manifestera par des nuages de la Provence à la Côte d'Azur et à la Corse avec quelques averses sur ces deux régions. Des passages nuageux affecteront également le nord du pays. Partout ailleurs, le soleil sera largement au rendez-vous. Les gelées matinales seront encore assez étendues, puis l'après-midi la température baissera.

Une faible bise soufflera sur la moitié nord de la France et un mistral modéré soufflera en rafales sur la Méditerranée.

23 **À vous !** Voici un certain nombre d'expressions imagées concernant des phénomènes météorologiques. Employez-les dans de courtes phrases qui en feront bien ressortir le sens.

Il pleut des cordes. — Il gèle à pierre fendre. — Il fait un temps de chien — Il fait un temps pourri. — Il fait un froid de canard (ou de loup). — Il fait une chaleur d'enfer. — Il fait un brouillard à couper au couteau.

Exemple : Impossible d'aller se promener aujourd'hui.
Il souffle un vent à décorner les bœufs.

Verbes toujours impersonnels / Verbes à double construction personnelle et impersonnelle

Observez

> *La prof de maths à sa classe :*
> – J'ai constaté qu'hier deux élèves **manquaient** à l'appel. Ils sont sans doute malades. Mais aujourd'hui, jour du contrôle mensuel, il **manque** six élèves. On ne me fera pas croire que c'est le fruit du hasard.

Quels changements observez-vous entre les deux emplois du verbe *manquer* ?

Entraînez-vous

24 **À vous !** **Employez les verbes à la forme personnelle, puis à la forme impersonnelle dans des phrases qui en montreront bien le sens.**

Exemple : produire / il se produit
> → *La France **produit** du blé et du maïs. / **Il s'est produit** un grave accident sur l'autoroute.*

1. exister / il existe + nom
2. arriver / il arrive que + subjonctif
3. suffire / il suffit que + subjonctif ou il suffit de + infinitif
4. devenir / il devient + adjectif + de + infinitif
5. risquer / il risque de + infinitif
6. devoir / il doit + infinitif

25 **Répondez aux questions en employant les verbes et les expressions proposés. (Attention aux temps des verbes.)**

il en est de même – il est question de – il est temps que – il faut – il n'y a pas de quoi – il s'agit de

*Exemple : Comment peut-on lutter contre la pollution en ville ? **Il faut** limiter la circulation des voitures privées et développer les transports en commun.*

1. Quel est le sujet du dernier film que vous avez vu ? Ce n'est pas très original. ...... d'une histoire d'amour qui finit mal.
2. Votre fils aîné a brillamment réussi ses études. Oui, c'est vrai. Espérons que ...... pour le second !
3. Que de travaux dans votre rue. Je vous plains ! Vous avez raison, ... cela cesse.
4. Que pensez-vous de ce qui se dit dans les médias sur la vie privée du premier ministre ?
   Oh ! C'est sans intérêt. ...... faire tant d'histoires.
5. Quels sont les nouveaux projets de la mairie ? Je ne peux pas vous dire exactement, mais je crois que ...... créer un Multiplex avec 10 salles de cinéma.
6. Doit-on lutter contre le tabagisme des jeunes ? Oui, ... protéger leur santé.

26 **À vous !** **Donnez des conseils à une personne qui se trouve dans les situations proposées, en employant des constructions impersonnelles :** *il faut, il s'agit de, c'est indispensable que*, **etc.**

Situations :
– Un jeune qui va se présenter à son premier entretien d'embauche.
– Une personne qui veut vendre sa voiture.
– Des parents qui découvrent que leur enfant de 10 ans fait partie d'une bande qui commet de petits vols dans les supermarchés.

27 Employez les verbes au passif impersonnel, forme que l'on rencontre dans la langue administrative ou journalistique.

Exemple : Constat d'un réchauffement anormal de la calotte glaciaire du pôle Nord par la communauté scientifique internationale.
*→ **il a été constaté** un réchauffement ...*

Compte rendu de la réunion des étudiants habitant la résidence Montaigne *sur le campus...*

1. Lecture des remarques et questions envoyées par les étudiants ne pouvant pas assister à la réunion.
2. Réponse aux questions sur les problèmes de bruit à l'intérieur du bâtiment et dans la cour.
3. Recommandations sur l'entretien du matériel informatique mis à la disposition des étudiants.
4. Décision d'aménager une salle du rez-de-chaussée pour installer une cafétéria gérée par les étudiants.
5. Proposition de créer un atelier de dessin gratuit animé par des étudiants des Beaux-Arts.

Bilan

28 Trouvez les constructions verbales qui conviennent, comme dans l'exemple.

Exemple : Nous vous invitons (à prendre place / de vous asseoir). Le spectacle va commencer.
*→ Nous vous invitons **à prendre place**. Le spectacle va commencer.*

1. Doit-on obliger les enfants (à manger tout ce qu'on leur sert à table / de s'exprimer en classe) ?
2. Ce garçon a l'air (de fatigue / inquiet de son avenir).
3. J'attends (à mon père / de mon père) une réponse qui n'arrive pas.
4. Cette affaire de corruption nuira (la crédibilité de notre association / à la réputation de notre club).
5. Le directeur a interdit (les élèves d'apporter des téléphones portables à l'école / aux élèves d'utiliser des téléphones portables à l'école).

29 Complétez le dialogue en employant le semi-auxiliaire qui convient. (Attention aux temps !)

— D'après la météo, il ...... faire beau demain. Si c'est le cas, j'espère que mon patron me ...... partir de bonne heure car j'aimerais aller me promener dans la forêt de Fontainebleau.
— Mais c'est loin, il faut bien trois quarts d'heure pour y aller, et parfois plus car il ...... y avoir des bouchons sur l'autoroute !
— Bien sûr ! Et un accident ..... toujours arriver : la dernière fois que j'ai pris l'autoroute A6, j'ai eu un pneu crevé et je ..... me rabattre sur la bande d'arrêt d'urgence. Heureusement qu'il n'y avait pas trop de circulation !
— Comment as-tu fait pour changer ta roue ?
— J'ai appelé de la borne SOS et je me ...... dépanner. Le dépanneur a remorqué la voiture jusqu'à son atelier pour mettre la roue de secours.

30 Complétez le texte avec les verbes impersonnels qui conviennent pour le sens.

De battre, mon cœur s'est arrêté film de Jacques Audiard avec Romain Duris (2005), récompensé par 8 Césars en 2006.
Dans ce film, il ...... d'un jeune homme dont le père est un homme d'affaires malhonnête. Le fils travaille avec son père mais il ...... qu'il a horreur de son métier. Or, un jour, il entend quelques notes de piano qui lui rappellent sa mère aujourd'hui disparue mais autrefois concertiste. Le film va montrer qu'il ...... que tout d'un coup le destin d'une personne bascule. En effet, le jeune Tom décide alors de devenir pianiste. Il lui ...... une énergie et une passion extraordinaires pour réussir cette métamorphose.
Il ...... par de nombreux critiques que ce film consacrait la brillante carrière du jeune acteur Romain Duris.

Les trois formes du verbe : actif, passif, pronominal

Observez

À LA GARE MONTPARNASSE

En arrivant dans la salle de réservation des billets, chaque voyageur **prend** un ticket et va **s'asseoir** en attendant qu'un guichet **se libère**. Plusieurs personnes **consultent** les fiches horaires tout en **surveillant** le panneau lumineux où **s'inscrivent** les numéros d'ordre de passage.

65 ! Enfin, mon numéro **est appelé**. Je **m'avance** et **suis accueilli** par une employée très souriante.

– Bonjour Madame ! Pourriez-vous, s'il vous plaît, me **rembourser** ce billet que je n'**ai** pas **utilisé** ?

– Bien sûr, à condition qu'il n'**ait** pas **été composté**.

Quels sont les verbes à la forme active ? à la forme passive ? à la forme pronominale ?

I. Le passif

Formation

Observez

La première fois que Marc Dupont-Monteil a été présenté aux militants de son parti, il avait seulement 25 ans. Il avait été recommandé par un ancien responsable du parti. Il est très vite devenu le bras droit du secrétaire et il l'est resté pendant 5 ans. Aux dernières élections, il a été élu député. Il est très apprécié de tous les jeunes loups de sa formation politique.

a. Quels sont les verbes au passif ? Comment sont-ils formés ?

b. Soulignez les compléments d'agent (= celui qui fait l'action du verbe au passif).

c. Le complément d'agent est-il toujours exprimé ? Quand il est exprimé, par quelles prépositions est-il introduit ?

Entraînez-vous

I Conjuguez les verbes entre parenthèses aux temps indiqués en accordant le participe passé avec le sujet.

D'après un communiqué fait par le président d'une université française.

Notre université a été récemment informée qu'elle (**être habilité** à l'imparfait) à percevoir des taxes d'apprentissage (taxes que doivent verser les entreprises pour la formation professionnelle). À ma demande, des entreprises (**être sollicité** au passé composé), au nom de notre université. Parallèlement, les collègues travaillant déjà avec des organismes de formation professionnelle (**être invité** au présent) à leur demander de verser la taxe d'apprentissage à notre université. Comme il (**être indiqué** au plus-que-parfait) au Conseil d'Administration du 10 janvier, une Commission des Finances (**être réuni** au futur simple) pour contrôler l'application de la loi.

2 Répondez aux questions en utilisant le passif, comme dans l'exemple.

Exemple : — On a déjà pesé ces pommes ?
— Oui, elles ont déjà été pesées.

1. — Incroyable ! On vient de cambrioler l'appartement du directeur ?
   — Oui ....
2. — Dans *Petites confidences à ma psy*, Uma Thurman interprète bien le rôle de Rafi ?
   — Oui ....
3. — Pour ton anniversaire, c'est bien un téléphone portable qu'on t'a offert ?
   — Oui ....
4. — On les a avertis du danger de se baigner sur cette plage ?
   — Oui ....
5. — On va publier les résultats des élections demain ?
   — Oui ....

3 Imitez l'exemple en utilisant le plus-que-parfait, le passé composé, puis le futur, à la forme passive.

Exemple : — Tueur présumé aperçu dans les environs de Lyon.
— Pas encore arrêté par la police.
— Probablement extradé après son arrestation.
*→ Le tueur présumé qui **avait été aperçu** dans les environs de Lyon **n'a pas encore été arrêté** par la police. Il **sera probablement extradé** après son arrestation.*

1. — Les nouvelles mesures pour la protection de l'environnement critiquées par quelques voix.
   — Déjà validées par un conseil restreint.
   — Adoptées sans difficulté par le Parlement.
2. — De nouvelles technologies informatiques testées par d'éminents chercheurs.
   — Pas encore brevetées.
   — Dans un an commercialisées par ce laboratoire.
3. — Ce chien abandonné par ses maîtres.
   — Immédiatement recueilli par une fondation.
   — Examiné par les services vétérinaires.
4. — Le nouveau virus annoncé il y a plusieurs mois.
   — Pas maîtrisé en Asie.
   — Arrêté dans son impressionnante progression ?

Complément d'agent introduit par *de* ou *par*

Observez

Sur cette photo, prise le jour de leurs noces d'or, mes parents **sont entourés <u>de</u> leurs enfants et petits-enfants**. Mon père est mort l'année suivante. Depuis, ma mère **est très entourée <u>par</u> ses enfants et petits-enfants.**

Pourquoi le complément d'agent est-il introduit dans un cas par la préposition *de*, dans l'autre par la préposition *par* ?

Entraînez-vous

4 Complétez les phrases avec *par* ou *de* selon le sens.

*Exemples : — Le lancement de la fusée a été suivi **par** dix millions de téléspectateurs.*
*— La soutenance de thèse sera suivie **d'**une petite réception.*

1. — L'appartement d'Emmanuelle Béart a été décoré ...... un très célèbre architecte d'intérieur.
— Après sa rénovation, l'entrée du hall de l'immeuble va être décorée ...... plantes vertes.

2. — Au dernier moment, Marc a refusé de signer le texte que nous avions rédigé ensemble.
Nous avons été très surpris ...... son attitude.
— En redescendant de la montagne les marcheurs ont été surpris ...... un orage.

3. — Une star de cinéma se déplace toujours accompagnée ...... des gardes du corps.
— Au cours de ce voyage, le nouveau roi était accompagné ...... toute sa famille.

4. — Après la catastrophe, les orphelins ont été recueillis ...... la Croix-Rouge.

5. — La bijouterie qui vient d'être cambriolée était pourtant équipée ...... un système d'alarme.

Actif, passif, nominalisation

Observez

> • Inauguration d'une crèche par le maire de Marseille.
> • Une crèche vient d'être inaugurée par le maire de Marseille.
> • Le maire de Marseille vient d'inaugurer une crèche.

Chacune de ces phrases met davantage l'accent sur un élément. Lequel ?

Entraînez-vous

5 Transformez les titres, comme dans l'exemple.

Exemple : Ouverture d'une nouvelle piscine à Bagneux (passé récent)
→ Une nouvelle piscine vient d'être ouverte à Bagneux.
→ On vient d'ouvrir une nouvelle piscine à Bagneux.

1. Évacuation du stade après des incidents entre supporters (passé composé)
2. Demain, nomination du nouveau chef de clinique (futur proche)
3. Distribution de tracts par les étudiants à la sortie des cours (présent)
4. Construction de nouveaux immeubles dans le quartier de la Croix-Rousse (futur)
5. Réception de Marguerite Yourcenar à l'Académie française en 1980 (passé composé)

II. La forme pronominale

Catégories de verbes pronominaux

Observez

Les habitants de Niégo, le village de Kirikou*, cultivent avec application leur jardin. Mais, tous les soirs, une hyène étrange s'acharne à en détruire les belles plantes. Si rien n'est fait, bientôt les légumes ne s'achèteront plus que dans le village voisin. Les hommes de Niégo, qui s'apprécient moyennement, décident cependant de se concerter pour trouver une solution. Kirikou, un petit bout d'homme, s'abstient d'intervenir dans leur discussion. Il brûle pourtant d'envie de leur crier : « Bougez-vous plus vite, avant qu'il soit trop tard ! » Mais il craint les adultes en réunion comme la peste. Ce serait, pense-t-il, une déclaration de guerre. Kirikou est plutôt un pacifique. C'est normal, direz-vous, il est naïf. Méfiez-vous, il arrive toujours à ses fins.

* Personnage d'un dessin animé pour enfants.

a. Soulignez tous les verbes pronominaux du texte.
b. Qu'est-ce qui caractérise le verbe pronominal ?
c. Dans quels cas le pronom réfléchi ne désigne-t-il rien ?
d. Dans quels cas désigne-t-il la même personne que le sujet ?

Entraînez-vous

6 | **À vous !** Faites des phrases avec les verbes pronominaux du tableau.

Pronominal réfléchi	Pronominal réciproque	Pronominal à sens passif	Toujours pronominal
se sauver se laver – se vanter	*s'affronter* se parler – se concerter	*s'exposer* se boire – se pratiquer	*se souvenir* s'enfuir – se réfugier

Exemples : — *Il **s'est sauvé** par la fenêtre avant que la police (n')arrive.*
— *Les candidats à la présidence **s'affronteront** au cours d'un débat télévisé.*
— *Des œuvres d'art, ça **s'expose**.*
— *Il ne **se souvenait** plus des circonstances de son accident.*

7 | À partir des verbes proposés, formulez un ordre, un conseil ou un reproche à l'impératif en suivant les indications entre parenthèses.

Exemples : s'occuper un peu de son frère (forme positive, 2ᵉ personne du singulier)
→ ***Occupe-toi** un peu de ton frère.*
s'enfermer trop dans son travail (forme négative, 2ᵉ personne du singulier)
→ ***Ne t'enferme pas** trop dans ton travail.*

1. se soutenir pour préparer l'examen (forme positive, 1ʳᵉ personne du pluriel)
2. se presser de prendre une décision (forme négative, 1ʳᵉ personne du pluriel)
3. s'asseoir sur ce tronc d'arbre pour se reposer (forme positive, 2ᵉ personne du pluriel)

4. s'inquiéter trop (forme négative, 2e personne du pluriel)

5. se faire naturaliser mais bien garder sa nationalité d'origine (forme positive, 2e personne du singulier)

6. se croire plus malin que les autres (forme négative, 2e personne du singulier)

8 | **Réécrivez la phrase suivante en utilisant les différents sujets proposés.**

Les soirs d'automne, **j'adorais me promener** sous ces grands arbres multicolores aux mille parfums.

Les soirs d'automne, **tu** ....

Les soirs d'automne, **Sidonie** ....

Les soirs d'automne, **mes parents et moi** ....

Les soirs d'automne, **tes enfants et toi** ....

Les soirs d'automne, **tous les enfants sans exception** ....

9 | **Complétez les mini dialogues en utilisant les verbes pronominaux proposés aux temps qui conviennent** (*se voir, se trouver, se disputer, s'arroser, se savoir*).

1. — Tu sais que John vient de me quitter ?

— Mais, je t'avais bien dit que cet homme n'était pas honnête. Ça ...*se voyait*... sur son visage.

— Pour l'instant, je garde cette nouvelle pour moi. Seule Béatrice est au courant depuis ce matin.

— Quelle erreur ! Ça ...... bientôt dans tout le quartier.

2. — Je viens de réussir à mon concours !

— Eh ! Mais ça ...... ça ! Allez, on boit un verre au café !

3. — Je cherche de la rhubarbe pour une tarte. Tu crois qu'à cette période de l'année, il y en a encore chez les marchands de légumes ?

— Ça ...... encore, mais très difficilement.

4. — J'attends ma sœur qui vient avec ses deux enfants pour le goûter. Elle n'en peut plus. Ils sont intenables. Ils se cherchent tout le temps.

— Mais c'est normal, les enfants, ça ......, surtout quand ils ne sont que deux.

10 | **À vous !** **Complétez les phrases.**

1. Répondre sur ce ton à son patron, ça ne ....

2. Un enfant, ça ....

3. Un prix Nobel, ça ....

4. Que Mademoiselle Dessange soit protégée par le directeur, ça se sait mais ça ne ....

L'accord du participe passé

Observez

1. Pour ce match décisif, les billets d'entrée se sont bien vendus.

2. Les joueurs se sont habillés chaudement avant de commencer l'échauffement.

3. Nos joueurs se sont encouragés pour cette partie qui s'annonçait difficile.

4. Les joueurs des deux équipes se sont serré la main après l'exécution des hymnes.

5. L'arbitre et les deux juges de touche se sont parlé un moment avant de regagner leurs places.

6. À la fin de la partie, plusieurs joueurs se sont écroulés de fatigue.

Complétez le tableau en inscrivant le numéro de la phrase en face de la règle qui lui correspond.

Types de verbes pronominaux	Règles utilisées pour l'accord du participe passé	Numéros des phrases
Verbes pronominaux de sens passif + Verbes toujours pronominaux	Le participe passé s'accorde avec le sujet.	
Verbes pronominaux réfléchis + Verbes pronominaux réciproques	Le participe passé s'accorde avec le pronom *se* complément direct placé avant le verbe.	
	Le participe passé reste invariable car le complément direct (ici un nom) est placé après le verbe.	
	Le participe passé reste invariable car le pronom *se* est complément indirect.	

Entraînez-vous

11 Conjuguez les verbes entre parenthèses aux temps indiqués en faisant attention à l'accord du participe passé.

UNE JOURNÉE D'EXAMEN POUR JULIE ET LOÏC.

Ils (**se lever** au passé composé) de bonne heure, mais pas suffisamment pour avoir le temps d'étudier encore avant l'examen qui commençait dans deux heures. Elle (**se coucher** au plus-que-parfait) vers minuit, lui (**s'arrêter** au plus-que-parfait) une heure plus tard mais n'avait pas trouvé le sommeil avant 2 heures du matin. Ils (**se regarder** au passé composé), (**s'embrasser** au passé composé) tendrement, puis (**se dire** au passé composé) qu'il valait mieux prendre le temps de se faire un bon petit-déjeuner. Rien de mieux pour être en mesure de rédiger une dissertation pendant 3 heures. Après l'examen, ils (**se téléphoner** au passé composé) pour se communiquer leurs impressions. Julie lui a fait savoir que, pour la première fois, elle (**se sentir** au plus-que-parfait) à l'aise. Quant à Loïc, il (**se reprocher** au passé composé) d'avoir été trop perfectionniste, perdant ainsi beaucoup de temps.

12 **À vous !** Avec chaque groupe de verbes, écrivez une courte histoire en utilisant successivement le plus-que-parfait, le passé composé, le présent et le futur.

Exemple : Les amoureux.

La première fois, se rencontrer par hasard et échanger un sourire discret. Hier, se donner rendez-vous dans un café, se parler pendant deux heures. Aujourd'hui, s'échanger leurs adresses. Tout laisse penser que dans quelques semaines ne plus se quitter.
*→ La première fois, ils **s'étaient rencontrés** par hasard et **avaient échangé** un sourire discret. Hier, ils **se sont donné** rendez-vous dans un café, **se sont parlé** pendant deux heures. Aujourd'hui, ils **s'échangent** leurs adresses. Tout laisse penser que dans quelques semaines ils **ne se quitteront plus**.*

Les collègues.
L'autre jour, se mettre d'accord. Hier, tôt le matin, se rendre chez le directeur, s'expliquer avec lui avant de se réconforter mutuellement dans le bar d'à côté. Maintenant, s'attendre à ce que le directeur prenne une décision. La semaine prochaine, se téléphoner pour se tenir au courant.

Se faire ou *se laisser* + infinitif

Observez

1. L'ancien ministre de l'Agriculture s'est fait ridiculiser par les viticulteurs en colère.

2. L'ancien ministre de l'Agriculture s'est laissé ridiculiser par les viticulteurs en colère

Quelle différence de sens peut-on observer entre les phrases 1 et 2 ?

Entraînez-vous

13 **Reformulez les phrases en utilisant les structures *se faire* + infinitif, *se laisser* + infinitif.**

Exemple : À sa demande, un jour de congé lui a été accordé. → Elle s'est fait accorder...

1. Cet homme illustre a été rattrapé par son passé tumultueux.
2. Cet aveugle est guidé par son chien dans les rues de la ville.
3. Les spectateurs ravis ont applaudi les comédiens de cette pièce.
4. À la surprise générale, on a élu M. Jacques Imbert à la présidence du club sportif de la ville.
5. Tu verras, s'il continue, il sera viré de la boîte *(langue familière)*.
6. L'infirmière a soigné l'enfant et il n'a pas protesté.

Forme active / Forme pronominale et sens du verbe

Observez

• Quelle pluie ! Je **plains** tous ceux qui passent leurs vacances dans un camping.

• Pourquoi les Parisiens **se plaignent**-ils toujours du temps qu'il fait ?

Quel est le sens du verbe *plaindre* dans ces deux emplois (actif et pronominal) ?

Entraînez-vous

14 **À vous !** **Les verbes proposés changent de sens dans le passage de la forme active à la forme pronominale. Utilisez-les dans des phrases pour faire apparaître cette différence de sens.**

attendre (s'attendre à) – mettre (se mettre à) – *passer (se passer)* – rendre (se rendre) – servir (se servir de) – trouver (se trouver)

*Exemple : En France, à la fin de la terminale, les élèves **passent** un examen : le bac.*
*La scène **se passe** à une époque où il n'existait pas encore d'ordinateur.*

Observez

> Elle a d'abord assis son fils sur le siège bébé à l'arrière de la voiture. Elle s'est assise au volant. Maintenant qu'elle est assise, elle peut démarrer.

Quelles différences de sens observez-vous entre le verbe à la forme active, le verbe à la forme pronominale et le verbe à la forme *être* + participe passé ?

Entraînez-vous

15 | **À vous !** Avec chacun des verbes proposés, faites trois phrases, comme dans l'exemple.

arrêter – coucher – faire – habiller – ouvrir – ***sortir***

*Exemple : – Il **a sorti** le chien pour sa promenade du soir*
*– Je me demande bien comment elle **se sortira** de cette affaire.*
*– Le directeur ne peut vous recevoir, il **est sorti**.*

Bilan

16 | **À vous !** Utilisez chacun des verbes proposés dans trois phrases (d'abord à la forme active, puis à la forme passive, enfin à la forme pronominale).

boire – occuper – porter – prendre – ***préparer***

*Exemple : J'**ai bien préparé** mon texte.*
*Les joueurs **seront ainsi bien préparés** pour ce match décisif.*
*Avec les vendanges qui approchent, les saisonniers **se préparent** à travailler du matin au soir.*

17 | Répondez en employant la forme passive ou pronominale. Utilisez les verbes proposés.

être écrit pour un jeune public – ***être plutôt choqué par son incompétence manifeste*** – être séduit par une jeune asiatique – être suivi par un entraîneur de renom – être surpris par la décision du conseil de discipline – se distinguer nettement des autres – se lire avec une grande facilité – se marier déjà – se métamorphoser – ***se plaindre de l'arrogance de son nouveau patron***

Exemple : – Tu as discuté avec Julie ce matin ?
*– Oui, elle **se plaint de l'arrogance de son nouveau patron**.*
*– Il me semble qu'elle **est plutôt choquée par son incompétence manifeste**.*

1. – Comment tu trouves maintenant cet élève récalcitrant ?
– Il ....
– C'est pourquoi tout le monde ....

2. – Comment ! Tu as déjà fini de lire ton livre ?
– Oh oui, il ....
– C'est vrai qu'il ....

3. – Tu as reçu aussi le faire-part de Loïc ?
– Quoi ! il ....
– Et ben oui, figure-toi qu'il ....

4. – Tu as vu la prestation du couple de patineurs américains ?
– Incroyable ! Il ....
– Il faut dire que ces deux sportifs ....

9 L'indicatif

I. Le présent

Observez

Le ciel nocturne **est chargé** de lumière. Je n'en connais pas toutes les constellations. Nous **sommes** à la fin du mois de juillet et depuis quelques jours on **découvre** de très beaux astres. Je crois que la grande étoile qui **monte**, vers onze heures, à l'est de la nuit, est la planète Jupiter. On la voit merveilleusement briller.

Quelquefois, avant de rentrer à Pontillot, Mélanie Duterroy **vient** s'asseoir à côté de moi devant le portail ; et elle **regarde** la route.

[...]

C'est une route où jamais je n'ai vu passer personne. Elle **va** de l'est à l'ouest, mais on ne s'en sert plus. Le jour, elle **est** blanche. Le plateau **est** tellement plat que la nuit elle **semble** monter d'un groupe d'astres.

Henri Bosco, *Hyacinthe*, © Éditions Gallimard, 1945.

Classez, dans le tableau, les verbes en gras au présent selon leur valeur.

Description	Habitude	Présent actuel	Présent qui a commencé dans le passé
....	....	....	....

Entraînez-vous

1 **Complétez le texte avec les verbes proposés au présent.**

abriter – apparaître – bénéficier – compter – disparaître – être habité – être situé – faire – former – pleuvoir – se métamorphoser

Les îles de Chausey ...... près du Mont-Saint-Michel. Elles ...... l'un des plus grands archipels d'Europe. On ...... 365 îlots à marée basse et 52 à marée haute. Chaque jour le paysage ...... : des rochers, des rivières, des plages ...... ou ...... selon la marée. Chausey ...... d'un microclimat. Il ...... doux et il ne ...... pas souvent. Seule la grande île .... Les autres îlots ...... de très nombreux oiseaux de mer.

2 **À vous ! Décrivez un paysage de votre pays pour une brochure touristique.**

3 **Mettez les verbes entre parenthèses au présent et indiquez la valeur du présent pour chaque phrase dans le tableau.**

A. présent actuel – B. habitude – C. action qui a commencé dans le passé – D. valeur de futur – E. description – F. analyse

1. Je (vivre) ...... avec mon compagnon depuis deux ans. Nous (habiter) ...... au centre de Viroflay.
2. Notre immeuble (dater) ...... des années 1930 et il (avoir) ...... un jardin.
3. En semaine, nous (prendre) ...... le RER pour aller travailler à Paris. Nous (mettre) ...... vingt minutes pour arriver à la Gare Montparnasse.

1.	......
2.	......
3.	......

4. Pendant la semaine il a beaucoup plu mais, aujourd'hui, il (faire) ...... très beau.

5. C'est décidé ! Demain nous (aller) ...... nous promener dans la forêt de Meudon.

6. J'ai vu l'exposition de la collection Phillips au Musée du Luxembourg ; j'aime beaucoup le tableau de Renoir, *Le déjeuner des canotiers* : il (exprimer) ...... la sensualité, le plaisir d'une après-midi d'été entre amis qui (converser) ...... après déjeuner à la terrasse d'un restaurant au bord de la Seine, sur l'île de Chatou.

4.	......
5.	......
6.	......

4 | **Complétez le texte en mettant les verbes entre parenthèses au présent.**

Chaque dimanche, certains quartiers de Paris (canal Saint-Martin, Mouffetard, par exemple) et une partie des voies sur berges qui (longer) ...... la Seine (être) ...... interdits à la circulation automobile, ils (être) ...... réservés aux piétons et aux cyclistes. Ainsi du printemps à l'automne, les Parisiens (se promener) ...... nombreux le long du canal Saint-Martin. Les bébés (prendre) ...... l'air sur le dos de leurs parents ou dans leurs poussettes. Les plus grands (faire) ...... du vélo ou du roller. Des groupes de jeunes (pique-niquer) ...... au bord du canal ; certains (jouer) ...... de la guitare. Beaucoup de gens (déjeuner) ...... à la terrasse des bistros ou des restaurants, profitant de ces jours sans voiture.

5 | **À vous !** **Décrivez à un ami français les habitudes des gens de votre pays.**

*Exemple : À Barcelone, le dimanche, les gens **forment** des rondes sur le parvis de la cathédrale pour danser la sardane. En fin d'après-midi, ils **s'installent** aux terrasses des cafés sur les Ramblas et le soir ils **vont** manger des tapas dans les bars...*

Observez

LA PLACE DE L'HÔTEL DE VILLE DE PARIS

Jusqu'en 1830, l'actuelle place de l'Hôtel de ville **s'appelle** la place de grève car, avant la construction des quais, elle descendait en pente douce jusqu'aux sables des berges de la Seine. Au Moyen Âge, elle **est** le lieu où **se déroulent** des événements publics, des fêtes populaires et aussi des exécutions. Les ouvriers sans travail **s'y rassemblent** dans l'attente d'une embauche. C'est de là que vient le sens de grève, « cessation volontaire de travail ».

À quelle époque renvoient les verbes au présent en gras ?

Entraînez-vous

6 | **À l'aide des informations suivantes, rédigez en employant le présent de narration la vie du peintre impressionniste Claude Monet (1840-1826).**

Exemple : Naissance à Paris en 1840 → Claude Monet naît à Paris en 1840.

Études au lycée du Havre.

Arrivée à Paris en 1859.

Inscription dans un atelier de peinture parisien.

Rencontre avec Renoir, Sisley et Manet.

Été 1869 à Bougival.

En 1871, séjour à Londres.

De 1872 à 1878, à Argenteuil, peinture en plein air.

Rôle de chef du mouvement impressionniste.

En 1883, installation à Giverny.

À la fin de sa vie, composition des séries de Nymphéas.

7 **À vous !** Faites la biographie d'un personnage connu.

8 Dans l'article, relevez tous les verbes au présent de l'indicatif et classez-les selon leur valeur dans le tableau ci-dessous.

LA POLICIÈRE, TENACE, SAUVE LE SUICIDAIRE

Chaque mois, des gens disparaissent et leur disparition est signalée à la police. Il y a dix jours de cela, un homme disparu a pu être sauvé grâce au travail remarquable d'une capitaine de police de la brigade spécialisée dans ce type de recherche. Ses collègues et ses supérieurs admirent la façon dont elle a mené son enquête.

Il est déjà tard, le 18 janvier, lorsqu'elle reçoit un appel du commissariat du XVIIe arrondissement, lui signalant la disparition inquiétante d'un adulte. Une femme craint que son mari d'une quarantaine d'années, dépressif, ne veuille mettre fin à ses jours. La policière commence les vérifications de routine : Institut médico-légal, hôpitaux. Nulle trace de l'homme disparu. Elle sait qu'il a un téléphone portable : elle tente de le joindre mais aboutit sur sa messagerie.

Elle parvient à le localiser dans un hôtel du XVIIe.
Pas question d'abandonner pour autant. L'enquêtrice se tourne alors vers l'opérateur téléphonique : après de multiples appels, elle finit par obtenir la localisation de la dernière borne qui a connecté le mobile. Elle sort un plan du XVIIe arrondissement, trace une croix à l'emplacement de la borne et dessine un cercle de 300 mètres de rayon autour. Elle entreprend alors de contacter tous les hôtels situés à l'intérieur du cercle, demandant à chacun si un individu correspondant au signalement de l'homme disparu se trouve dans l'établissement. L'un des hôteliers répond par l'affirmative. La capitaine appelle aussitôt les pompiers qui se rendent à l'hôtel. La porte, fermée à clé, est enfoncée. L'homme est plongé dans un profond coma après avoir absorbé une dose massive de médicaments. Hospitalisé, l'homme est aujourd'hui hors de danger.
Le service des disparitions inquiétantes de cette brigade de police traite environ 300 affaires par mois. « Ce jour-là, elle aurait pu passer deux coups de fil avant de rentrer chez elle en pensant continuer ses recherches le lendemain, elle n'aurait rien eu à se reprocher, confie un policier, c'est un travail admirable. »

D'après *Le Parisien*, janvier 2006.

Présent actuel	Présent de narration	Présent d'habitude
....	....	....
....	....	....

---

9 **À vous !** Vous êtes un(e) journaliste qui écrit un article sur un fait divers remarquable. (Utilisez le présent de narration.)

II. Les temps du passé

L'imparfait

Observez

1998, 20 octobre

Aujourd'hui, les lycéens manifestaient. Seulement les gentils. Pour empêcher les mauvais, les casseurs de se joindre à eux, on avait déployé des forces de police dans les stations de métro et de RER des gares de banlieue. Cordon sanitaire entre les hordes lointaines de barbares et les jeunes gens sérieux, propres, au centre de Paris. Dans la gare de Cergy-Préfecture, il y avait un CRS à chaque portillon. Un flic en civil – costume vert flambant – surveillait les entrées. Quelques beurs se tenaient au loin. Aujourd'hui seuls les blancs pouvaient prendre le train pour Paris.

Annie Ernaux, *La vie extérieure : 1993-1999*, © Éditions Gallimard, 2000.

Soulignez les verbes à l'imparfait et précisez la valeur de ces imparfaits.

Entraînez-vous

10 **Complétez le texte en mettant à l'imparfait les verbes entre parenthèses.**

Le pharaon (être) ...... le maître exclusif des champs, des temples et des villes. Pour exploiter la terre, le souverain en (confier) ...... la gestion et l'économie à des fermiers, issus de la noblesse ou de la grande bourgeoisie, qui (recruter) ...... un abondant personnel attaché à leurs domaines. Au moment de la moisson, les femmes et les enfants (réquisitionner, à la forme passive) ...... pour aider les hommes du domaine et, s'il le (falloir) ......, on (embaucher) ...... une main-d'œuvre saisonnière, que l'on (retrouver) ...... plus tard dans l'année sur les grands chantiers de Pharaon. Lorsqu'on (remplir) ...... les greniers, l'État (dépêcher) ...... sur place des scribes-fonctionnaires qui (prélever) ...... la part qui (revenir) ...... au Trésor public, laissant l'autre part au fermier qui, à son tour, (distribuer) ...... leur ration aux paysans comme salaire de leur travail.

L'Égypte ancienne de Guillemette Andreu in Revue *L'Histoire*, © Éditions du Seuil, 1996.

11 **À vous !** **Décrivez, en employant l'imparfait, la vie économique et sociale dans votre pays à une époque ancienne.**

Le passé composé

Observez

Le général de Gaulle est né à Lille en 1890. Pendant la Seconde Guerre mondiale, il a dirigé depuis Londres la résistance française contre l'occupation allemande. Plus tard, il est devenu président de la République en 1959, puis en 1965. Il a écrit trois gros volumes de *Mémoires* qui restent un ouvrage de référence sur cette période.

Soulignez les verbes au passé composé et, pour chacun d'eux, précisez leur valeur : fait accompli dans le passé, fait qui s'est répété dans le passé, fait accompli qui a des prolongements dans le présent.

Entraînez-vous

12 Mettez les verbes entre parenthèses au passé composé et, en fonction des indicateurs de temps, précisez la valeur du passé composé pour chaque phrase dans le tableau.

A. durée limitée dans le passé – **B.** antériorité par rapport au présent – **C.** événement accompli – **D.** répétition dans le passé – **E.** succession d'événements dans le passé

1.	......
2.	......
3.	......
4.	......
5.	......

1. Le 11 août 1999, on (observer) ...... une éclipse totale du soleil.
2. L'été dernier, nous (passer) ...... un mois de vacances au Cambodge.
3. Hier après-midi, un métro (tomber) ...... en panne sur la ligne 7, les autres rames (être bloqué) ...... et les passagers (devoir) ...... patienter.
4. Aujourd'hui je porte la robe que je (acheter) ...... la semaine dernière.
5. Les enfants aiment beaucoup le site de Paul Neave, « FLASH EARTH », depuis qu'ils le connaissent, ils (s'y connecter) ...... plusieurs fois.

13 Complétez les phrases en mettant les verbes entre parenthèses au passé composé et en plaçant correctement les adverbes indiqués.

Exemple : (bien)   *Est-ce que tu (rentrer) ...... l'autre soir ?*
     → *Est-ce que **tu es bien rentrée** l'autre soir ?*

1. (trop)   Jacques (boire) ...... hier soir : il titubait en sortant.
2. (déjà)   Depuis que j'habite Paris, je (aller) ...... plusieurs fois à l'Opéra Bastille.
3. (complètement)   L'entreprise (terminer) ...... les travaux de rénovation de l'appartement.
4. (toujours)   Je (penser) ...... que le mariage de Paul et Sabine ne durerait pas. J'avais raison car ils sont en train de divorcer.
5. (encore)   Le TGV en provenance de Besançon (ne pas arriver) ......, il a été retardé par une collision avec une vache.

14 Complétez le dialogue entre un journaliste et le témoin d'un braquage de banque.

— Vous étiez dans le café en face de la banque ; qu'est-ce que vous (voir) ...... ?
— Je (apercevoir) ...... deux hommes aux visages cachés par des cagoules noires. Ils (sortir) ...... de la banque en courant et (monter) ...... dans une grosse voiture garée au coin de la rue. La voiture (démarrer) ...... en trombe et ils (disparaître) ...... bien avant l'arrivée de la police. Tout (se passer) ...... très vite, je (ne pas avoir) ...... le temps de relever le numéro d'immatriculation de la voiture.

L'imparfait et le passé composé

Observez

> Ce matin, j'ai croisé un homme sur le boulevard Saint-Germain. Je remontais le boulevard et lui le descendait. Nous étions du côté pair, le plus élégant.
> Je l'ai vu arriver de loin. Je ne sais pas, sa démarche peut-être, un peu nonchalante ou les pans de son manteau qui prenaient de l'aisance devant lui...
> Anna Gavalda, *Je voudrais que quelqu'un m'attende quelque part*, © Le Dilettante, 1999.

Comment situer les actions au passé composé par rapport à celles à l'imparfait ?

Entraînez-vous

15 Complétez le récit en mettant les verbes entre parenthèses à l'imparfait ou au passé composé selon qu'il s'agit d'actions d'arrière-plan ou d'actions de premier plan.

Le 25 août 2004, à Paris, on (célébrer) ...... le 60ᵉ anniversaire de la Libération de Paris. Il (faire) ...... beaucoup moins beau que le 25 août 1944. Je (aller) ...... d'abord Place Valhubert, devant le jardin des Plantes, pour voir les Jeeps et les chars américains. Les enfants (pouvoir) ...... visiter l'intérieur d'un char. Des figurants (être) ...... habillés comme les Parisiens de 1944 et (danser) ...... sur des airs de swing. Sur un podium, une actrice (lire) ...... des témoignages de l'époque.
Ensuite, je (prendre) ...... le métro jusqu'au Pont-Neuf pour voir la reconstitution de la colonne française. On (voir) ...... des voitures ambulances de l'armée devant La Samaritaine. D'énormes chars (se succéder) ...... le long du quai de la Mégisserie jusqu'à la place du Châtelet : ils (s'appeler) ...... « Romilly », « Montereau », « Aramis »... Je (pouvoir) ...... monter sur l'un d'eux et je (visiter) ...... l'intérieur. L'un de ces chars (être) ...... prêté par le Musée de l'armée, les autres (appartenir) ...... à des associations ou à des collectionneurs qui les avaient restaurés.

16 **À vous !** Écrivez une lettre à un ami français en lui racontant une fête à laquelle vous avez participé. Utilisez l'imparfait et le passé composé comme dans l'exercice précédent.

Le passé simple

Observez

> 1   Tout jeune Napoléon était très maigre
> et officier d'artillerie
> plus tard il devint empereur
> alors il prit du ventre et beaucoup de pays
> 5   et le jour où il mourut il avait encore
> du ventre
> mais il était devenu plus petit.
>
> Jacques Prévert, « Composition française », in *Paroles*,
> © Éditions Gallimard, 1949.

a. À quel temps sont les verbes évoquant les actions de premier plan et à quel temps sont les verbes évoquant l'arrière-plan ?
b. Dans la langue orale, quel temps serait employé à la place du passé simple ?

Entraînez-vous

17 Soulignez les verbes au passé simple et indiquez leur infinitif.

Je bus un demi-verre d'eau, et je remarquai par hasard que ma carafe était pleine jusqu'au bouchon de cristal. Je me couchai ensuite et je tombai dans un de mes sommeils épouvantables, dont je fus tiré au bout de deux heures environ [...] J'eus soif de nouveau ; j'allumai une bougie et j'allai vers la table où était posée ma carafe. Je la soulevai en la penchant sur mon verre ; rien ne coula. — Elle était vide ! Elle était vide complètement ! D'abord, je n'y compris rien ; puis tout à coup, je ressentis une émotion si terrible que je dus m'asseoir, ou plutôt, que je tombai sur une chaise ! puis, je me redressai d'un saut pour regarder autour de moi ! puis je me rassis, éperdu d'étonnement et de peur devant le cristal transparent !...

Guy de Maupassant, Le Horla, 1887.

18 Classez, dans le tableau, par type de passé simple les verbes du texte de l'Observez (page 84) et de l'exercice précédent.

Passé simple en -*a*	Passé simple en -*i*	Passé simple en -*u*	Passé simple en -*in*
....	....	....	....
....	....	....	....

Le passé récent

Observez

• On **vient d'arrêter** les agresseurs du petit Joe. La police les interroge et ils resteront en prison jusqu'au procès.

• Quand j'ai traversé la vallée,
Un oiseau chantait sur son nid.
Ses petits, sa chère couvée,
Venaient de mourir dans la nuit.
Cependant il chantait l'aurore...
Alfred de Musset, « La nuit d'août », dans *Poésies nouvelles*, 1836.

a. Pour chacune des formes verbales en gras, précisez comment est formé le passé récent.

b. Dans chaque cas, par rapport à quel repère temporel faut-il situer le passé récent ?

Entraînez-vous

19 Mettez les verbes entre parenthèses à la forme de passé récent voulue par le contexte.

1. Laurent est là, il (rentrer) ....

2. Lorsque nous sommes arrivés à la gare, le train (partir) .... Pas de chance !

3. Les spectateurs ne vont pas tarder à sortir, la pièce (se terminer) ....

4. Je n'ai pas pu faire les courses : le supermarché (fermer) ...... lorsque je suis arrivée.

5. Nous (voir) ...... un film très intéressant : je vous conseille d'aller le voir aussi.

20 **À vous !** a) Racontez ce qui vient de se passer dans l'actualité internationale.

b) Racontez ce qui venait de se passer lorsque vous êtes né(e).

Le plus-que-parfait

Observez

> Un jour, comme je me promenais sur le quai, je rencontrai un homme que je crus reconnaître sans me rappeler au juste qui c'était. Je fis, par instinct un mouvement pour m'arrêter. L'étranger aperçut ce geste, me regarda et tomba dans mes bras.
>
> C'était un ami de jeunesse que j'**avais** beaucoup **aimé**. Depuis cinq ans que je ne l'**avais vu**, il semblait vieilli d'un demi-siècle. Ses cheveux étaient tout blancs ; et il marchait courbé, comme épuisé. Il comprit ma surprise et me conta sa vie. Un malheur terrible l'**avait brisé**.
>
> Devenu follement amoureux d'une jeune fille, il l'**avait épousée** dans une sorte d'extase de bonheur. Après un an d'une félicité surhumaine et d'une passion inapaisée, elle **était morte** subitement d'une maladie de cœur, tuée par l'amour lui-même, sans doute.
>
> Guy de Maupassant, « L'apparition », in Le Gaulois, 4 avril 1883.

a. Par rapport à quels temps du passé, le plus-que-parfait marque-t-il l'antériorité ?

b. Dans un récit oral, par rapport à quel autre temps du passé, le plus-que-parfait marquerait-il l'antériorité ?

Entraînez-vous

21 Reconstituez le texte en inscrivant dans le tableau la lettre qui correspond au chiffre.

1. Une tempête tropicale a entraîné la mort d'un millier de personnes en Haïti,

2. La déforestation d'Haïti est responsable de la gravité de ces inondations à répétition :

3. La ville côtière de Gonaïves, inondée à 80 %, a été la plus touchée,

4. La moitié des 200 000 habitants de cette ville ont besoin d'une aide d'urgence,

5. En plus la chaleur humide entraîne un risque d'épidémie, il faut donc enterrer les morts rapidement ;

a. c'est de cette ville qu'était partie l'insurrection qui a chassé l'ancien président Aristide.

b. lors des précédentes inondations, l'armée avait déjà fourni des abris, de l'eau et de la nourriture.

c. cette même tempête avait fait auparavant beaucoup moins de victimes en République dominicaine voisine.

d. la dernière fois aussi, les habitants avaient dû inhumer leurs morts dans des fosses communes.

e. en juin dernier, des pluies torrentielles avaient déjà causé 1220 morts.

1.	2.	3.	4.	5.
c	......	......	......	......

22 **À vous !** Complétez les petits textes en imaginant ce qui s'est passé avant les événements racontés au passé composé. Employez le plus-que-parfait.

1. La semaine dernière, Bruno a eu un accident de voiture, pas trop grave, heureusement il ....

2. Hier, Sonia s'est envolée pour le Mexique, elle est partie pour trois mois de stage dans une entreprise mexicaine ....

3. L'autre jour, Pierre a été malade, la veille, il ....

III. Les temps du futur

Le futur simple

Observez

Aujourd'hui, c'est la 20ᵉ édition de la Journée de l'Europe. À Paris, la tour Eiffel et l'Arc de Triomphe ont scintillé en bleu hier à minuit et recommenceront ce soir au coucher du soleil.

À 18 heures, la chorale Diplovoce du ministère des Affaires étrangères et la chorale franco-allemande de Paris chanteront en chœur l'hymne européen devant l'Église de Saint-Germain-des-Prés. La Garde républicaine donnera deux concerts gratuits dans les jardins du quai d'Orsay à 13 heures puis à 18 heures. L'Eurostar qui quitte Paris ce matin pour rejoindre la gare de Londres Waterloo, sera habillé aux couleurs de l'Europe. Lieu symbolique puisqu'elle dessert Bruxelles, Cologne et Amsterdam, la gare du Nord sera elle aussi décorée en jaune et bleu.

D'après *Métro*, mai 2006.

a. Soulignez les verbes au futur simple. À partir de quel repère temporel est envisagé ce temps ?
b. Dans le dernier paragraphe, précisez à quelle forme du verbe sont les deux futurs.

Entraînez-vous

23 | Complétez la lettre de Claire en mettant les verbes entre parenthèses au futur.

Chère Virginia,

Nous avons préparé ton séjour en France cet été : nous (venir) ...... te chercher à l'aéroport et nous t'(amener) ...... à Paris. Tu (rester) ...... quelques jours à la maison jusqu'à la fin du mois de juin. À partir du 1ᵉʳ juillet, tu (loger) ...... à la cité universitaire où nous t'avons réservé une chambre pour un mois. Pour aller suivre tes cours de français à la Sorbonne, tu (pouvoir) ...... prendre le RER de « cité universitaire » à « Luxembourg », c'est rapide. L'après-midi, après tes cours, tu (avoir) ...... la possibilité de visiter Paris.

En août, nous (aller) ...... en Bretagne et, si tu veux, nous t'(emmener) ...... avec nous. Tu (prévoir) ...... d'emporter ton maillot de bain... On (manger) ...... du poisson frais et, si le temps le permet, on (faire) ...... des balades en mer...

À bientôt, Claire

24 | **À vous !** Sur le modèle de ces horoscopes, rédigez les suivants en employant le futur.

 Bélier
Cette semaine, vous recueillerez les fruits de votre travail et vous irez passer quelques jours au bord de la mer.

 Lion
Vous serez plus libre, vous verrez davantage vos amis et vous ferez une nouvelle rencontre.

 Sagittaire
Vous saurez concilier vie privée et vie professionnelle et pourrez vous accorder quelques moments de détente avec l'être aimé.

 Taureau

 Vierge

 Capricorne

....

....

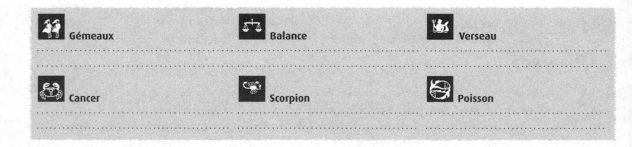

Gémeaux	Balance	Verseau
Cancer	Scorpion	Poisson

Le futur proche

Observez

- Ce soir, je **vais aller** assister à une conférence à la Bibliothèque nationale.
- Hier après-midi, j'**allais sortir** quand le téléphone a sonné, c'était un collègue dont l'appel m'a retardé.

a. Pour chaque forme verbale en gras, précisez comment est formé le futur proche.

b. Dans chaque cas, par rapport à quel repère temporel faut-il situer le futur proche ?

Entraînez-vous

25 **Mettez les verbes entre parenthèses à la forme de futur proche voulue par le contexte.**

1. D'après la météo, il (neiger) …… cet après-midi, nous devrions reporter la randonnée prévue.
2. Les escalators sont en panne depuis deux mois. Heureusement les travaux de rénovation (commencer) …… la semaine prochaine.
3. Le train (arriver) …… en gare de Lyon lorsqu'il s'immobilisa sur la voie : il venait de heurter un obstacle.
4. Cet été, je (suivre) …… un cours d'italien à l'Université de Padoue.
5. La voiture était chargée, nous (se mettre en route) …… lorsqu'une averse très violente s'est mise à tomber. Nous avons préféré attendre qu'elle cesse avant de partir.

26 **Employez le futur simple ou le futur proche selon le contexte.**

1. Il est 22 heures. Jeanne veut téléphoner à ses beaux-parents. Son mari lui dit :
   — Non, tu ne …… ce soir, il est trop tard. Tu …… demain.
2. Un dimanche matin, Christian appelle Claude et lui propose d'aller en forêt de Fontainebleau.
   Claude lui répond :
   — Non, on (ne pas y aller) …… aujourd'hui, il (pleuvoir) ……, on (aller) …… dimanche prochain.
3. Delphine fait des projets d'études à l'étranger :
   — L'an prochain, je (partir) …… en Espagne comme étudiante Erasmus. Je (s'inscrire) …… à des cours dans une université espagnole, je (passer) …… les examens correspondants et, ensuite, ils (valider, au passif) …… dans la licence de mon université française.

Le futur antérieur

Observez

Lorsqu'on **aura fini** de poser les rails de la nouvelle ligne de tramway, on pourra procéder aux premiers essais de circulation.

Comment situez-vous dans le temps l'action évoquée par la forme verbale *aura fini* par rapport à celle évoquée par le verbe au futur simple *pourra* ?

Entraînez-vous

27 | **Complétez la recette des œufs aux anchois en mettant les verbes entre parenthèses au futur simple ou au futur antérieur selon le contexte.**

Vous (mettre) ...... les œufs dans l'eau bouillante pendant dix minutes. Quand ils (être) ...... durs, vous les (plonger) ...... dans l'eau froide. Au bout de cinq minutes, ils (refroidir) ...... et vous (pouvoir) ...... enlever leur coquille.
Ensuite, vous les (couper) ...... en deux dans le sens de la hauteur et vous (retirer) ...... les jaunes. Vous (préparer) ...... une tomate pelée coupée en dés et un oignon finement haché et quand vous les (faire) ...... revenir à la poêle dans un peu d'huile, vous (ajouter) ...... les jaunes d'œufs que vous (écraser) ...... avec les filets d'anchois. Vous (laisser) ...... cuire encore un peu, vous (arroser) ...... de jus de citron et vous (remplir) ...... les blancs d'œufs de cette préparation.

28 | **À vous !** **Imaginez les actions antérieures aux situations données.**

1. Carmen partira pour la France le mois prochain, elle va y passer un an. Avant de partir, elle ....
2. Ce soir, nous allons au théâtre. Avant de sortir, nous ....
3. Jacques prendra ses vacances au mois de juin. Avant son départ, il ....

Le futur du passé ou conditionnel

Voir les valeurs modales du conditionnel, pages 92-98

Observez

La mairie de Paris a finalement décidé que la nouvelle ligne de tramway n'utiliserait pas les voies de l'ancienne ligne de chemin de fer de la petite ceinture fermée au trafic voyageurs en 1934. Elle a annoncé que cette nouvelle ligne emprunterait les boulevards qui entourent Paris et que les travaux commenceraient dès qu'on aurait obtenu les crédits nécessaires.

a. Relevez les verbes au conditionnel présent et ceux au conditionnel passé.
b. Situez dans le temps l'action évoquée par chacune de ces formes verbales.

Entraînez-vous

29 Mettez les verbes entre parenthèses au conditionnel présent ou au conditionnel passé selon le sens.

1. Nous savions que les résultats ne (tarder) ...... pas à être affichés.
2. J'étais sûr que Patrice (réussir) ...... son examen.
3. Je pensais qu'une fois qu'il (obtenir) ...... son diplôme, il (prendre) ...... des vacances !
4. Ayant perdu mes clés, je suis allée au bureau des objets trouvés : j'espérais qu'on les (retrouver) ....
5. Lorsque vous avez quitté votre pays, saviez-vous que vous n'y (retourner) ...... plus ?

30 Transposez au passé en faisant les changements de temps nécessaires.

1. La société RFF (Réseaux ferrés de France) annonce que lorsqu'elle aura fait les travaux nécessaires, une partie des voies de la petite ceinture pourra être rouverte au trafic ferroviaire.
   → *La société RFF a annoncé que* ....
2. Comme il n'y a rien d'intéressant à la télévision, je décide d'aller au cinéma. Je me demande quel film aller voir, un vieux film à la Cinémathèque ou un film qui vient de sortir. Finalement, je choisis un film récent dont le sujet me plaît et qui, je l'espère, ne me décevra pas.
   → *Comme il n'y avait rien d'intéressant à la télévision,* ....
3. Jacques pense que, dès qu'il aura obtenu un CDI (contrat à durée indéterminée), il trouvera facilement un appartement.
   → *Jacques pensait que,* ....

Bilan

31 Mettez chaque verbe entre parenthèses au temps qui convient.

Entre 1994 et 2005, une équipe internationale de chercheurs (étudier) ...... l'impact du réchauffement climatique sur vingt et un sites de récifs de coraux dans les îles des Seychelles. La hausse de la température à la surface de l'océan Indien (détruire) ...... plus de 90 % de la barrière de coraux intérieure des Seychelles. Cette destruction (priver) ...... de nourriture et d'habitat une importante faune maritime qui (vivre) ...... dans ces récifs. La diversité des espèces de poissons (diminuer) ...... de 50 % dans les zones les plus durement touchées. Si on ne (faire) ...... rien, la situation (empirer) ...... dans les années à venir : des espèces (disparaître) ...... complètement. Les scientifiques ont estimé qu'il (falloir) ...... prendre des mesures d'urgence pour freiner le réchauffement climatique.

32 Complétez le texte d'Albert Camus en mettant chaque verbe entre parenthèses au temps qui convient. (Attention : Camus a utilisé le passé composé là où, d'habitude, les auteurs de roman emploient le passé simple.)

L'ami de Raymond (habiter) ...*habitait*... un petit cabanon de bois à l'extrémité de la plage. La maison (être) ...... adossée à des rochers et les pilotis qui la (soutenir) ...... sur le devant (baigner) ...... déjà dans l'eau. Raymond nous (présenter) .... Son ami (s'appeler) Masson. C'(être) ...... un grand type, massif de taille et d'épaules, avec une petite femme ronde et gentille à l'accent parisien. Il nous (dire) ...... tout de suite de nous mettre à l'aise et qu'il y (avoir) ...... une friture de poissons qu'il (pêcher) ...... le matin même. Je lui (dire) ...... combien je (trouver) ...... sa maison jolie. Il me (apprendre) ...... qu'il y (venir) ...... passer le samedi, le dimanche et tous ses jours de congé. « Avec ma femme, on (s'entendre) ...... bien », a-t-il ajouté. Justement sa femme (rire) ...... avec Marie. Pour la première fois peut-être, je (penser) ...... vraiment que je (se marier) ....

Albert Camus, L'Étranger, © Éditions Gallimard, 1942.

33 Complétez ce début de roman policier en mettant chaque verbe entre parenthèses au temps qui convient.

Une pluie grise et froide (tomber) ...*tombait*... depuis la veille. La ville de Versailles (s'étirer) ...... à travers un voile de brume qui la (draper) ...... d'un manteau sombre, bien que le mois de mai soit déjà presque achevé. Déployant ses ailes majestueuses sous l'averse, le château royal (sembler) ...... dormir. Bien campée sur sa monture, la statue de Louis XIV (se dresser) ...... au centre de la cour royale, comme pour rappeler aux visiteurs l'influence que le roi soleil (avoir) ...... en ces lieux. [...] Un calme oppressant (régner) sur le château de Versailles...

Soudain, le hurlement lointain d'une sirène (déchirer) ...... le silence. Au rez-de-chaussée, une porte (s'ouvrir) ...... et la silhouette d'un gardien abrité sous un parapluie (se diriger) ...... vers les grilles dorées qui (fermer) ...... la cour royale... Devant le château, un véhicule de police (s'immobiliser) ...... et deux hommes en (sortir) .... L'un d'eux, vêtu d'un imperméable gris, (tendre) ...... la main au gardien, sans paraître se soucier de l'averse.

— Commissaire Axel Beaumont, de la P.J. de Versailles, et voici le commandant Massart. C'est vous qui (découvrir) ...... le corps ?

Le gardien, un homme entre deux âges aux tempes grisonnantes, (répondre) ...... d'une voix mal assurée, tandis qu'il les (guider) ...... vers les jardins.

— Je (prendre) ...... mes fonctions ce matin à sept heures. [...] Comme d'habitude, je (aller) ...... jeter un coup d'œil sur le parterre du Midi, tandis que mon collègue (faire) ...... sa ronde vers l'aile du Nord. [...] Je (se hâter) ...... car il (pleuvoir) ...... toujours. Devant le bosquet de la Colonnade, je (distinguer) ...... une masse sombre sur le sol, en plein milieu. En m'approchant, j'ai vu qu'il (s'agir) ...... d'un corps humain...

Christelle Maurin, L'ombre du soleil, © Librairie Arthème Fayard, 2005.

34 **À vous !** Imaginez et rédigez le début d'une histoire en utilisant le modèle textuel de l'exercice précédent : description, arrière-plan (imparfait, plus-que-parfait) ; succession d'actions de premier plan dans le récit (passé simple) ; dialogues (passé composé, présent, futur).

I. Conditionnel et indicatif

Observez

Les deux héros, Jérôme et Sylvie décrivent la vie dans la maison de leur rêve.

La vie, là, serait facile, serait simple. Toutes les obligations, tous les problèmes qu'**implique** la vie matérielle trouveraient une solution naturelle. Une femme de ménage serait là chaque matin. On viendrait livrer, chaque quinzaine, le vin, l'huile, le sucre. Il y aurait une cuisine vaste et claire [...] trois assiettes de faïence décorées d'arabesques jaunes, à reflets métalliques, des placards partout [...] Il serait agréable de venir s'y asseoir, chaque matin, après une douche, à peine habillé. Il y aurait sur la table un gros beurrier de grès, des pots de marmelade, du miel, des toasts, des pamplemousses coupés en deux . Il serait tôt. Ce serait le début d'une longue journée de mai.

Georges Perec, *Les choses – une histoire des années soixante*, © Éditions Julliard, 1997.

a. Quel est le mode du verbe en gras ? Quel est le mode des autres verbes du texte ?

b. Dans le texte, quel est le sens du conditionnel par rapport à l'indicatif ?

Entraînez-vous

I Mettez les verbes entre parenthèses au conditionnel et indiquez la valeur de chaque conditionnel en inscrivant dans chaque case le numéro de la phrase correspondante.

1. Nos amis ont un appartement tel que je (aimer) ...... en avoir un.
2. Explosion d'un véhicule devant la préfecture : il n'y (avoir) ...... aucune victime.
3. S'il vous plaît, mademoiselle, (avoir)-vous ...... l'heure ?
4. On va jouer au gendarme et au voleur. Toi, tu (être) ...... le voleur et moi le gendarme !
5. La météo avait annoncé qu'il (faire) ...... très beau aujourd'hui. C'est raté.
6. Ma grand-mère (avoir) ...... 100 ans aujourd'hui.
7. Elle s'habille d'une façon tellement démodée qu'on lui (donner) ...... 10 ans de plus.
8. Étienne n'est pas là ce matin parce qu'il (être) ...... malade.

Désir, souhait	Expression de l'irréel	Atténuation, politesse	Information non confirmée	Futur dans le passé
1	......	......	......	......

L'information non confirmée

Observez

1. En ce moment, quelques privilégiés fêtent la Saint-Sylvestre en compagnie de la famille royale.	**2.** En ce moment, quelques privilégiés **fêteraient** la Saint-Sylvestre en compagnie de la famille royale.
3. Émilie a demandé à son copain de partir avec nous en Nouvelle-Zélande.	**4.** D'après ce que j'ai entendu dire, Émilie **aurait demandé** à son copain de partir avec nous en Nouvelle-Zélande.

a. Quel est le mode des verbes dans les phrases 1 et 3, dans les phrases 2 et 4 ?

b. Quelle différence de sens y a-t-il entre les phrases 1 et 2 d'une part, et les phrases 3 et 4 d'autre part ?

Entraînez-vous

2 Changez le mode des verbes en gras, en utilisant le conditionnel présent ou le conditionnel passé, pour leur donner le sens d'information non confirmée.

1. Le Bureau des statistiques de l'Église catholique a rendu publics les chiffres de la population catholique dans le monde. Selon le Vatican, l'Église catholique **rassemble** désormais un milliard de personnes.

2. Cette grande surface annonce des soldes « monstre ». « C'est une façon malhonnête d'attirer les gens », proclame une association de défense des consommateurs. Les soldes ne **concernent** que les articles étiquetés d'un point rouge.

3. Le gourou de la secte du Temple solaire n'**est** pas **mort** dans les décombres du chalet de Salvan en Suisse. Il **a été aperçu** la semaine dernière dans le Vaucluse.

4. Selon sa mère, Agnès **a téléphoné** à toutes les personnes figurant dans son carnet d'adresses pour les prévenir qu'elle allait se marier. Mais, selon Agnès, elle n'**a appelé** que ses deux meilleures amies !

3 **À vous !** Inventez quatre titres de journaux, comme dans l'exemple, en utilisant deux fois le conditionnel présent et deux fois le conditionnel passé.

Exemple : Le Prince serait père d'une fille de 14 ans dont il ignorait l'existence !
Au Sri Lanka, un attentat attribué aux Tigres tamouls aurait fait plus de 60 morts.

Expression du conseil, du regret et du reproche

Observez

• « Écoute ! Tu ne vas tout de même pas te laisser humilier par ce type sans rien dire. À ta place, je lui **écrirais** un petit mot bien senti. »	• « Quoi ! Une voiture automatique neuve à ce prix-là, vous **auriez pu** me le dire plus tôt ! »	• « Quand je vois les décisions qui ont été prises à cette réunion, je me dis que j'**aurais vraiment dû** y participer. »

a. Quelle phrase exprime un conseil ? À quel mode et à quel temps est le verbe ?

b. Quelles phrases expriment un regret ou un reproche ? À quel mode et à quel temps sont les verbes ?

Entraînez-vous

4 Transformez le texte afin d'exprimer le regret, comme dans l'exemple.

L'été dernier, nous sommes partis en vacances à la mer. C'était vraiment très agréable. Papa **a chargé** tout le matériel dans une camionnette, les parasols, les planches à voile... En route, nous **avons pique-niqué**. Une fois arrivés, maman **est allée** chercher les clés de l'appartement loué. Puis nous nous **sommes installés** dans nos chambres. Pour ce premier jour de retrouvailles avec la mer, nous nous **sommes baignés** pendant des heures ! Il y **avait** un beau ciel bleu, l'air **était** chaud, le soleil **dorait** notre peau.

Exemple : Comme chaque année, nous devions partir en vacances à la mer.
Mais finalement, ça n'a plus été plus possible. J'ai du mal à m'y faire.
*Papa **aurait** encore **chargé** tout le matériel dans la camionnette,...*

5 **À vous !** Complétez les phrases afin d'exprimer, le regret et le conseil.

Une enseignante est désemparée devant l'état de sa classe de 6ᵉ. Le cours devient rapidement une foire. Elle regrette de ne pas avoir été très exigeante dès le début de l'année.
« J'aurais dû .... Il aurait fallu .... J'aurais pu aussi .... »
Elle décide d'en parler à des collègues pour leur demander conseil.

Formulez ces conseils en variant les expressions :

— À ta place, je ....   — Tu pourrais ....
— Tu devrais ....   — Il faudrait ....

II. Subjonctif et indicatif

Verbes suivis de l'indicatif ou du subjonctif

Observez

• Dis-lui que je **suis** malade.   • Dis-lui qu'il **vienne** me voir.

Le verbe *dire* a-t-il le même sens dans ces deux phrases ? Quel est le mode utilisé dans l'un et l'autre cas ?

Entraînez-vous

6 Complétez le tableau en précisant le sens du verbe principal et en indiquant le mode du verbe de chaque subordonnée.

1. a. Quand j'ai eu Pierre au téléphone, le réseau ne fonctionnait pas bien. J'**ai** juste **compris** qu'il **était pris** dans des embouteillages mais qu'il n'**était** plus loin de Paris.

b. Ne t'inquiète pas ! Nous **comprenons** tous que tu **aies pris** ton sac et que tu **sois partie**. Les propos tenus par le directeur étaient vraiment scandaleux.

2. **a.** Compte tenu de l'affluence des électeurs, **j'imagine** que le dépouillement des bulletins de vote **durera** jusqu'à minuit.

   b. Je suis d'accord avec ta stratégie. Mais **imaginons** un instant que ta proposition **soit rejetée**.

3. **a.** L'architecte de l'immeuble **explique** qu'on **peut installer** un ascenseur dans la cage d'escalier en réduisant légèrement la longueur des marches.

   b. Les accidents dans les centrales nucléaires **expliquent** que bien des gens **soient** hostiles au développement de cette énergie.

phrase	verbe principal	sens du verbe principal	mode du verbe de la subordonnée
1 a 1 b	comprendre comprendre	.... *trouver normal*	.... *subjonctif*
2 a 2 b	imaginer imaginer	....	....
3 a 3 b	expliquer expliquer	....	....

Indicatif et subjonctif dans les subordonnées de cause, concession, but

• *Cause / Concession*

Observez

• Excusez-moi ! Je suis en retard **parce que le métro est resté bloqué un bon quart d'heure dans le tunnel**.

• **Bien que le métro soit resté bloqué un bon quart d'heure dans le tunnel**, je suis arrivé à l'heure à mon rendez-vous.

a. Quel est le mode employé pour exprimer la cause ?

b. Quel est le mode employé pour exprimer la cause qui n'agit pas (la concession) ?

Entraînez-vous

7 Reformulez les phrases pour exprimer la cause qui n'agit pas (la concession) et la cause qui agit.

Exemple : Il fait très froid au Canada /Il fait bon vivre au Canada /Les gens sont très accueillants.
   *Bien qu'il **fasse** très froid au Canada, il y fait bon vivre.*
   *Il fait bon vivre au Canada, parce que les gens **sont** très accueillants.*

1. Ce roman est très long / J'ai dévoré ce roman en une nuit / L'intrigue était palpitante.
2. Luc n'a aucun diplôme / Il a réussi à trouver un travail qui lui plaît / Il a eu des difficultés à trouver du travail.
3. En été, l'appartement est étouffant / Il est au dernier étage de l'immeuble / On a fait mettre un isolant thermique sous le toit.
4. Le malade souffre moins / Il n'a pas pris de calmant / Il a pris un calmant.

• Cause / But

Observez

Extrait d'un message adressé par un syndicat étudiant :
« Cette année, l'organisation des examens s'annonce plus difficile que d'habitude. Parce que cette situation n'est pas une fatalité, signalez-nous tout problème pour que nous puissions intervenir. »

a. Quel est le mode du verbe introduit par *pour que* ?
b. Quel est le sens de la proposition introduite par *pour que* ?

Entraînez-vous

8 | **À vous !** Complétez chacune des phrases en utilisant *pour que*, puis *parce que*.

Exemple : Je lui ai fait les gros yeux → ***pour qu'****elle se taise.*
→ ***parce qu'****elle se moquait de sa copine.*

1. Quelle pluie ! Laisse ton parapluie ouvert sur le palier ....
2. On a prévu des chaises supplémentaires ....
3. Une nouvelle piscine olympique a été ouverte dans la ville ....
4. Je voudrais que mes enfants fassent des études supérieures ....

III. Indicatif, conditionnel et subjonctif dans les subordonnées relatives

Indicatif et subjonctif

Observez

A. Je cherche une secrétaire qui sache parler au moins deux langues étrangères…

B. J'ai trouvé une secrétaire qui sait parler trois langues étrangères !

C. Le directeur a une secrétaire très autoritaire. Il n'y a qu'elle qui puisse lui parler.

Quelle différence de sens y a-t-il entre la subordonnée relative au subjonctif de la phrase A et la subordonnée relative à l'indicatif de la phrase B ? Dans la phrase C, pourquoi utilise-t-on le subjonctif ?

Entraînez-vous

9 | **Complétez le texte de l'annonce, puis les mini dialogues, en mettant les verbes entre parenthèses au subjonctif ou à l'indicatif selon le sens.**

a)

La ville de Chateauneuf, située dans une région agréable à habiter et dont la population (être) …… en pleine croissance, recrute
un responsable du développement culturel et socio-éducatif.
Elle souhaite quelqu'un qui (être) …… capable de coordonner toutes les initiatives en ce domaine, qui (faire) …… preuve de dynamisme, de créativité, et qui (avoir) …… un réel sens pédagogique pour animer les activités des jeunes. Références exigées.
Adressez votre curriculum vitae à M. le Maire…

b)

1. — Marc a eu une peine de cœur. J'espère qu'il a des amis qui sauront l'aider à passer ce mauvais cap.

— Il a beaucoup d'amis qu'il (voir) ...... régulièrement mais le seul qui le (comprendre) ...... vraiment, c'est Jean.

2. — As-tu vu le dernier film de Fanta Nacro (réalisatrice burkinabé) ?

— Oh oui ! C'est le meilleur film qu'elle (réaliser) ....

3. — Alors, as-tu fait de bonnes affaires aux soldes de janvier ?

— Non ! Mon amie a trouvé une robe qui lui (aller très bien) ......, mais moi je n'ai rien trouvé qui me (plaire vraiment) ....

10 **À vous !** Complétez les phrases.

— Pendant les dernières vacances, nous avons passé quelques jours dans un camping qui ......, où ......, dont ......, etc.

— Pour les prochaines vacances, nous voudrions trouver un camping qui ......, où ......, dont ......, etc.

Indicatif, conditionnel et subjonctif

Observez

Elle a acheté une petite voiture qui lui **sert** à faire le marché.	Elle voudrait trouver une petite voiture d'occasion qui lui **servirait** à faire le marché.	Elle cherche une voiture d'occasion qui **puisse** lui servir à faire le marché.

a. Quel est le mode de chacun des verbes de ces subordonnées relatives ?

b. Quel est le sens de chaque subordonnée relative : « certitude », « expression de l'irréel », « but » ?

Entraînez-vous

11 Utilisez le mode qui convient en tenant compte du sens que doit exprimer la subordonnée relative.

1. Au vide-grenier (marché où l'on vend les objets dont on ne se sert plus), cette jeune femme cherchait des objets qui (pouvoir compléter : but) ...*puissent compléter*... son ameublement. Elle n'a rien trouvé mais elle a acheté un petit théâtre de marionnettes qui (plaire beaucoup : certitude) ...... à son fils. C'est un jouet qu'elle (vouloir avoir : irréel) ...... dans son enfance.

2. Ils ont hérité d'un appartement magnifique qui (ne pas convenir) ...... à leur genre de vie mais qui (convenir) ...... à des gens aimant recevoir.

3. Adriana, Mexicaine installée à Paris depuis vingt ans, est responsable d'une association où (se rencontrer et échanger) ...... Latino-américains et Français. Comme elle voudrait développer les activités culturelles, elle s'est mise en quête d'un local qui (être) ...... à la mesure de ses projets. Elle vient enfin de trouver le rez-de-chaussée d'un immeuble qui, avec quelques travaux, (pouvoir) ...... se transformer en un espace d'accueil très convivial. Mais comment les financer ? Faisons confiance à Adriana ! Elle sait se débrouiller.

IV. Impératif, subjonctif et indicatif : expression de l'ordre et du conseil

Observez

• **Range** ta chambre avant d'aller jouer !

• Qu'il **fasse** ses devoirs avant d'aller jouer.

• Aujourd'hui, tu **rangeras** toi-même ta chambre, il faut bien que tu apprennes à le faire !

a. Qu'exprime chacune de ces phrases ?

b. À quels modes sont conjugués les verbes utilisés ?

c. Quel mot introduit la phrase au subjonctif ?

Entraînez-vous

12 Réécrivez les textes en employant :

a) un temps de l'indicatif : le futur

« **Prenez** la première à droite, 100 mètres plus loin vous **tournez** à gauche, **faites** le tour du pâté de maisons par la droite, **traversez** le parc en allant tout droit. Le stade est en bordure du parc. »

b) le présent de l'impératif

Séance de relaxation un jour de beau temps.

« On **respire** profondément... par le nez s'il vous plaît... On **ferme** délicatement les yeux... On **baisse** les épaules... On **sent** la verticalité qui descend du crâne aux cervicales, en passant par la colonne vertébrale, et qui descend le long du corps... Maintenant, on **ouvre** les yeux, on **regarde** le soleil par la fenêtre... parce que bientôt, il n'y en aura plus... »

13 Mettez les verbes entre parenthèses au mode qui convient afin d'exprimer le conseil.

Laurent, qui s'intéresse beaucoup à la rénovation du métro, voudrait trouver un emploi à la RATP. Son père qui connaît quelqu'un dans l'entreprise a demandé conseil pour son fils. Que doit-il faire ?

Exemple : écrire une lettre de motivation → Qu'il écrive une lettre de motivation.

— aller voir le DRH (Directeur des Ressources Humaines) → ......

— dire qu'il vient de ma part → ......

— remplir très soigneusement le dossier qui lui sera remis → ......

— attendre avec patience la réponse → ......

14 Réécrivez le texte de cette bande dessinée en commençant par :
1. « Je cherche un homme qui… » ;
2. « J'ai trouvé un homme qui… ».

II Les participes et les formes en *-ant*

I. L'emploi des participes présent et passé

Observez

Désirant partager mes frais d'essence, offre covoiturage Paris-Sens tous les vendredis, vers 16 h. Téléphoner ou laisser message au 06 10 11 12 13

Ayant été hospitalisée pendant le 2nd semestre, j'ai raté six semaines de cours. Qui pourrait me passer ses notes des cours de licence de Lettres Modernes ? claude.martin@noos.fr

Étant née en Italie et ayant été scolarisée à Turin jusqu'au baccalauréat, je suis bilingue français-italien. Je propose des cours de perfectionnement en italien. Tarif de groupe possible. 06 20 21 22 23

Mon loyer et les charges ayant augmenté, je cherche un colocataire pour partager mon 2 pièces situé à Paris, V^e arr^t. Écrire à dominique.morand@wanadoo.fr

a. Soulignez toutes les formes de participes, participes présents et participes passés.

b. Pour chaque participe, cherchez son sujet (exprimé ou sous-entendu). Est-ce le même sujet que celui du verbe conjugué à un mode personnel ?

c. Comment peuvent être simplifiés les participes conjugués avec *être* (ex. *étant née*) et les participes passés passifs (ex. *ayant été scolarisée*) ?

d. Peut-on aussi simplifier les participes conjugués avec *avoir* (ex. *ayant augmenté*) ?

Entraînez-vous

1 Transformez les phrases en utilisant, lorsque cela est possible, les formes réduites des participes, comme dans l'exemple.

Exemple : Étant née en Italie et ayant été scolarisée à Turin jusqu'au baccalauréat...
   → Née en Italie et scolarisée à Turin jusqu'au baccalauréat...

1. Étant diplômés de Sciences Po, ces jeunes n'ont pas eu trop de difficultés à trouver un premier emploi.
2. Ayant gagné au loto, mon voisin a acheté une nouvelle voiture.
3. Ayant été licencié, Paul a dû s'inscrire à l'ANPE (Agence nationale pour l'emploi) pour chercher du travail.
4. Ayant été blessée dans un accident de moto, Julie a passé trois mois à l'hôpital.
5. Ayant pu dormir pendant le vol Osaka-Paris, Kayo ne souffre pas trop du décalage horaire.

2 Réécrivez les phrases en mettant les verbes en gras au participe présent.

*Exemple : **Il est** en congé et il n'est pas à Paris. → **Étant** en congé, il n'est pas à Paris.*

1. **Je sais** qu'il y a un mouvement de grève à la RATP et je suis partie plus tôt que d'habitude.
2. **Il a vu** qu'il pleuvait et il a renoncé à son jogging matinal.
3. « Je vous écris de Londres où nous passons trois mois pour les recherches de mon mari ; notre fille est venue avec nous et **elle croyait** qu'elle trouverait facilement un travail... »
4. « **Nous avons échangé** notre appartement avec un couple d'anglais retraités et nous vivons chez eux pendant qu'ils habitent chez nous à Paris. »
5. « Notre fille **vit** avec nous et elle économise trois mois de loyer à Londres où les prix sont très élevés. »

3 | **Réécrivez les phrases en remplaçant les subordonnées causales par des participiales.**

Exemple : Comme la nuit tombe, nous nous dépêchons de rentrer.
> → **La nuit tombant**, *nous nous dépêchons de rentrer.*

1. Comme l'essence est devenue trop chère, le gouvernement va développer la production d'éthanol.

2. Comme l'eau du lac était froide, ils ont renoncé à la baignade.

3. Comme les taux d'intérêt des emprunts ont augmenté, la durée des prêts immobiliers s'allonge.

4. Comme il a raté son train, il n'a pas pu assister à la réunion.

4 | **Transformez les phrases en mettant au participe les verbes des subordonnées concessives.**

Exemple : Bien qu'il ait deux semaines de congé, Julien ne part pas en vacances.
> → *Bien qu'**ayant** deux semaines de congé, Julien ne part pas en vacances.*

1. Bien qu'il ait atteint l'âge de la retraite, Jacques continue à travailler.

2. Bien qu'elle vive à Paris depuis dix ans, Michèle n'a jamais visité la Tour Eiffel !

3. Bien qu'il travaille en intérim, Christophe gagne bien sa vie.

4. Bien qu'elle ait passé son enfance en Égypte, Nora ne parle pas l'arabe égyptien.

5 | **Transformez les phrases en mettant au participe passé les verbes des subordonnées temporelles comme dans les exemples.**

Exemple 1 : Aussitôt que je suis arrivé à Paris, j'ai cherché un appartement.
> → *Aussitôt / Sitôt arrivé à Paris, j'ai cherché un appartement.*

1. Aussitôt qu'il est né, le bébé s'est mis à crier.

2. Aussitôt qu'ils sont descendus du TGV, les voyageurs privés de nicotine pendant leur voyage allument tous leur cigarette. Résultat le quai est irrespirable !

3. Aussitôt qu'elle est entrée en scène, l'actrice a captivé l'attention du public.

Exemple 2 : Une fois que le travail sera terminé, vous pourrez sortir.
> → *Une fois le travail terminé, vous pourrez sortir.*

4. Une fois que l'incendie a été maîtrisé, les pompiers ont découvert les victimes.

5. Une fois que leur mère est sortie, les enfants font des tas de bêtises.

6. Une fois que la décrue sera amorcée, on pourra commencer à faire le bilan des inondations.

II. L'accord du participe passé

> *Pour l'accord du participe passé avec les verbes pronominaux, voir pages 75-76*

Observez

A. Les ailes déployées du condor ont jusqu'à dix mètres d'envergure.	**B.** Le condor a déployé ses ailes et a pris son envol.	**C.** Les ailes que le condor a déployées sont immenses. Il les a déployées majestueusement.

a. Dans quelle phrase le participe est-il un adjectif ?

b. Soulignez les participes faisant partie d'un verbe à un temps composé.

c. Soulignez les compléments d'objet direct. Dans quels cas y a-t-il un accord du participe passé ?

Entraînez-vous

7 Mettez au participe passé les verbes à l'infinitif entre parenthèses. Accordez si nécessaire.

1. Les dernières crues de la Seine ont (laisser) ...... des traces sur les pierres.
   Sous les ponts de Paris, on peut voir les traces (laisser) ...... par les dernières crues de la Seine.
   Les traces que les dernières crues ont (laisser) ...... sont encore visibles.
2. Le soir de la fête de la musique, nous avons (entendre) ...... la cinquième symphonie de Beethoven
   (jouer) ...... par l'Orchestre de Paris dans les jardins du Palais Royal.
   Cette symphonie de Beethoven que nous avons (entendre) ...... le soir de la fête de la musique était très
   bien interprétée par les musiciens. Nous les avons (écouter) ...... avec grand plaisir.
3. Le 14 juillet, nous avons (admirer) ...... le feu d'artifice (tirer) ...... du Champ de Mars.
   Lorsque les artificiers ont (commencer) ...... à tirer les fusées, tout le monde a (lever) ...... la tête.
   Pendant une demi-heure, les Parisiens, (masser) ...... sur les ponts, sont tous restés la tête (lever) ....
   Les dernières fusées que les artificiers ont (tirer) ...... étaient les plus belles.

Observez

> La plupart des membres du conseil d'administration sont entrés dans la salle à l'heure prévue.
> Mais certains sont arrivés en retard.

Employé avec l'auxiliaire *être*, avec quoi le participe s'accorde-t-il ?

Entraînez-vous

8 Mettez au participe passé les verbes entre parenthèses. Faites les accords nécessaires.

1. Lors des dernières crues de la Seine, l'eau est (monter) ...... jusqu'à la taille du zouave du Pont
   de l'Alma. Les traces de la crue sont (rester) ...... visibles assez longtemps.
2. Le soir de la fête de la musique, nous sommes (aller) ...... entendre la cinquième symphonie
   de Beethoven dans les jardins du Palais Royal.
3. Le 14 juillet, les artificiers sont (arriver) ...... dès le matin pour préparer le feu d'artifice.
   Pour des raisons de sécurité, l'entrée du Champ de Mars était (interdire) ...... au public.

III. Les formes en -*ant* : participe présent, gérondif et adjectif verbal

Participe présent et gérondif

Observez

> 1. J'ai vu ton ami Hugo **sortant** de chez toi.

> 2. **En sortant** de chez toi, j'ai croisé ton ami Hugo.

a. Laquelle des deux formes peut être remplacée par une subordonnée relative ?
b. Laquelle des deux formes indique une circonstance de l'action ?

· Entraînez-vous

9 Complétez les phrases avec le participe présent ou le gérondif du verbe proposé.

Exemple : faire partie
> — *Faisant partie de l'Association culturelle de la ville, je suis prise tous les mardis.*
> — *Je me suis fait beaucoup d'amis en faisant partie de cette association.*

1. *chercher*
- Notre entreprise, ... à développer ses ventes à l'étranger, fait suivre à plusieurs de ses cadres un stage intensif de perfectionnement en anglais.
- ...... une paire de ciseaux dans un tiroir, Nina a retrouvé des clés qu'elle croyait perdues.

2. *parler*
- ...... avec Clément, j'ai appris qu'il avait vécu presque toute sa jeunesse à l'étranger.
- ...... couramment cinq langues, Clément s'est orienté vers le métier d'interprète-traducteur.

3. *prendre*
- Vous verrez que ...... ce médicament, votre allergie disparaîtra.
- ...... ce médicament depuis quelques semaines, j'ai constaté que mon allergie disparaissait.

Participe présent et adjectif verbal

Observez

> **1.** Tiphaine, changeant souvent de couleur de cheveux, ses amis ne la reconnaissent pas toujours au premier abord.
> **2.** C'est aussi une jeune femme d'humeur très changeante !

Pourquoi y a-t-il une différence d'accord entre la phrase 1 et la phrase 2 ?

Entraînez-vous

10 Complétez les phrases avec l'adjectif verbal ou le participe présent du verbe proposé.

Exemple : vivre
> — *Vivant en France depuis longtemps, mon amie mexicaine Tamara parle très bien le français.*
> — *Vos grands-parents sont-ils encore tous vivants ?*

1. *gêner*
- Une voiture ...... la sortie du garage de l'immeuble, les habitants ont appelé les services de police.
- Ma collègue est une fille charmante mais elle a une voix aiguë très ...... pour les autres.

2. *stimuler*
- ...... l'activité respiratoire, le sport a d'excellents effets sur la santé.
- La lecture est une activité ...... pour l'esprit.

3. *suffire*
- La France ne dispose pas de ressources énergétiques en quantité ....
- Pour déterminer la ration alimentaire moyenne ...... aux besoins d'une personne, il faut tenir compte de son âge et de son activité.

Observez

• **Étudiant** la botanique, Paul connaît beaucoup de plantes médicinales.	• Il a réussi ses examens **en étudiant** beaucoup.
• Il est **étudiant** en pharmacie.	• La vie **étudiante** est devenue plus dure qu'avant.

a. Les mots en gras appartiennent à différentes catégories grammaticales : participe présent, adjectif verbal, gérondif et nom. À quelle catégorie appartiennent-ils dans chaque phrase.

b. Quels critères vous permettent d'identifier les différentes formes en -*ant* ?

Entraînez-vous

11 Relevez les formes en -*ant* et classez-les par catégorie.

1. **a.** En passant par le centre ville, on met moins de temps qu'en prenant le périphérique.
   b. Dans la rue de Rivoli, il y a tellement de passants qu'on a parfois du mal à avancer.
   c. La rue Montorgueil est une rue commerçante qui est très passante.
   d. Passant par Paris, j'en profiterai pour aller visiter le Musée du Quai Branly.

2. **a.** En avion, les instruments tranchants sont interdits dans les bagages à main.
   b. Les couteaux de Laguiole sont célèbres dans le monde entier. Ils ont une lame en acier dont le tranchant est bien affilé.
   c. Ma boulangère s'est blessée en tranchant un pain.

Participe présent	Gérondif	Adjectif verbal	Nom
....	*1 a. en passant*	....	....

12 Indiquez si le gérondif a une valeur temporelle de simultanéité (S) ou s'il exprime la manière (M), la cause (Cause) ou la condition (Cond.).

*Exemple : Il traverse le parc **en courant**. → M*

1. Ma mère tricote en regardant la télévision.
2. Mary Higgins Clark est devenue célèbre en écrivant des romans à suspense.
3. En restant concentré sur ton travail, tu le ferais plus vite.
4. En roulant à plus de 50 km/h en ville, on risque de renverser un piéton.
5. Depuis son accident, Georges marche en boitant légèrement.
6. Yves a écouté les informations à la radio ce matin en allant à son travail.
7. En m'appelant le soir après 21 h, tu auras plus de chance de me joindre.
8. En répondant sèchement comme tu le fais parfois, tu risques de blesser les gens.

13 **À vous !** Rédigez des petites annonces d'offre d'emploi en utilisant des participes présents pour définir le profil de la personne recherchée : secrétaire, journaliste pour un mensuel de médecines alternatives, rédacteur, bénévole pour une association d'aide humanitaire, banquier, vendeur de prêt-à-porter, libraire, etc.

Exemple : Cabinet international d'avocats recherche jeune avocat connaissant parfaitement l'anglais et ayant une expérience d'au moins deux ans à Londres. Le poste à pourvoir impliquant de fréquents déplacements à l'étranger, une grande disponibilité est requise...

14 | **À vous !** Répondez aux questions en employant le gérondif, comme dans l'exemple.

Exemple : — Tu ne parais jamais stressée, comment fais-tu pour te détendre ?
— Je me détends en faisant du yoga.

1. — Comment fais-tu pour arrondir tes fins de mois ?
2. — Comment penses-tu réussir tes examens ?
3. — Comment as-tu trouvé ton studio ?
4. — Comment Hugo s'est-il cassé la jambe ?
5. — Comment Georges et Dorothée se sont-ils rencontrés ?

Bilan

15 | **Complétez le texte en mettant les verbes entre parenthèses au participe présent,
au gérondif ou au participe passé selon le contexte.**

La semaine dernière, (vouloir) ...... aller aux Galeries Lafayette, j'ai pris le bus 27. (Descendre) ...... à l'arrêt Opéra, j'ai été témoin d'un vol à la tire. Deux jeunes hommes à moto longeaient le trottoir à faible allure. (Parvenir) ...... à la hauteur d'une jeune fille, le passager de la moto lui a arraché le sac qu'elle portait à l'épaule. Elle s'est mise à crier : « Au voleur ! Au voleur ! » mais les voleurs étaient déjà loin. (Pouvoir) ...... relever le numéro d'immatriculation de la moto, j'ai proposé à la jeune fille de l'accompagner au commissariat de police. (Choquer) ...... par l'agression et (craindre) ...... d'aller seule au commissariat pour porter plainte, elle a accepté avec soulagement ma proposition. Après avoir (enregistrer) ...... sa plainte et mon témoignage, le policier nous a dit que grâce au signalement des voleurs et surtout grâce à l'immatriculation de la moto, ils pourraient peut-être les retrouver...
Hier (téléphoner) ...... pour me remercier, la jeune fille m'a dit que la police avait arrêté les voleurs et qu'elle avait récupéré son sac.

16 | **Complétez le texte en mettant les verbes entre parenthèses à la forme qui convient :
participe passé ou participe présent.**

Un pêcheur raconte une nuit effrayante passée dans sa barque au milieu d'un fleuve ; son ancre reste accrochée au fond de l'eau et il ne peut pas s'en aller. Il entend des bruits étranges.
« Cependant, la rivière s'était peu à peu couverte d'un brouillard blanc très épais de sorte que, (se dresser) ...... debout, je ne voyais plus le fleuve, ni mes pieds, ni mon bateau. [...] J'étais comme (ensevelir) ...... jusqu'à la ceinture dans une nappe de coton d'une blancheur singulière, et il me venait des imaginations fantastiques. Je me figurais qu'on essayait de monter dans ma barque que je ne pouvais plus distinguer, et que la rivière, (cacher) ...... par ce brouillard opaque, devait être pleine d'êtres étranges qui nageaient autour de moi. J'éprouvais un malaise horrible, j'avais les tempes (serrer) ......, mon cœur battait à m'étouffer ; et, (perdre) ...... la tête, je pensai à me sauver à la nage ; puis aussitôt cette idée me fit frissonner d'épouvante. Je me vis, (perdre) ......, (aller) ...... à l'aventure dans cette brume épaisse, (se débattre) ...... au milieu des herbes et des roseaux que je ne pourrais éviter, (râler) ...... de peur, ne (voir) ...... pas la berge, ne (retrouver) ...... plus mon bateau, et il me semblait que je me sentirais (tirer) ...... par les pieds tout au fond de cette eau noire. »

Guy de Maupassant, *Sur l'eau*, 1881.

L'infinitif

I. Rappel : l'infinitif d'ordre, de conseil

Observez

Conseils aux randonneurs :
Tout d'abord, choisir des chaussure montantes : ne pas se contenter de chaussures de sport type « baskets » inadaptées à la randonnée.
Se coucher tôt, marcher le matin dès l'aube et bien se protéger du soleil avec des lunettes et un chapeau. Boire souvent et abondamment.
Faire une pause pendant les heures les plus chaudes de la journée : avoir effectué au moins la moitié du parcours prévu avant midi, et ne reprendre la marche qu'en fin d'après-midi.

a. Relevez les verbes à l'infinitif : quel autre mode pourrait-on utiliser dans ce texte ?
b. Où se placent : la négation et les adverbes qui accompagnent le verbe à l'infinitif ?
c. Quelles sont les deux formes de l'infinitif ? Quel est le sens de chaque forme ?

Entraînez-vous

1 Réécrivez la recette en remplaçant les impératifs par des infinitifs.

RECETTE DU SAUTÉ DE VEAU

Découpez de l'épaule de veau. Ne faites pas de trop petits morceaux : coupez grossièrement. Faites chauffer de l'huile dans une cocotte. Faites bien dorer les morceaux de viande, ajoutez-y des oignons hachés. Laissez cuire quelques minutes, mettez un verre de vin blanc et un verre d'eau, laissez chauffer le tout mais ne faites pas bouillir. Ajoutez une gousse d'ail écrasée, un bouquet garni et des tomates coupées en morceaux, salez et poivrez. Faites cuire doucement pendant 1 h 30. Pendant ce temps, lavez des champignons, coupez-les finement en rondelles, faites-les revenir dans un peu de beurre et ajoutez-les à la viande en fin de cuisson.

II. L'infinitif sujet

Observez

- Voyager au bout du monde me **passionnerait**.

- Cela me **passionnerait** de voyager au bout du monde.

a. Quel est le sujet du verbe *passionnerait* dans les deux phrases ?
b. Quelle modification subit l'infinitif quand il est placé après le verbe ?
c. Quelle phrase est la plus naturelle à l'oral ?

Entraînez-vous

2 Transformez les phrases comme dans l'exemple.

Exemple : Faire du sport est bon pour la santé. → *C'est bon pour la santé de faire du sport.*

1. Préparer une thèse prend plusieurs années.
2. Me lever tôt le matin ne me plaît pas.
3. Mentir n'est pas bien.

4. Travailler de nuit est difficile.
5. Regarder la télévision me détend.
6. Fumer dans les lieux publics est interdit.

III. Infinitif présent ou infinitif passé ?

Observez

Louis, ton bulletin scolaire me déçoit : tu n'as pas honte d'avoir eu une si mauvaise note au contrôle de maths ? Tu te contentes vraiment de faire le minimum. Je compte voir ton professeur la semaine prochaine.

Moi, à ton âge, je n'étais content de moi que quand j'étais sûr d'avoir fait mon maximum. J'essayais d'être le meilleur, je voulais réussir plus tard.

Si tu continues comme ça, à l'avenir, tu regretteras d'avoir négligé tes études : tu ne seras pas heureux d'avoir un travail inintéressant et tu auras envie de changer de métier, mais il sera trop tard.

a. Soulignez les infinitifs simples et les infinitifs composés.

b. Notez la relation entre l'infinitif et le verbe principal de la phrase : antériorité, simultanéité, postériorité et placez-les sur le schéma :

(antériorité) d'avoir eu…   **(simultanéité)** de faire …   **(postériorité)** voir…

Entraînez-vous

3 Complétez les phrases en utilisant les verbes entre parenthèses.

*Exemple : Je suis content de **prendre** mes vacances maintenant.*   *(prendre)*
       *Je suis content d'**avoir pris** mes vacances le mois dernier.*

1. Patricia aime …… du sport régulièrement.   (faire)
   Elle est contente de …… bientôt à un marathon.   (participer)
   Elle est fière de …… des trophées quand elle était plus jeune.   (remporter)
2. Aurélien était ravi de …… cette jeune femme la veille au soir.   (rencontrer)
   Il espérait l'…… à dîner le samedi suivant.   (inviter)
   Il était sûr de …… la femme de sa vie.   (trouver)
3. Mes parents veulent …… mon avenir.   (préparer)
   Ils vont essayer de m'…… à la faculté de médecine.   (inscrire)
   Si je suis médecin plus tard, ils penseront …… leur devoir de parents.   (accomplir)

IV. Infinitif et proposition subordonnée relative

Observez

Je vois la pluie qui tombe.	Je vois la pluie tomber / Je vois tomber la pluie.
J'entends le tonnerre qui gronde.	J'entends le tonnerre gronder / J'entends gronder le tonnerre.

a. Observez le sens du verbe principal : quel type de verbe permet l'emploi d'une construction infinitive à la place d'une proposition subordonnée relative ?

b. Que remarquez-vous concernant l'ordre des mots de la construction infinitive ?

Entraînez-vous

4 Remplacez les propositions subordonnées relatives par une construction infinitive.

La frêle jeune fille s'approcha du manoir. Elle vit des chauves-souris qui volaient au-dessus de cette sinistre bâtisse. Elle y pénétra d'un pas hésitant tandis qu'elle entendait la porte qui grinçait épouvantablement. Elle entra dans un salon somptueux dans lequel brûlait un grand feu. Elle regarda un instant les flammes qui dansaient. Tout à coup elle entendit un hurlement qui résonna dans le manoir. Son sang se glaça d'horreur, elle sentit des sueurs froides qui coulaient le long de son dos et ses jambes qui se dérobaient sous elle. Puis elle entendit une voix qui chuchotait derrière elle. Elle se retourna : elle vit un homme étrange, le visage pâle et émacié, qui s'approchait d'elle avec un sourire bizarre...

5 Racontez ce fait divers dont vous avez été témoin en utilisant les verbes entre parenthèses.

(voir) Une vieille dame s'est fait agresser dans la rue ce matin. Elle marchait tranquillement. (voir) Elle s'est arrêtée sur une petite place. (regarder) Elle a nourri les pigeons avec du pain rassis qu'elle avait dans son sac. (voir) Un homme jeune s'est approché d'elle et il a pris son porte-monnaie dans son sac ouvert. (sentir) La vieille dame a hésité. Elle avait peur. (entendre – voir) Ensuite, elle a crié « au voleur » et s'est débattue. (voir) Le voleur s'est enfui avec son porte-monnaie et a disparu au coin de la rue.

Exemple : → ***J'ai vu*** *une vieille dame* ***se faire agresser*** *dans la rue ce matin.* ....

Pour la transformation infinitive, voir les chapitres 16, 20, 21, 22

Bilan

6 Formez des phrases comme dans l'exemple. Attention à la forme de l'infinitif (simple/composé).

Exemple : Flavie / la semaine prochaine / partir / prête / en vacances / .
→ Flavie est prête à partir en vacances la semaine prochaine.

1. David / dans un nouvel appartement / projeter de/ dans une semaine / emménager / .
2. il / en ville / trouver / être content de / un studio / .
3. acquérir / pour lui / son indépendance / important / être / .
4. transporter / il / comment / ses meubles / se demander / .
5. heureusement / aider à / l' / samedi prochain / tous ses amis / déménager / .
6. faire plaisir / des amis si fidèles / lui / avoir / .

IIIᵉ PARTIE

La phrase

La phrase négative

I. Les différentes formes de la négation

Pour les indéfinis, voir chapitre 5, pages 37-44

Observez

La mère : – Qu'est-ce que tu as ? Tu ne dis rien, ma chérie. Tu ne manges pas ce matin ?

La fille : – Si, si...

La mère : – Ah, bon ! C'est peut-être parce qu'il n'y a pas de céréales ni de croissants aujourd'hui. Tu sais, hier je n'ai pas eu le temps...

La fille : – Mais non, maman, ce n'est pas ça. Écoute, je n'ai aucune envie de te faire de la peine, mais... voilà, il faut que je te dise : mon copain Paul et moi, on va s'installer ensemble.

La mère : – Alors, tu ne sors plus avec Pierre ? Mais tu ne nous as jamais parlé de ce Paul. Tu trouves bien de ne pas tenir au courant tes parents et de les mettre devant le fait accompli ? Et qu'est-ce que va penser ton père... Et dire que nous n'avons qu'une fille !

a. Relevez toutes les formes négatives dans le texte.

b. Quelle est leur caractéristique commune ?

c. Distinguez les négations totales et la négation qui exprime une restriction. Les négations totales ont-elles toutes la même signification ?

d. Comment sont placées les différentes parties d'une négation dans les verbes à un temps composé ?

e. Quelle partie de la négation pourrait être supprimée dans une transcription orale de ce texte ?

Entraînez-vous

• Ne ... pas

I Écrivez les verbes à la forme négative. (Attention à la place de la négation !)

Exemple : Le jury s'est réuni à la date fixée par le Président.
*→ Le jury **ne s'est pas réuni** à la date fixée par le Président.*

1. **Occupez-vous** de cette affaire !
2. Le patron **a-t-il informé** les salariés de l'éventualité d'une délocalisation de l'entreprise et les **a-t-il reçus** ?
3. Vous **auriez dû** prendre cette décision.
4. Nous allons organiser une fête pour Anne. **Parlez-lui-en** !
5. L'appartement a été vendu. **Dites-le-lui** !

2 Transformez les phrases proposées comme dans l'exemple.

Exemple : Je ne suis pas venue hier. Je regrette …… . → Je regrette **de ne pas être venue hier**.

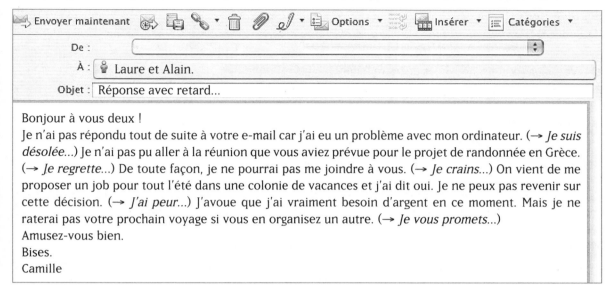

Envoyer maintenant | Options ▼ | Insérer ▼ | Catégories ▼

De :

À : 👤 Laure et Alain.

Objet : Réponse avec retard…

Bonjour à vous deux !
Je n'ai pas répondu tout de suite à votre e-mail car j'ai eu un problème avec mon ordinateur. (→ *Je suis désolée*…) Je n'ai pas pu aller à la réunion que vous aviez prévue pour le projet de randonnée en Grèce. (→ *Je regrette*…) De toute façon, je ne pourrai pas me joindre à vous. (→ *Je crains*…) On vient de me proposer un job pour tout l'été dans une colonie de vacances et j'ai dit oui. Je ne peux pas revenir sur cette décision. (→ *J'ai peur*…) J'avoue que j'ai vraiment besoin d'argent en ce moment. Mais je ne raterai pas votre prochain voyage si vous en organisez un autre. (→ *Je vous promets*…)
Amusez-vous bien.
Bises.
Camille

3 Transformez les phrases en employant la double négation *ni… ni* ou *pas de… ni*.

Exemple : Elle est végétarienne. Elle ne mange …… .
*→ Elle **ne** mange **pas** de viande **ni** de poisson. / Elle ne mange **ni** viande **ni** poisson.*

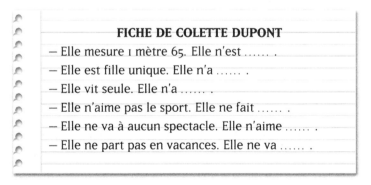

FICHE DE COLETTE DUPONT

— Elle mesure 1 mètre 65. Elle n'est …… .

— Elle est fille unique. Elle n'a …… .

— Elle vit seule. Elle n'a …… .

— Elle n'aime pas le sport. Elle ne fait …… .

— Elle ne va à aucun spectacle. Elle n'aime …… .

— Elle ne part pas en vacances. Elle ne va …… .

4 Répondez avec la double négation, sans employer de verbe.

Exemple : Tu as prévenu tes parents ? **Non, ni** *mon père* **ni** *ma mère.*

1. Vous prenez ce pull-là ou l'autre que vous avez essayé avant ? ………………………………………………
2. C'est toi ou ton frère qui a laissé le chien sortir ? ………………………………………………
3. Est-ce que le docteur Joly reçoit le jeudi matin ou le jeudi après-midi ? ………………………………………………
4. Comment trouves-tu cette nouvelle émission de téléréalité ? ………………………………………………

• Ne... personne, ne... rien, ne... aucun(e), ne... nulle part

5 Répondez négativement aux questions en employant : *ne... rien, ne... personne, ne... aucun(e), ne... nulle part.*

Exemple : — *Pardon, Madame, y a-t-il une pharmacie dans le quartier ?*
        — *Non, il **n'**y en a **aucune**.*

1. Avez-vous reçu des nouvelles de votre famille ?
2. On a entendu un hurlement. Est-ce qu'il est arrivé quelque chose de grave ?
3. Avez-vous été conseillé par quelqu'un pour l'achat de ce livre d'exercices ?
4. Y a-t-il des langues qui s'apprennent facilement ?
5. Est-ce qu'on peut encore trouver des places pour le concert de Paul Anka quelque part ?

• Ne... jamais, ne... plus, ne... pas encore

6 Questions à Anne-Sophie P. (40 ans), célèbre chef dans un grand restaurant parisien. Imaginez les réponses de la jeune femme. Employez toujours une forme négative après *non*. Voici quelques informations pour guider vos réponses. Vous pouvez aussi dépasser ce cadre !

Très peu de femmes-chefs de grand renom. — A appris son métier auprès de son père. — Ne travaille plus avec lui depuis 2 ans. — Est devenue chef à 29 ans. — Métier difficile à concilier avec la vie de famille (2 enfants). — A toujours travaillé en France. — Peu ou pas de femmes dans les Congrès de gastronomie. — Adore son métier.

— Y a-t-il déjà beaucoup de femmes chefs dans le monde de la grande cuisine ?
— Non, ..., mais ....
— Comment êtes-vous devenue chef ? Êtes-vous allée dans une école ?
— Non, ..., mais ....
— Travaillez-vous encore avec votre père ?
— Non, ..., mais ....
— Êtiez-vous déjà chef à 25 ans ?
— Non, ..., mais ....
— Avez-vous encore le temps de vous occuper de vos enfants, maintenant que vous êtes célèbre ?
— Non, ..., mais ....
— Avez-vous déjà travaillé à l'étranger ?
— Non, ..., en effet ....
— Les femmes-chefs sont-elles régulièrement invitées dans les Congrès et les Festivals de la Gastronomie ?
— Non, ..., mais ....
— Une dernière question. Avez-vous parfois regretté votre choix ?
— Non, ..., car ....

7 **À vous !** Comparez la vie au début du xxᵉ siècle et la vie au début du xxiᵉ siècle. Qu'est-ce qu'il y avait, qu'est-ce qu'on faisait au xxᵉ siècle ? Qu'est-ce qu'il n'y a plus, qu'est-ce qu'on ne fait plus au xxiᵉ siècle ?

Exemple : ***les transports***
        Au début du xxᵉ siècle, la plupart des gens se déplaçaient encore en diligence
        *(voiture à chevaux) ou en train. Il **n'**y avait **pas encore** d'avions pour les voyageurs.*
        *Aujourd'hui, il **n'**y a **plus** de diligence. On se déplace en métro, en bus, en train, en avion.*
        *On **ne** se déplace **pas encore** en fusée !*

<u>Thèmes</u> : *les transports*, l'école, la santé, la science, le sport, la vie des femmes, la vie politique, etc.

• Ne... plus rien, ne... plus personne, ne plus... aucun(e), ne... plus jamais / Ne... jamais rien, ne... jamais personne

8 Complétez les phrases en employant *ne... plus rien.*

Exemple : Il y avait une tache sur mon chemisier. Je l'ai porté au pressing et maintenant ....
*→ ...... et maintenant on **ne** voit **plus rien**.*

1. L'accusé a entamé une grève de la faim. Il boit un peu mais ....
2. Il faut que je fasse des courses. ...... dans le frigo.
3. Je voulais vendre mon vieil ordinateur mais on m'a dit que ....
4. La pauvre femme est très sourde. Elle ...... même quand on parle fort.
5. Avant j'aimais bien aller danser en boîte, mais maintenant ça ....

9 Dites le contraire des phrases.

*Exemple : Il y a encore beaucoup de roses dans le jardin. → Il **n**'y a **plus aucune** rose dans le jardin.*

1. On voit toujours beaucoup de monde dans cette librairie.
2. Il a toujours tout dit à sa mère à propos de sa vie sentimentale.
3. Nous allons toujours à la campagne le week-end.
4. Cet auteur a encore beaucoup écrit à la fin de sa vie.
5. Il y a encore beaucoup de raisons de s'inquiéter de l'état du malade.
6. Est-ce qu'il y a encore quelqu'un dans la salle de classe ?

II. La restriction : *ne... que*

Observez

> De nos jours, en France, les relations parents-enfants sont très différentes de ce qu'elles étaient dans les années 1960. Autrefois, il **n**'y avait **que** l'autorité parentale qui comptait. L'enfant n'avait qu'à obéir. Aujourd'hui, s'est substitué un modèle plus libéral, fondé sur la négociation, plus permissif, disent certains. Ceux-là affirment : « Vous **n**'avez **qu**'à réagir, au lieu de vous laisser engluer dans des discussions sans fin ! » Pas si simple !

Quels sont les deux sens de la négation *ne... que* ?

Entraînez-vous

10 Réécrivez les phrases en gras en employant *ne... que.*

*Exemple : Benjamin ne travaille pas assez. **La moyenne de ses notes est seulement de 9/20**.*
*→ il **n**'a **que** 9/20 de moyenne.*

Deux mamans discutent.
— Figure-toi que Benjamin veut créer son propre blog sur Internet.
— Mais, attends ! **Il a seulement 10 ans**.
— Oui, mais **il n'est pas seul**. Beaucoup de ses copains en ont déjà un. Je crois que c'est un bon moyen de discuter de leurs problèmes et de leurs intérêts. Par contre, j'ai beaucoup de mal à l'arracher à l'ordinateur.
— **Je te conseille de ne pas te laisser faire et de l'inscrire** dans un club de foot.
— Oh, là, là comme tu y vas ! Tu es trop sévère. C'est facile de dire : **il suffit de** !

11 Donnez une suite aux phrases en employant toujours la forme *ne... que* soit dans le sens de la restriction, soit dans le sens du conseil.

Exemple : Je ne peux pas te prêter 100 euros comme tu me le demandes.
> → *Je n'ai **que** 50 euros sur moi. / Tu n'as **qu'**à dépenser moins.*

1. Il y a de la gelée blanche sur toute la campagne. Il fait très froid ....
2. Si cette émission de télé ne te plaît pas, ...
3. Albert Camus n'a pas écrit de poèmes, ...
4. Vous êtes à Paris et vous adorez la peinture impressionniste, alors ....
5. Le ballet que j'ai vu hier était vraiment très médiocre. D'ailleurs, la salle était presque vide, ...

III. Le *ne* explétif

Observez

> Les sondages sur le chômage indiquent que les jeunes **ne** trouvent pas aisément du travail.
> Malgré la légère embellie du mois de janvier, le gouvernement craint que le taux de chômage des moins de 25 ans **ne** reparte à la hausse.

a. Comparez les deux *ne*. Ont-ils tous les deux un sens négatif ?
b. Le *ne* explétif est-il obligatoire ? À quel niveau de langue appartient-il ?

Entraînez-vous

12 Dites dans quelles phrases le *ne* n'a pas de valeur négative.

1. Les voiliers resteront au port à moins que la tempête ne se calme.
2. Pourquoi l'alerte n'a-t-elle pas été donnée plus tôt ?
3. Le quartier a été bouclé de peur que de nouvelles émeutes ne se produisent.
4. Partez avant qu'il ne soit trop tard !
5. Les enquêteurs n'ont relevé aucune trace du passage des malfaiteurs.
6. Le directeur a l'air sévère, mais il est plus gentil qu'il ne le paraît.
7. Il n'y a que les sots qui croient tout savoir.
8. Chaque fois que les réfugiés parlaient de leur pays, ils ne pouvaient s'empêcher de pleurer.

IV. La préposition *sans*

Entraînez-vous

13 Réécrivez les phrases en employant la préposition *sans* suivi d'un infinitif, d'un nom ou d'un pronom personnel.

Exemple : La gendarmerie a arrêté un automobiliste qui roulait à 150 km à l'heure.
> *Il n'avait pas de permis de conduire ni d'assurance.*
> → *Il roulait **sans permis ni assurance**.*

1. Les enfants sont allés jouer dans la rue. Ils n'avaient pas prévenu leurs parents.
2. On n'achète pas un lave-vaisselle neuf s'il n'y a pas de garantie.
3. Pierre n'est pas arrivé ? Tant pis, on ira au restaurant même s'il n'est pas là.

4. Les victimes du tremblement de terre sont restées parfois plus de 48 h ensevelies sous des gravats. Elles n'ont ni mangé ni bu. La situation était désespérée.

5. L'enfant lit le texte mais visiblement il n'y comprend rien.

14 **À vous !** Pour chaque dessin, construisez plusieurs phrases en employant *sans* + infinitif présent ou passé, *sans* + nom ou pronom.

Exemple : Il ne peut continuer sa route sans faire le plein d'essence.

V. La négation lexicale

Observez

Les différents préfixes	
dé- / dés- / dis-	**dé**faire, le **dés**accord, **dis**tendu
in- / im- / il- / ir-	**in**capable, **im**mobile, l'**il**légalité, **ir**réprochable
mal- / mé-	**mal**habile, la **mé**connaissance
sans- / non- / anti-	un **sans**-papiers, la **non**-violence, un **anti**biotique

Devant quel type de mots emploie-t-on un préfixe ?

Entraînez-vous

15 Complétez les phrases.

Exemple : Une eau qui n'est pas pure est une eau ....
  *→ une eau qui n'est pas pure est une eau **impure**.*

1. Un mot très difficile à prononcer est un mot ....

2. Un mot qu'on ne peut pas lire est un mot ....

3. Quand une personne n'est pas honnête, on parle de ....

4. Un travail qui n'est pas achevé est un travail ....

5. Quand deux personnes ne s'entendent pas, on parle de ....

6. Une attitude qu'on ne peut pas admettre est une attitude ....

7. Un climat qui n'est pas sain est un climat ....

16 Donnez le contraire des adjectifs, des noms ou des verbes proposés et placez chacun d'eux dans une phrase.

*Exemple : **agréable** → désagréable. Il m'a répondu d'un ton **désagréable**.*

armer – axer – charger – équilibrer – habituel – mangeable – moral – ranger – réfléchi – responsable – visible

17 Quel nom ou adjectif précédé de l'élément *non*, *anti* ou *sans* correspond à chacune des définitions proposées.

un bar où ne fume pas – des manifestations où il n'y a pas de violence – des gens qui n'ont pas de maison – des gens qui n'ont pas d'emploi – des militants contre l'énergie nucléaire – l'art qui n'est pas figuratif – quelqu'un qui ne se conforme pas aux idées reçues – un produit de beauté qui permet de lutter contre les effets de l'âge

VI. L'atténuation

Observez

Comment avez-vous trouvé le film ? Pas mal !

a. Reformulez la réponse en utilisant une forme affirmative.

b. Pourquoi le locuteur emploie-t-il une forme négative ? Cet emploi est-il fréquent ?

Entraînez-vous

18 Transformez les négations en affirmations.

Exemple : Je trouve que ton idée n'est pas bête.
→ Je trouve que ton idée est intelligente.

1. Tu as encore oublié tes affaires de sport au gymnase. Ça n'est pas malin !
2. 1 000 euros pour ce tableau, ça n'est vraiment pas bon marché.
3. Mmm... ça ne sent pas mauvais ici. C'est un gâteau au chocolat que tu nous prépares ?
4. Ana a un nouvel ami. Il a l'air gentil mais il n'est vraiment pas bavard.
5. Les résultats de votre bilan sanguin ne sont pas excellents. Il va falloir que vous suiviez un traitement.
6. Je ne déteste pas la musique classique, mais je préfère le jazz et la variété.

19 **À vous !** Imaginez des contextes dans lesquels vous emploierez les expressions suivantes en leur donnant un sens affirmatif.

Exemple : Il n'est pas bien vieux.
→ Marc a 4 ans et il sait déjà lire. Il n'est pas bien vieux pourtant.

Il n'a pas peur. – Elle n'est pas laide. – Elle ne se presse pas. – Ça ne me déplaît pas (de)... – Ça n'est pas désagréable (de)... – Il n'est pas difficile (de)...

20 Les expressions suivantes sont très fréquentes dans la langue familière. Pour chaque phrase, trouvez celle qui convient le mieux. Plusieurs solutions sont possibles.

Ça ne va pas la tête ! – N'ayez pas peur. – Ne t'en fais pas ! – Non, ça ne m'arrange pas ! – Non, il n'y a pas de souci. – Non, pas du tout ! – Pas possible !

Exemple : On peut livrer votre canapé en fin de semaine. Ça vous convient ?
   Non, ça ne m'arrange pas !

1. Il paraît que Julien a rompu avec Sophie. ....
2. Mon gâteau est complètement raté. Je suis désolée. ....
3. Tu peux aller faire les courses ? ....
4. Allô ! Je te réveille ? ....
5. Tu peux me prêter ta voiture ? .... ! Tu n'as pas ton permis.
6. J'ai oublié d'apporter mon passeport, c'est un problème ? ....
7. Il est gros, le chien, mais il est très gentil. ....

21 **À vous !** À l'aide des images ci-dessous, décrivez un lieu vide en employant des structures négatives variées.

Exemple : image 1 → Dans cette rue, il n'y a ni passants ni voitures.

La phrase interrogative et la phrase exclamative

I. La phrase interrogative

Observez

Deux amis se retrouvent place de l'Odéon pour aller au cinéma.

– Bonjour.

– Salut. **Comment ça va ?**

– Bien **et toi ?**

– Moi aussi. Tu es très en retard.

– **Quelle heure est-il ? Il est bien dix-huit heures, n'est-ce pas ?**

– Non, il est et quart passé. **Tu n'as pas de montre ?**

– **Tu veux bien m'excuser ? Est-ce que c'est si grave ?**

– Oui, j'ai horreur de rater le début du film, tu sais bien.

– Au fait, **on va voir quoi ?**

– **On n'en a pas parlé hier soir ?**

– Si, bien sûr. Suis-je bête !

a. **Pourquoi pose-t-on une question ?**

b. **À quelles questions peut-on répondre par** *oui* **ou** *non* **?**

c. **Quand doit-on répondre par** *si* **?**

d. **Toute question appelle-t-elle une réponse ?**

Entraînez-vous

1 Les questions sont-elles posées : A. pour obtenir une information – B. pour la vérifier – C. pour solliciter un service – D. pour atténuer – E. par habitude ? Complétez le tableau.

1. Tu veux bien m'aider à faire la vaisselle ?
2. C'est bien jeudi que nous avons rendez-vous ?
3. Pourriez-vous cesser de bavarder ?
4. Bonjour, ça va ?
5. À quelle heure part le prochain train pour Vichy ?
6. Tu pourras nous donner un coup de main pour le déménagement ?

1.	c
2.	......
3.	......
4.	......
5.	......
6.	......

2 Trouvez une question pour chacune des réponses.

Exemple : – .... ?
     – *Oui, mais promets-moi d'être prudent.*
     → – **Maman, je peux prendre la voiture ce soir ?**

1. – .... ?
   – Non, j'ai complètement oublié.

2. – .... ?

 – Si si, mais je suis rassasié.

3. – .... ?

 – Si, mais je préfère le thé.

4. – .... ?

 – Volontiers, je n'y suis jamais allé.

5. – .... ?

 – Oui, mais c'était occupé.

6. – .... ?

 – Bien sûr que si, mais il ne m'a pas répondu.

Observez

Deux collègues se racontent leur week-end.

 – **Est-ce que** tu as passé un bon week-end ?

 – Oui, excellent.

 – **Qu'est-ce que** vous avez fait ?

 – Samedi, comme il faisait beau, on s'est baladés dans le parc André Citroën.

 – **Qu'est-ce qui** vous a amenés dans ce quartier ?

 – En fait, le soir, nous avions rendez-vous avec des amis dans un restaurant du XVe arrondissement.

 – **Qu'est-ce que** vous avez mangé de bon ?

 – Julien a pris un steak tartare, il adore ça, et moi, une bouillabaisse. Un vrai régal !

 – **Qui est-ce qui** te l'a conseillée ?

 – Le chef, c'est sa spécialité.

 – Mmm, ça me donne envie. Voyons voir... **Qui est-ce que** je pourrais y emmener ?

a. Quel mot précède *est-ce que* lorsqu'on pose une question sur quelque chose ?

b. Quel mot précède *est-ce que* lorsqu'on pose une question sur quelqu'un ?

c. Après *qu'est-ce qui* et *qui est-ce qui*, faut-il un sujet ou un verbe ?

d. Et après *qu'est-ce que* et *qui est-ce que* ?

Entraînez-vous

3 | Complétez les questions avec *Qu'est-ce que ... ?, Qu'est-ce qui ... ?, Qui est-ce que ... ?*
ou *Qui est-ce qui ... ?* Reliez les questions aux réponses correspondantes.

1. – *Qu'est-ce que tu en penses ?* •   • **a.** En règle générale, c'est le Directeur.

2. – ...... a téléphoné ? •   • **b.** Une blanquette, c'est notre spécialité.

3. – ...... vous dérange ? •   • **c.** Les Vialatte et leurs enfants.

4. – ...... tu vois gagner ? •   • **d.** Le vide, parce que j'ai le vertige.

5. – ...... vous me conseillez ? •   • **e.** *À mon avis, c'est une bonne idée.*

6. – ...... prend les décisions ? •   • **f.** La Nouvelle-Zélande peut-être.

7. – ...... vous fait peur ? •   • **g.** C'était une erreur, un faux numéro.

8. – ...... nous allons inviter ? •   • **h.** Le bruit, je ne le supporte plus.

Observez

Un journaliste s'entretient avec un photographe.
– Parmi tous les pays que vous avez visités, **quels** sont ceux qui vous ont le plus impressionné ?
– **Lesquels** est-ce que j'ai préférés ? **Comment choisir ?** Des pays comme le Chili, la Namibie, le Laos…
– **Duquel** gardez-vous le meilleur souvenir ?
– Le Tibet peut-être, pour ses paysages incomparables.
– **Auquel** allez-vous consacrer votre prochain reportage ?
– À la région de Samarkand, en Ouzbékistan.
– **Quand** est-ce que vous partez ?
– Dès la semaine prochaine.
– **Dans combien de temps** est-ce que vous serez de retour ?
– Pas avant deux ou trois mois.
– Nous sommes impatients de voir vos photos. Bonne route !

a. Quelle est la différence entre *quel* et *lequel* ?
b. Quelle est la différence entre *lequel* et *duquel, auquel* ?
c. À part *qui* et *que*, quels autres mots peuvent précéder *est-ce que* ?
d. Peut-on poser une question sans conjuguer le verbe ?

Entraînez-vous

4 Retrouvez le mot qui sert à poser la question, puis reformulez-la de façon plus précise avec *quel*.

Exemple : …… *est-ce que vous habitez ?*
→ ***Où** est-ce que vous habitez ? / **Dans quelle ville** est-ce que vous habitez ?*
1. …… est-ce que tu auras fini ton travail ?
2. …… est-ce qu'elle n'a pas accepté ?
3. …… est-ce que vous allez lui offrir ?
4. …… est-ce que tu penses inviter ?
5. …… est-ce que vous passez vos vacances ?
6. …… est-ce que vous avez préféré ?

5 Complétez les questions avec l'adjectif *quel* ou le pronom *lequel* que vous accorderez, si nécessaire.

Exemple : …… *sont vos couleurs préférées ?* …… *portez-vous le plus volontiers ?*
→ ***Quelles** sont vos couleurs préférées ? **Laquelle** portez-vous le plus volontiers ?*
1. Selon vous, …… sont les événements qui ont marqué le xxᵉ siècle ? Dites …… en particulier et expliquez pour …… raisons.
2. Tu optes pour …… itinéraire finalement ? D'habitude, tu prends ……? …… sont les autres itinéraires possibles et …… sont à éviter ?
3. Avocat, chirurgien, architecte, etc, …… profession rêvez-vous d'exercer ? Au contraire, pour …… de ces métiers ne vous sentez-vous pas fait ?
4. De ses deux frères, avec …… a-t-elle le plus d'affinités ? …… est celui dont elle est le plus proche ?
5. Entre ces différentes solutions, …… sont celles qui vous semblent envisageables et …… retiendrez-vous finalement ?
6. Vous avez incarné de nombreux personnages à l'écran, …… vous ont marqué ? …… êtes-vous le plus fier et parmi eux, …… vous êtes-vous le plus identifié ?

6 | **À vous !** Posez une question à l'aide d'un infinitif présent ou passé.

Exemple : — Tous les hôtels de la région sont complets. .... ?
*— Tous les hôtels de la région sont complets. **Où dormir ?***

1. Pour jouer ce rôle, il nous faut un acteur de talent. .... ?
2. J'ai beau réfléchir, je ne vois pas de solution. .... ?
3. Je ne veux pas voir cette exposition toute seule. .... ?
4. Tu adorais ce quartier. .... ?
5. C'est un véritable scandale ! .... ?
6. Vous n'étiez pas d'accord avec elle. .... ?

Observez

> ### OULIPO !
>
> **C'est quoi Oulipo ?** Quel nom bizarre ! **Est-ce que c'est un médicament ? Est-ce un fleuve africain, un animal exotique, une recette culinaire ?** Ne cherchez pas plus loin ! **Qu'est-ce que « Ou » ?** « Ou » c'est « ouvroir », c'est-à-dire une espèce de laboratoire. **Qu'est-ce que « li » ?** « Li » c'est « littérature ». **Qu'est-ce que « po » ?** « Po » c'est « potentielle », à savoir tout ce qui est possible. « Ouvroir de littérature potentielle », donc. **Qui sont les Oulipiens ?** Ce sont des écrivains qui, dans les années soixante, décidèrent d'inventer des formes originales pour renouveler la création littéraire. **Ces auteurs sont-ils connus ?** Certains oui, comme Raymond Queneau et Georges Perec, d'autres moins.

a. Familier, courant ou soutenu, à quel niveau de langue appartiennent les questions ci-dessus ?
b. Quand doit-on faire l'inversion du sujet et du verbe ?
c. Que doit-on faire lorsque le sujet est un nom ?

Entraînez-vous

7 | Passez d'un registre de langue à l'autre en modifiant la façon de poser la question.

Exemple : C'est possible ? / .... ? / .... ?
*C'est possible ? / **Est-ce que c'est possible ? / Est-ce possible ?***

1. Je peux vous aider ? / .... ? / .... ?
2. .... ? / Est-ce qu'il va accepter ? / .... ?
3. .... ? / .... ? / Avez-vous réussi ?
4. Tu le savais ? / .... ? / .... ?
5. .... ? / Est-ce que vous le lui aviez dit ? / .... ?
6. .... / .... ? / Vous en êtes-vous souvenu ?

8 | Imaginez ce que remplace le pronom, puis reformulez la question à un niveau de langue soutenu.

*Exemples : — Il est timide ? → **Cet étudiant est-il timide ?***
*— Elle a refusé pourquoi ? → **Pourquoi cette personne a-t-elle refusé ?***

1. Elle est facile à réaliser ? → .... ?
2. Il compte trente ou trente et un jours ? → .... ?

3. Ils viennent d'où ? → .... ?

4. Elles se sont bien passées ? → .... ?

5. Il est prévu à quelle heure ? → .... ?

6. Elles sont parties dans quelle direction ? → .... ?

II. La phrase exclamative

Observez

Hier, nous voulions voir le dernier film de Wong Kar Waï *In the mood for love*. Mais il y avait tellement de monde ! Dommage ! Finalement, nous sommes allés voir *La petite Chartreuse* de Jean-Pierre Denis. Quel beau film ! Que de beaux paysages ! L'histoire se passe en province, près de Grenoble. Qu'est-ce que la petite fille joue bien ! Mais comme la fin est triste ! J'étais si émue ! Pourvu qu'il y ait une suite !

a. Relevez les différentes formes de la phrase exclamative.

b. Classez-les selon qu'elles sont suivies d'un adjectif, d'un nom ou d'une phrase.

c. Laquelle demande le subjonctif ?

Entraînez-vous

9 Réagissez à ces phrases en employant les structures exclamatives proposées.

Exemple : — Cette maison est très jolie.

*— **Quelle** jolie maison ! — **Comme / Ce que*** */ **Qu'est-ce que*** cette maison est jolie !*

* Langue familière

1. Cette voiture est très confortable.

2. Ces fleurs sont très belles.

3. Pierre est un homme très généreux.

4. Claudia joue très bien de la guitare.

5. Ces tableaux sont affreux.

10 Complétez les phrases en choisissant les expressions selon la nature des mots soulignés.

Exemple : — Il connaît de nombreux pays. Il voyage ...... / ...... ! / Il est ...... / ...... habitué à voyager ! / Il voyage ...... / ...... souvent ! / Il fait ...... / ...... / ...... voyages !

*→ — Il connaît de nombreux pays. Il voyage **tant / tellement** ! / Il est **si / tellement** habitué à voyager ! / Il voyage **si / tellement** souvent ! / Il fait **tant de / tellement de / de tels** voyages !*

1. Il y a ...... embouteillages ! Nous allons être en retard.

2. Tu peux fermer la fenêtre, s'il te plaît. Il y a ...... courant d'air ! Et je m'enrhume ...... facilement !

3. Ce n'est pas étonnant que l'obésité progresse en Europe. Certains mangent ......! Et ...... mal !

4. Regarde, c'est la voiture de mes rêves. J'aimerais ...... pouvoir me l'offrir ! Mais elle est ...... chère !

5. Cet enfant est ...... doué ! Il a ...... qualités ! Je suis persuadé qu'il réussira dans la vie.

6. Il fait ...... chaleur ! Vous permettez que j'ouvre la fenêtre ? J'ai ...... besoin d'air !

II Complétez avec *si* ou *pourvu que* selon le sentiment à exprimer.

Exemple : — Ce travail est trop contraignant. ...... j'avais su ! Je n'aurais jamais accepté.
Je vais démissionner. ...... je pouvais en trouver un autre ! / ...... j'en trouve un autre !
*→ — Ce travail est trop contraignant. **Si** j'avais su ! **(regret)** Je n'aurais jamais accepté.*
*Je vais démissionner. **Si** je pouvais en trouver un autre ! / **Pourvu que** j'en trouve*
*un autre ! **(espoir)***

1. ...... seulement je gagnais au loto ! Je pourrais m'arrêter de travailler.
2. Elle a beaucoup révisé en vue de cet examen. ...... elle le réussisse !
3. ...... j'avais réfléchi un peu plus ! Je n'aurais pas commis cette grossière erreur.
4. Ils devraient être rentrés depuis longtemps. ...... il ne leur soit rien arrivé !
5. On aurait retrouvé saine et sauve la petite fille enlevée il y a une semaine. ...... cela pouvait être vrai !
6. Ça fait bientôt une demi-heure que je l'attends. ...... elle n'ait pas oublié notre rendez-vous !

12 Ces exclamations appartiennent à la langue orale. Replacez-les dans leur contexte.

Aïe ! – Attention ! – Au secours ! – Bof ! – Ça alors ! – Ça y est ! – Hélas ! – Mince ! – Super ! – Tant pis !

1. – Tu viens en boîte avec nous ?
– ...... ! Ça me dit rien. Je préfère rester à la maison.
2. – J'aimerais bien acheter ce collier, mais il est trop cher. ...... !
3. – Vous vous séparez ? ...... ! Et nous qui pensions que vous alliez vous marier !
4. – ...... ! Je me suis mordu la langue en mangeant. Ça fait mal !
5. – La vieille dame disait souvent : « Je n' ai plus 20 ans, ... ! »
6. – ...... ! Il y a le feu dans l'immeuble.
7. – Tout est arrangé, j'ai pris les billets. On part samedi pour le Maroc ! ...... !
8. – ...... ! Arrêtez-vous ! Il y a des enfants qui veulent traverser.
9. – Les enfants, vous êtes prêts ?
– Oui, ... !
10. – ...... ! Le dernier métro vient de passer. Il va nous falloir attendre le « noctilien ».

13 **À vous !** Imaginez dans quel contexte pourraient se glisser ces exclamations :
Bref ! – Oh là là ! – Ouf ! – Promis ! – Zut !

*Exemple : – **Chut** ! Ne faites pas de bruit, bébé dort.*

Bilan

14 Remettez les mots dans l'ordre de façon à reconstituer une question.

Exemple : ce / vous / la / que / dernière / ce / quand / les / fois / vus / est / pour / ?
→ Quand est-ce que vous les avez vus pour la dernière fois ?

1. est / parlé / qui / ce / te / a / qui / en / ?
2. tard / votre / déjà / ne / ce / pas / à / trop / avis / est / ?
3. quoi / en / film / alors / pensez / ce / vous / de / ?
4. sœurs / avez / de / que / est / vous / frères / et / combien / ce / ?
5. partir / la / ouverte / quelle / piscine / elle / de / heure / est / à / ?
6. ont / utiles / vous / ces / ils / conseils / été / ?
7. fois / posée / de / vous / cette / été / t / combien / elle / a / question / ?

15 | **D'après les réponses de la cliente, devinez les questions de l'employé.**

Dans une agence de voyages.
— Bonjour Monsieur.
— Bonjour Madame, ... ?
— Je souhaite partir en vacances, mais je ne sais pas encore où.
— .... ?
— Une quinzaine de jours.
— .... ?
— Pourquoi pas ? Ça fait longtemps que je n'ai pas quitté la France.
— .... ?
— Bali, c'est loin ! Ça doit être cher...
— .... ?
— Environ 1 200 euros.
— 1 350 euros, pour dix jours dans un trois étoiles, ... ? Regardez.
— Waouh, ça a l'air idyllique ! Je crois que je vais me laisser tenter.
— .... ?
— Oui, allez-y !
— .... ?
— Puis-je vous faire un chèque ?
— .... ?
— Si. Tenez.
— Voici votre billet. Bon voyage.

16 | **Réagissez aux phrases en choisissant parmi les structures exclamatives suivantes :**
Quel ... !, Que de ... !, Comme ... !, Ce que ... !, Qu'est-ce que ... !, si ... !, tant (de) ... !, tellement (de) ... !,
un tel ... !, Pourvu que ... !, Si seulement ... !.

Exemple : — Les voisins du dessus font la fête.
*— **Quel** bruit ! / **Que de** bruit ! / **Comme** c'est énervant ! / **Ce qu'**ils sont sans gêne ! /*
***Qu'est-ce qu'**ils sont bruyants ! / Ils sont **si** / **tellement** bruyants ! / Ils font **tant de** /*
***tellement de** bruit ! / Ils font **un tel** bruit ! / **Pourvu qu'**ils arrêtent bientôt ! /*
***Si seulement** ils baissaient un peu la musique !*

1. C'est toi qui as fait ce dessin pour ta maman ? **4.** Il y avait plus de 100 000 personnes à la manifestation.
2. L'accident sur l'autoroute a fait huit morts. **5.** Au cirque, tout le monde a applaudi le clown.
3. Depuis hier, il pleut et il y a du brouillard. **6.** Le sida, la pollution, le réchauffement climatique, etc.

17 | **À vous !** **Invité à dîner pour la première fois chez des amis, vous leur faites**
des compliments sur leur appartement, la décoration, le repas, la soirée.

Exemple : Comme c'est mignon chez vous !

1. .... !
2. .... !
3. .... !
4. .... !
5. .... !

Observez

Entendu ou lu !

1. Philibert, qui est en train de restaurer une vieille maison, explique à l'un de ses amis :
– Tu vois ! J'ai dégagé toutes les poutres, je les ai grattées et passées au Xylophène (produit contre les vers de bois), je les ai poncées, puis vernies.
– Eh bien **ça, c'est du bon boulot** !

2. L'Institut Pasteur, c'est essentiel. Depuis plus d'un siècle, ses équipes font reculer les maladies infectieuses.
Vos dons, c'est primordial.
Vos donations, c'est fondamental.
Vos legs, c'est notre avenir.

3. Nadar, l'un des pionniers de la photographie au XIXᵉ siècle, disait : « La théorie de la photographie s'apprend en une heure. Les premières notions de pratique en une journée... **Ce qui ne s'apprend pas, c'est le sentiment de la lumière, l'intelligence morale de votre sujet...** »

4. La révolution de l'infiniment petit :
Les nanotechnologies, c'est énorme !
Capables de travailler à l'échelle d'un milliardième de mètre, les scientifiques vont pouvoir améliorer radicalement les performances de l'informatique, de la médecine, etc.

a. Dans quels contextes, à quels niveaux de langue, la mise en relief est-elle utilisée ?
b. Dans les textes 1, 2 et 3, quelles sont les phrases simples à l'origine des phrases en gras ?
Exemple : L'Institut Pasteur, c'est essentiel. → L'Institut Pasteur est essentiel.
c. Dans le texte 4, quel jeu de mots la mise en relief sert-elle à souligner ?

I. Reprendre un mot / un groupe de mots par un pronom personnel ou démonstratif

Observez

La revue de voyages *Ulysse*, dans le cadre d'une enquête promotionnelle, interroge une étudiante :

– Mademoiselle, est-ce que vous vous inscrivez dans des voyages organisés ou est-ce que vous préférez voyager seule ?	– Mademoiselle, est-ce que vous vous inscrivez dans des voyages organisés ou est-ce que vous préférez voyager seule ?
– Je préfère voyager seule. J'aime l'imprévu des voyages.	– **Je préfère voyager seule. L'imprévu des voyages, j'aime ça.**
– Pourtant il est difficile d'aller seul dans certains endroits très lointains.	– Pourtant il est difficile d'aller seul dans certains endroits très lointains.
– C'est vrai, et donc j'ai visité le Pérou et la Chine lors de voyages organisés.	– **C'est vrai, et donc, le Pérou et la Chine, je les ai visités lors de voyages organisés.**
– Une revue comme la nôtre vous intéresse-t-elle ?	– Une revue comme la nôtre vous intéresse-t-elle ?
– Oui, mais plutôt à mon retour. J'aime découvrir un pays et l'ennui est que les belles photos des revues donnent parfois une fausse idée de la réalité.	– **Oui, mais plutôt à mon retour. Un pays, j'aime le découvrir, moi-même, et l'ennui, c'est que les belles photos des revues donnent parfois une fausse idée de la réalité**.

a. Comparez ces deux textes. Dans les phrases en gras, soulignez les mots, les groupes de mots mis en relief.

b. Quels changements observez-vous (ordre des mots, structures, ponctuation) ?

Entraînez-vous

1 Coup de cœur pour *Le Bistrot de Casimir*, un nouveau restaurant du XIXᵉ arrondissement.

a) Reprenez les noms de personnes avec un pronom tonique + *même(s)*.

Exemple : La patronne, Claire, vous
accueille ....
→ La patronne, Claire, vous
*accueille **elle-même**.*

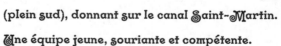

Un cadre simple mais « craquant »,
fraîchement rénové. Une terrasse
(plein sud), donnant sur le canal Saint-Martin.
Une équipe jeune, souriante et compétente.
Cuisine de qualité, légère et savoureuse.
COUREZ-Y !

1. À la cuisine, le patron Cédric, ..., est aux fourneaux, secondé par un jeune marmiton.

2. En salle, la patronne et sa fille font ...... le service. Conseils et gentillesse assurés.

3. Bref, les patrons font quasiment tout, ...

b) Déplacez le groupe de mots en gras et reprenez-le avec un pronom personnel.

*Exemple : Cédric crée **ses recettes** lui-même.*
*→ Ses recettes, il **les** crée lui-même.*

Pour l'emploi des pronoms personnels, voir chapitre 6, page 45

1. Il achète **certains produits** aux Halles de Rungis.
2. Il fait venir **les autres** de chez des maraîchers « bio ».
3. Il n'hésite pas à parfumer **ses plats** d'une goutte d'alcool.
4. Je vous recommande **sa pintade marinée dans le Calvados**. Un délice !
5. Et buvez son excellent Bourgogne. Cédric tient beaucoup à **la qualité des vins**.
6. Enfin, il aime venir bavarder avec **ses clients**. Beaucoup sont des amis.

c) Déplacez – si nécessaire – le groupe de mots en gras et reprenez-le avec *ce* ou *ça*.

*Exemple : Pour l'équipe du Bistrot de Casimir, **la cuisine** est un plaisir.*
*→ Pour l'équipe du Bistrot de Casimir, la cuisine, **c'**est un plaisir.*

Pour l'emploi de ce ou ça, voir chapitre 4, page 33

1. **Inventer de nouvelles recettes** plaît à Cédric.
2. Il aime **mélanger subtilement les parfums**.
3. Évidemment, il ne sert jamais de surgelés. Il n'utilise que **des légumes frais**.
4. **Retrouver les goûts du terroir** est sa passion.
5. Il adore **le fromage**. Son plateau de fromages est varié, et on se sert à volonté !
6. Chez Casimir, **un bon repas** doit être avant tout un moment de convivialité.

---

2 | **À vous !** **Donnez votre avis sur quelqu'un ou sur quelque chose en utilisant les jugements proposés.**

ça le passionne – ça me casse les pieds *(langue familière)* – ça me détend – ça m'énerve – ça me repose – ça ne me dit rien du tout – ça nous concerne tous – c'est super *(langue familière)* – c'est vraiment très agréable – je déteste ça – je les trouve géniaux – je ne peux pas le supporter – j'en raffole – je trouve ça idiot – je n'y comprends pas grand-chose, etc.

Exemples : – La vie au soleil, sur une île déserte, c'est vraiment très agréable... quelques jours.
– Entendre le voisin racler son violon, franchement, ça m'énerve.

---

3 | **Mettez en relief les éléments en gras comme dans les exemples.**

*Exemples : – Quand des parents envoient leur enfant à l'étranger, le **but** est qu'il apprenne la langue du pays. → Le but, **c'**est qu'il apprenne la langue du pays.*
*– Quand on vit dans un pays étranger, il est **important** de se faire comprendre.*
*→ **L'important**, c'est de se faire comprendre.*

1. À la réunion des étudiants de 1re année, tout le monde parlait en même temps. Le **résultat** est que personne ne comprenait personne.
2. Pour réussir le concours d'entrée à Sciences Po (École des sciences politiques), il est **essentiel** d'avoir une bonne culture générale.
3. Pour passer un week-end à Londres ou à Barcelone, il est **mieux** que vous preniez la formule train + hôtel. Les prix sont intéressants.
4. Nous vivons à la campagne. **L'avantage** est que nous avons une vie saine, **l'inconvénient** est que les activités culturelles sont réduites.
5. Pour circuler dans Paris, il est **plus rapide** de prendre le métro. Qui plus est, c'est « écologique ».
6. Marc a fait une chute de ski spectaculaire. Il est **incroyable** qu'il ne se soit rien cassé.

4 | **À vous !** Complétez les phrases.

Exemple : J'ai visité un appartement qui me plaît beaucoup. L'ennui, c'est que ... (+ indicatif)
*→ J'ai visité un appartement qui me plaît beaucoup. L'ennui, c'est que **le loyer est très cher**.*

1. Jeanne affirme qu'elle ne veut pas se marier. La vérité, c'est que .... (+ indicatif)
2. Pour venir chez moi, le plus simple, c'est de ....
3. J'aimerais bien faire un voyage cet été. Le problème, c'est que ...... (+ indicatif)
4. Mathieu joue très bien au tennis. Son ambition, c'est de ....
5. Ce travail n'est pas très pressé. L'essentiel, c'est que .... (+ subjonctif)

II. Isoler et encadrer un mot, un groupe de mots

C'est... qui / c'est... que pour encadrer le sujet, le complément d'objet direct

Observez

Dans les pays méditerranéens, le soleil attire.

→ *Dans les pays méditerranéens, **c'est** le soleil **qui** attire.*

Dans les pays méditerranéens, les gens vont chercher le soleil.

→ *Dans les pays méditerranéens, **c'est** le soleil **que** les gens vont chercher.*

a. Quel est, dans les deux phrases, le mot mis en relief ?
b. Pourquoi emploie-t-on dans un cas *c'est... qui* et dans l'autre *c'est... que* ?

Entraînez-vous

5 | Répondez en employant *c'est... qui / c'est... que.*

Exemple : Christo a empaqueté beaucoup de monuments à travers le monde. Quel pont de Paris a-t-il emballé ? → C'est le Pont-Neuf, le plus vieux pont de Paris, qu'il a emballé en 1985.

© Getty Images / Hulton Archive / Tom Lawson / Stringer.

1. Qui a écrit le roman *L'Écume des Jours* ?
   Cet auteur jouait de la trompette dans les bars de Saint-Germain-des-Prés et était l'ami de Sartre.
2. Quel musée, consacré aux arts d'Afrique, d'Asie, d'Océanie et des Amériques, Jean Nouvel a-t-il construit ?
3. Qui a découvert la pénicilline ?
4. Quelle femme, elle-même sculptrice, Rodin a-t-il aimée ?
5. Qui a mis en musique le poème de Prévert *Les Feuilles mortes* ?

6 | **À vous !** Vous avez un trou de mémoire. Un(e) ami(e) vous aide à retrouver un nom oublié. Posez-lui des questions comme dans l'exercice précédent.

C'est... *que* pour encadrer un complément, un groupe de mots

Observez

– Tu sais qu'Alice a un petit ami, un « vrai » ?	– Tu sais qu'Alice a un petit ami, un « vrai » ?
– Ah bon ! Où l'a-t-elle rencontré ?	– Ah bon ! Où l'a-t-elle rencontré ?
– Ils ont fait connaissance chez toi, le jour de l'anniversaire de ta fille.	– **C'est chez toi qu'ils ont fait connaissance, le jour de l'anniversaire de ta fille.**
– Alors, ils se sont rencontrés la semaine dernière ? Quel coup de foudre !	– **Alors, c'est la semaine dernière qu'ils se sont rencontrés ? Quel coup de foudre !**
– Eh bien, au moins, elle ne l'a pas trouvé en surfant sur Internet !	– **Eh bien, au moins, ce n'est pas en surfant sur Internet qu'elle l'a trouvé !**

Dans les phrases en gras, soulignez les groupes de mots mis en relief ? Quel est le moyen utilisé ?

Entraînez-vous

7 **Réécrivez le texte en mettant en relief avec *c'est ... que* les groupes de mots en gras.**

Aimez-vous le camembert ? Un fromage merveilleux, disent les uns, une horreur puante, disent les autres. Quelles sont ses origines ?

*Exemple : Nous nous régalons du camembert **grâce à une paysanne de Normandie**, Marie Harel.*
   *→ **C'est** grâce à une paysanne de Normandie, Marie Harel, **que** nous nous régalons du camembert.*

1. Elle aurait appris **d'un prêtre qu'elle a caché pendant la Révolution française** la fabrication d'un fromage venant de Brie.
2. Elle obtient le camembert **en appliquant à un fromage normand la méthode briarde**.
3. La fille de Marie Harel, également prénommée Marie, épouse Paynel, exploite **à Camembert, en Normandie**, le secret de sa mère.
4. Le camembert est célèbre, **depuis que Marie Paynel l'offrit à Napoléon III, au moment de l'inauguration du chemin de fer Paris-Granville**.
5. La boîte ronde, en bois léger, a été imaginée **en 1890**.
6. Le camembert a fait le tour du monde **grâce à cette boîte**.

8 | **À vous !** Créez des phrases autour des éléments proposés que vous mettrez en relief avec *c'est ... que.*

à cause de vous – à l'occasion de l'Exposition Universelle de 1889 – dans les années 1950 – demain – en traversant une rue – ici – parce qu'il a fait très froid – pour toi

Exemple : ***C'est*** *dans les années 1950* ***que*** *la 4CV Renault a été lancée.*

III. Autres manières d'insister sur le sujet, sur le COD

Observez

- Gabrielle est douée en tout, s'intéresse à tout, mais *la danse,* ***c'est ce qui*** *la passionne vraiment.*
  ou ***Ce qui*** *la passionne vraiment,* ***c'est*** *la danse.*

- *Devenir danseuse,* ***c'est ce qu'****elle veut.*
  ou
  Ce qu'*elle veut,* ***c'est*** *devenir danseuse.*

a. Retrouvez quelles sont les deux phrases simples qui sont à l'origine des phrases en italique ?
b. Soulignez les éléments des constructions qui servent à mettre en relief.

Entraînez-vous

..., c'est ce qui... / ..., c'est ce que...

9 | Mettez en relief l'élément choisi comme dans les exemples.

Exemples : – *Entre les autres banques et la nôtre, qu'est-ce qui fait la différence ?*
Le tarif des opérations, la qualité du service ?
→ *La qualité du service,* ***c'est ce qui*** *fait la différence.*
– *Qu'est-ce que les enfants préfèrent comme plat ? Le poulet frites ou les endives au jambon ?*
→ *Le poulet frites,* ***c'est ce que*** *les enfants préfèrent.*

1. Qu'est-ce qui est le plus rapide pour aller de Paris à Lyon ? Le TGV ou la voiture ?
2. Les manifestants défilent dans les rues de toutes les grandes villes. Que veulent-ils ? La démission du gouvernement ? Le départ du président ?
3. Pour les vacances, qu'est-ce que tu aimerais le mieux ? Un voyage en Thaïlande ou au Mexique ?
4. Qu'est-ce qui a aidé Clémentine à trouver un travail si rapidement ? Ses diplômes ? Les relations de son père ?
5. Qu'est-ce qu'on peut souhaiter de mieux à de jeunes mariés ? Du bonheur, une longue vie commune, de nombreux enfants ?

Ce qui..., c'est... / Ce que..., c'est...

10 Répondez aux questions comme dans les exemples.

Exemples : — Lionel, qu'est-ce qui te plaît comme films ?
*— **Ce qui** me plaît, **c'est/ce sont** les films de science-fiction.*
— Qu'est-ce que tu préfères comme films ?
*— **Ce que** je préfère, **c'est/ce sont** les films de science-fiction.*

1. David, quand tu es arrivé en France pour la première fois, qu'est-ce qui t'a frappé ?
Qu'est-ce que tu as trouvé de très différent par rapport à ton pays ?
2. Paola réfléchit à l'orientation de ses études. Qu'est-ce qui l'intéresserait ?
Qu'est-ce qu'elle ne veut absolument pas faire ?
3. Vous avez changé de quartier. Qu'est-ce qui vous a attiré dans votre nouveau quartier ?
Qu'est-ce que vous aimez ou n'aimez pas dans ce quartier ?
4. Dans le monde du XXIᵉ siècle, qu'est-ce que vous appréciez ?
Qu'est-ce qui vous inquiète ?
5. Chez une femme/un homme, qu'est-ce qui retient d'abord votre attention ?
Qu'est ce que vous voulez trouver comme qualité ?

11 **À vous !** En employant les structures de l'exercice 9 ou 10, dites ce qui compte le plus pour vous / ce que vous adorez ou détestez faire / ce qui vous détend / ce qui vous fait peur / ce qui vous a étonné / ce que vous regretterez...

*Exemples : 1. Le yoga, **c'est ce qui** me détend le mieux. / **Ce qui** me détend le mieux, **c'est** le yoga.*
*2. La natation, **c'est ce que** je préfère comme sport. / **Ce que** je préfère comme sport,*
***c'est** la natation.*

Bilan

12 Complétez le texte en reprenant les mots en gras avec un pronom personnel ou démonstratif.

Les élèves de l'école primaire Maria Montessori se sont retrouvés dix ans après avoir quitté l'école. Carole donne des nouvelles à Martin qui n'a pas pu être présent à la réunion.

— Allô, Martin ! C'est Carole. Tu sais, je suis allée à la réunion des anciens de Montessori. C'est vraiment dommage que tu n'aies pas pu venir. **Cette réunion**, ... était hyper sympa ! J'ai revu Pierre. Tu sais ce qu'**il** est devenu, ...? Il est pompier, et **ce métier**, il ...... trouve passionnant.
— Ah, bon ! ......, j'aurais peur, mais chacun ses goûts. Et Sylviane, la première de la classe, elle était là ?
— Oui, très sympa et très jolie fille. Elle prépare une licence de sciences et tu sais qui est son copain ? Alban, le clown de la classe ! ...... maintenant, **il** fait une école d'ingénieurs et pas n'importe laquelle, Polytechnique!
— ......, ça n'a rien d'étonnant ! Mais je ne le voyais pas avec Sylviane. Et les jumeaux, Bertrand et Jules, ils étaient là ?
— Oui, bien sûr ! ...... aussi, **ils** ont fait leur chemin. Bertrand fait des études de médecine et Jules est guide de montagne à Chamonix. Bref, **nous retrouver**, ... nous a fait plaisir à tous.

13 Mettez en relief les éléments en gras en choisissant l'une des structures proposées.

La randonnée pédestre, autrefois jugée ringarde *(langue familière)*, est devenue le symbole d'un nouveau style de vie.

Exemples : 1. **L'effort physique** *plaît aux randonneurs.*
   → *L'effort physique,* **c'est ce qui** *leur plaît. /* **Ce qui** *leur plaît,* **c'est** *l'effort physique.*
   2. Ils apprécient de **découvrir la nature.**
   → *Découvrir la nature,* **c'est ce qu'***ils apprécient. /* **Ce qu'***ils apprécient,* **c'est** *de découvrir la nature.*

1. **Oublier le stress de la vie quotidienne** est important.
2. **Les rencontres avec les autres** sont très sympathiques.
3. Beaucoup veulent aussi découvrir **le patrimoine culturel**.
4. En ce moment par exemple, **la marche vers Saint-Jacques-de-Compostelle** est très à la mode.
5. Après l'effort de la journée, les randonneurs veulent **se détendre dans un hôtel confortable**.
6. Pourquoi ? Ils sont vidés *(langue familière)*. Ils demandent **un bon repas et un bon lit**.

14 Mettez en relief, par le moyen qui convient, les éléments en gras.

À l'occasion du centenaire de la mort de Cézanne (1839-1906), Aix-en-Provence rend hommage au père de l'art moderne. Celui-ci est indissociable de sa Provence natale et il ne cesse d'en célébrer la lumière et les paysages.

Exemple :
Ainsi, on reconnaît la Sainte-Victoire, la montagne qui domine Aix-en-Provence, dans plus de quatre-vingts œuvres.
→ *Ainsi,* **la Sainte-Victoire, la montagne qui domine Aix-en-Provence***, on* **la** *reconnaît dans plus de quatre-vingts œuvres.*

Cézanne nous montre **la Sainte-Victoire** depuis l'atelier qu'il s'est installé sur la colline des Lauves ou depuis les carrières de Bibémus, situées à quelques kilomètres de la ville et d'où est extraite la pierre dorée d'Aix. **Dans ce chaos d'énormes blocs de pierre**, il apprend à construire ses toiles à la manière d'un architecte, selon une géométrie révolutionnaire.

Il aime aussi peindre les lieux de la vie familiale comme le Jas de Bouffan, vaste propriété acquise par son père devenu un riche banquier. On retrouve **les grands arbres du parc** sur une cinquantaine de ses toiles.

À l'Estaque, petit port de pêche à proximité de Marseille, sa mère possédait une petite maison. Là, il cacha, loin de ses parents, sa femme Hortense et leur petit Paul. Renoir y rejoindra Cézanne en 1882, puis Georges Braque qui voue au maître une très grande admiration. **Le tableau de ce dernier** *Maisons à l'Estaque* **(1908)** a fait naître le mot « cubisme ».

Tous ces lieux, à l'occasion du centenaire, font l'objet d'une nouvelle présentation au public, mais **le clou des célébrations** est l'exposition Cézanne dans le musée d'Aix entièrement rénové : 85 toiles et 32 dessins et aquarelles venus des plus grands musées du monde.

IVᵉ PARTIE

L'expression de la pensée

Les propositions complétives introduites par *que*

Observez

À la question « Quel français écrivez-vous ? », l'écrivain cubain Eduardo Manet répond :

« Il me semble que c'est une histoire d'amour et j'ajoute qu'une histoire d'amour ne s'explique pas. Il faut dire que j'ai appris le français à l'âge adulte à Cuba avec une professeure qui était convaincue que seul Proust était capable de transmettre la beauté, la richesse et la subtilité de la langue française. J'avais la certitude que jamais je ne pourrais écrire à la manière de Proust ! Alors je suis devenu boulimique de toute la littérature française. Il n'en reste pas moins que le français n'est pas ma langue maternelle, c'est une langue d'accueil. Je pense qu'il est difficile de se déprendre de sa langue maternelle. En écrivant ces mots, je me rends compte que le charme de la francophonie, c'est le sentiment que j'écris un français venu d'ailleurs. »

D'après Le Monde des Livres du 17/03/06.

Soulignez les verbes et les groupes verbaux qui introduisent une proposition complétive et classez-les dans le tableau selon leur sens.

opinion	constatation	certitude	déclaration
je pense	....	....	....

Entraînez-vous

Pour la concordance des temps et le discours rapporté, voir pages 145-146

I Retrouvez les verbes introducteurs, puis terminez les phrases aux modes et aux temps qui conviennent. Précisez s'ils expriment l'opinion, la constatation, la certitude ou la déclaration.

affirmer – avouer – ***dire*** – être conscient – montrer – penser – prétendre – raconter

Exemple : Autrefois, on ...... aux enfants qui n'étaient pas sages que le grand méchant loup
les (emporter) dans la forêt et les (manger).
*→ Autrefois, on **disait** aux enfants qui n'étaient pas sages que le grand méchant loup*
*les **emporterait** dans la forêt et qu'il les **mangerait**. (déclaration)*

1. Beaucoup de gens préfèrent habiter dans une petite ville parce qu'ils ...... que la vie y est plus paisible.
2. L'enquête ...... que l'incendie qui a ravagé le supermarché (être) dû à un acte de malveillance. Un jeune a été arrêté. Il ...... qu'il (agir) par idéal pour dénoncer la société de consommation.
3. De plus en plus de personnes ...... que l'exploitation sans limites des ressources de la planète (ne pas pouvoir) continuer longtemps.
4. On me ...... qu'un cambrioleur (s'introduire) en cassant la serrure dans l'appartement de Mme Lenoir pendant qu'elle était à la messe. Ses maigres économies ont disparu. Il faut ...... qu'elle (être) bien imprudente de ne pas fermer sa porte à double tour. Sa voisine ...... qu'elle (ne rien voir ni rien entendre).

2 Transformez les phrases de façon à obtenir une proposition subordonnée complétive.

*Exemple : Alicia nous a annoncé **son mariage** avec Jean-Luc.*
→ Alicia nous a annoncé qu'elle allait se marier avec Jean-Luc.

1. L'inculpé clame **son innocence**.
2. Le nageur qui a été entraîné par un courant au large de la plage a admis **son imprudence**.
3. On prévoit **une forte hausse du prix de l'essence** avant l'été.
4. Le médecin a constaté **une amélioration très nette de l'état du malade** depuis sa dernière visite.
5. Après deux semaines de fortes pluies tout le monde espère **le retour du soleil**.
6. Le directeur du magasin a promis **une augmentation de salaire** à tous les employés.

3 **À vous !** Un journal fait une enquête auprès d'étudiants de FLE (français langue étrangère). Imaginez des réponses commençant toujours par un verbe introduisant une proposition complétive suivie de l'indicatif. Variez les verbes introducteurs.

— Pouvez-vous nous dire pourquoi vous avez choisi d'étudier la langue française ?
— ....
— On dit que le français est une langue difficile. Êtes-vous de cet avis ?
— ....
— Est-ce qu'un diplôme de FLE sera utile dans votre recherche d'un emploi ?
— ....
— Quelle est, selon vous, l'importance du français dans les relations internationales ?
— ....
— Le français vous semble-t-il menacé par d'autres langues ?
— ....

4 **À vous !** Complétez le dialogue.

*Exemple : Il pleut très fort et les promeneurs ne sont pas encore rentrés. **Sans doute que** ....*
*→ **Sans doute qu**'ils auront trouvé un abri **et qu**'ils attendent la fin de l'orage pour repartir.*

Une sortie élégante.
— Chéri, qu'est-ce que je vais mettre pour aller à la soirée des Labrousse demain ? Tu crois qu'il y aura beaucoup de monde ?
— **Évidemment que** .... **et que** ....
— Je n'ai que ma petite robe verte décolletée ou ma jupe longue, tu sais la mauve, celle que j'aime bien mettre avec la veste noire en taffetas.
— **Peut-être que** .... **ou que** .... ?
— Ah non ! Pas la robe que je portais la dernière fois ! J'aurais l'air de quoi ?
— **Bien sûr que** .... **et que** ....
— Bon, je ne vois qu'une solution. Je vais faire un saut au « Printemps ». Je trouverai peut-être quelque chose de chic.
— **Heureusement que** .... **et que** .... !

Observez

Chez le médecin.

– Alors Docteur, quel est votre diagnostic ?

– C'est malheureux que vous ayez fait une telle chute, mais je ne crois pas que ce soit bien grave. D'après la radio, il n'y a pas de fracture mais une double entorse. Je doute qu'il faille vous hospitaliser pour si peu mais je crains que vous (ne) soyez immobilisé quelque temps.

– Dans combien de temps pensez-vous que je puisse remarcher ?

– Vous allez observer un repos complet pendant une quinzaine de jours. Puis il faudra que vous fassiez quelques séances de rééducation. Dans un mois, vous serez sur pied.

– Et pour la douleur ?

– Je vais vous prescrire un anti-inflammatoire, mais il est possible que la douleur ne disparaisse pas immédiatement. Dans ce cas, il sera préférable que vous augmentiez les prises jusqu'à trois cachets par jour.

– Entendu.

– Je souhaite que vous reveniez me voir dans trois semaines environ. Voyons voir, le jeudi 27 à 17 heures vous convient-il ?

– Oui, c'est parfait.

a. Soulignez les verbes au subjonctif.

b. Quels verbes sont suivis du subjonctif lorsqu'ils sont à la forme négative ou interrogative ?

c. Quand emploie-t-on le subjonctif présent ? le subjonctif passé ?

d. Existe-t-il un subjonctif futur ?

e. Classez les verbes introducteurs dans le tableau selon leur valeur.

Pour l'emploi du (ne) explétif (avec le verbe craindre), voir chapitre 13, page 114

conseil	doute	jugement	nécessité	possibilité	sentiment	volonté
………	………	………	………	………	………	………

Entraînez-vous

5 | Pour chacune des valeurs proposées, trouvez trois façons différentes d'introduire le subjonctif.

Exemple : **sentiment** *: Ces quelques jours passés en Toscane ont été merveilleux. (…… / …… / ……) que vous n'ayez pas pu nous accompagner.*

→ Ces quelques jours passés en Toscane ont été merveilleux. **Je regrette / Je suis désolé / Quel dommage que** *vous n'ayez pas pu nous accompagner.*

1. conseil : (…… / …… / ……) que nous fassions le plein avant de prendre l'autoroute parce que l'essence y est plus chère.

2. doute : Il n'a guère travaillé. (…… / …… / ……) qu'il réussisse son examen.

3. jugement : (…… / …… / ……) que cette décision ait été prise sans consulter les syndicats.

4. nécessité : Cet hôtel est charmant. Mais (…… / …… / ……) que vous réserviez car il est souvent complet.

5. possibilité : N'oubliez pas d'emporter un pull. Même en cette saison, (…… / …… / ……) que les soirées soient fraîches.

6. volonté : Les Vigan organisent une fête pour leur vingtième anniversaire de mariage. (…… / …… / ……) que nous leur fassions parvenir une réponse rapidement.

6 | Complétez le texte en mettant les verbes proposés au temps du subjonctif qui convient.

aller – apparaître – attendre – avoir – passer – perdre – réagir – rencontrer – rester – retrouver – savoir – se revoir

> *Chère Amélie,*
> *Quel plaisir de lire ton message hier ! Quelle chance que tu ...... mes coordonnées après tant d'années.*
> *Comment se fait-il que nous ...... si longtemps sans nous donner de nouvelles ? Il faut que tu ...... que*
> *j'ai souvent pensé à toi. Ça me peine que tu ...... ton papa mais, par ailleurs, je me réjouis que tu ......*
> *l'âme sœur et que tu ...... un bébé ! Je souhaite que tout ...... bien pendant ta grossesse. En ce qui me*
> *concerne, la vie n'est pas rose. Je doute de plus en plus que le prince charmant ...... un jour. En plus, il*
> *se peut qu'il y ...... des licenciements dans ma boîte*. Si tel est le cas, il sera impératif que je ...... vite.*
> *J'ai hâte que nous .... Est-il prévu que vous ...... par Paris bientôt ? Je t'embrasse très très fort, toi*
> *et toute ta famille.*
>
> *Ton amie Charlotte.*

* *Langue familière.*

7 | Transformez les phrases de façon à obtenir une complétive au subjonctif.

*Exemples : 1. Les députés souhaitent **l'abolition de cette loi trop contraignante**.*
   *→ Les députés souhaitent **qu'on abolisse cette loi trop contraignante**.*
   *2. Je ne m'attendais pas à **une réponse si rapide de la part du Directeur**.*
   *→ Je ne m'attendais pas à **ce que le Directeur me réponde si rapidement**.*

1. Faute d'élément nouveau, le tribunal de justice a toujours refusé **la révision du procès**.
2. Ma meilleure amie tenait absolument à **ma présence à Sydney lors de son mariage**.
3. Les parents sont satisfaits de **l'augmentation du nombre de places en crèche** ces dernières années.
4. Il y a déjà trois ans que je vis au Canada, mais je ne m'habituerai jamais à **un tel froid**.
5. En raison de la conjoncture économique, la direction s'oppose à **une augmentation des salaires**.
6. Les deux champions d'échecs se préparent à **une partie très disputée**.

8 | **À vous !** À l'aide de complétives suivies du subjonctif, dites ce qui vous révolte (écologie, famine, sida, racisme, disparité homme / femme, etc.) et quelle(s) solution(s) vous proposez.

*Exemple : **Il est révoltant que** la forêt amazonienne **disparaisse**. Pour commencer, **il faudrait que***
   *les gens **gaspillent** moins de papier. Ensuite, ...*

III. À l'indicatif ou au subjonctif ?

Observez

Que l'écrivain portugais José Sarramago ait beaucoup de talent, tout le monde s'accorde à le reconnaître. Les critiques littéraires se doutaient qu'un jour ou l'autre il obtiendrait le prix Nobel de littérature. Ce fut chose faite en 1998. Ses romans sont passionnants, mais je doute qu'ils soient d'une lecture aisée pour le grand public.

Pour les valeurs comparées de l'indicatif ou du subjonctif, voir chapitre 10, page 94

a. Justifiez pourquoi certains verbes qui peuvent sembler proches sont suivis de modes différents.
b. Dans la première phrase, pourquoi le verbe *avoir* est-il au subjonctif ? Réécrivez la phrase en commençant par « Tout le monde… ». Que remarquez-vous ?

9 Les verbes en gras sont-ils oui ou non au subjonctif ? Complétez le tableau.

1.	*oui*
2.	......
3.	......
4.	......
5.	......
6.	......
7.	......

1. Notre fils a envie que nous lui **achetions** un scooter pour son anniversaire.
2. Quelle coïncidence ! J'espérais justement que nous **allions** nous revoir.
3. Sur cette photo, avec la barbe, je trouve que vous **paraissiez** plus vieux.
4. Bonjour Monsieur Dutreuil. Il parait que vous **désiriez** me parler.
5. C'est bien dommage pour votre carrière que vous n'**acceptiez** pas de quitter Paris.
6. Je ne sais pas pourquoi, mais je me doutais que vous **préfériez** le jazz au classique.
7. Ça vaut la peine que vous **voyiez** ce film. C'est un chef-d'œuvre !

10 Mettez les verbes entre parenthèses à l'indicatif ou au subjonctif.

Exemple : Je trouve gentil que vous m'...... (inviter) à votre anniversaire.
*→ Je trouve gentil que vous m'**ayez invité** à votre anniversaire.*

1. Passer une nuit blanche à la veille de ton examen ! Je ne pense pas que ce ...... (être) une très bonne idée. Tu ferais mieux de dormir.
2. Tu rêvais depuis si longtemps d'avoir un mini lecteur DVD ! Nous imaginions bien que ce cadeau te ...... (faire) plaisir.
3. 57 % pour la droite contre 43 % pour la gauche : les sondages se sont encore trompés. Il me semblait que le résultat des élections ...... (être) beaucoup plus serré.
4. Votre fils n'a qu'une demi-heure de retard. Il me semble exagéré que vous ...... (se faire) autant de souci. Je suis sûr qu'il ne va plus tarder. Tenez, le voilà !
5. D'après les éléments de l'enquête, les jurés n'ont pas eu l'impression que le meurtre ...... (être prémédité). C'est ce qui explique la clémence du verdict.
6. Pensez-vous qu'une femme ...... (pouvoir) un jour devenir présidente de votre pays ?

11 Après avoir inversé l'ordre des propositions en gras, mettez les phrases à l'indicatif ou au subjonctif, selon le sens du verbe introducteur.

Exemple : Maxime n'aime que les sports dangereux et il vient d'avoir un accident.
Que cela arrive un jour, je le savais bien !
→ Je savais bien que cela arriverait un jour !

1. Les examens approchent. Certains n'ont pas travaillé sérieusement. **Que tout le monde réussisse, j'en doute**.
2. La grippe aviaire, il s'agit d'une épidémie sans précédent. **Qu'il soit urgent de réagir, c'est évident**.
3. Cette fois-ci, la nageuse française n'a obtenu que la médaille d'argent. **Qu'elle finisse première la prochaine fois, j'en suis persuadé**.
4. Marie ne rate jamais son cours de danse. **Qu'elle ne soit pas venue, j'en suis surpris**.
5. Mon patron est vraiment très compréhensif. J'ai manqué plusieurs jours au moment de l'accident de mon mari. **Qu'il ne m'en tienne pas rigueur, j'en étais sûre**.
6. Notre fils passe le bac pour la deuxième fois. **Qu'il n'ait fait aucun effort malgré tous nos avertissements. Je le déplore**.

IV. La transformation infinitive

Observez

Le skipper de la course de voiliers à Bénodet (Bretagne) raconte :

« Je pensais bien que j'arriverais le premier parce que j'étais parfaitement préparé. De plus, j'avais demandé d'avoir pour co-équipier Loïc, un gars du pays qui a beaucoup navigué. Nous étions pratiquement sûrs de gagner. Nous voulions absolument décrocher ce titre. Nous sommes donc très fiers d'avoir remporté cette coupe. »

a. **Peut-on remplacer « Je pensais bien que j'arriverais le premier » par « Je pensais bien arriver le premier » ?**

b. **Dans les phrases ci-dessus, les verbes suivis d'un infinitif peuvent-ils être remplacés par une proposition complétive ? Si oui écrivez-les, sinon dites pourquoi.**

Entraînez-vous

12 **Réécrivez les phrases en employant les verbes introducteurs entre parenthèses.**

Exemple : Tu ne m'as pas téléphoné hier. (je regrette / tu exagères)
Je regrette que tu ne m'aies pas téléphoné hier. / Tu exagères de ne pas m'avoir téléphoné hier.

1. J'ai de la fièvre. (Je sens / Je crains)
2. Fred a des problèmes d'argent. (Il se plaint toujours / Ça m'étonnerait bien)
3. Nous sommes très en retard pour le dîner. (Nous sommes désolés / Nos amis sont désolés)
4. Alice a été reçue au bac avec mention Très Bien. (Elle est très fière / Ses parents sont très fiers)
5. Les visiteurs photographiaient l'intérieur château. (On les avait autorisés / Le guide avait refusé)

13 **Remplacez les propositions en gras par une construction infinitive chaque fois que c'est possible.**

*L*e grand peintre Paul Cézanne est mort en 1906. En 2006, sa ville natale lui rend hommage.

Paul Cézanne était âgé de 57 ans lorsqu'un marchand parisien, Ambroise Vollard, décida **qu'il organiserait** une rétrospective de son œuvre. Un autre se serait réjoui **que l'on reconnaisse ainsi son génie**, mais Cézanne, lui, pense **qu'il a des choses plus importantes à faire** à Aix-en-Provence, sa ville natale. Il déteste **que l'on discute de sa peinture** dans les cafés parisiens. Il ne tient pas **à ce que les peintres impressionnistes l'ovationnent** dans la capitale.

Il est vrai **qu'il a travaillé aux côtés de Pissarro** à Pontoise et à Auvers ; lui-même a reconnu **qu'il avait été influencé** par le peintre à la barbe blanche. Cela ne l'empêche pas d'affirmer par la suite **que « l'impressionnisme, il n'en faut plus, c'est de la blague ! »** Cézanne sait qu'il est important pour lui **qu'il travaille** dans la solitude créatrice de sa région natale.

14 Après avoir rétabli l'ordre, mettez les verbes aux modes et aux temps voulus en faisant les transformations nécessaires.

Exemple : à cette solution / être bizarre / ne pas / plus tôt / ce / penser / nous /.
   → *C'est bizarre que nous n'ayons pas pensé à cette solution plus tôt.*

1. prévoir / ne personne / vingt ans / autant / il y a / Internet / se développer /.
2. à l'aéroport / arranger / me chercher / quelqu'un / pouvoir / ça / venir / me /.
3. nos voisins / en Australie / unique / s'installer / partir / leur fils / regretter /.
4. être interdit / dans cette rue / il / les jours de marché / se garer /.
5. sa meilleure amie d'enfance / être ravie / des années / ma sœur / retrouver / hier / après /.
6. cette personne / lors de / ne pas être persuadé / je / dire / la vérité / son récent procès /.
7. se souvenir / la porte / à son travail / ne pas fermer / son appartement / elle / une fois arrivée / à clé /.
8. ce / ne plus / être permis / fumer / être incroyable / dans les pubs irlandais / !

15 a) Complétez le texte en mettant les verbes proposés aux temps et aux modes et qui conviennent.

b) Pour chacun de ces verbes, proposez un synonyme qui conviendrait également dans le texte.

avoir l'impression – déclarer – estimer – être clair – redouter – savoir – **sembler** – suffire – supposer

*Exemple : Aujourd'hui, **il semble / il se peut que** les blogs, les chats, les méls sur la Toile soient passés dans les mœurs.*

Aujourd'hui, il ...... que les blogs, les chats, les méls sur la Toile soient passés dans les mœurs. On ...... que ce nouveau moyen de communication n'a plus de limites. Les politiques, les journalistes, les artistes ...... qu'ils touchent ainsi un public plus vaste et varié que celui des médias ordinaires.

Par ailleurs, les milliers d'anonymes qui tiennent un journal sur la toile ...... qu'ils seront approuvés ou contredits ; mais au moins ils seront lus. Il ...... que vous interrogiez un internaute « blogueur » et il vous ...... qu'il peut enfin s'exprimer sans contraintes et faire preuve de créativité. Fini le journal intime que personne ne lira ! Enfin, on ...... que les médias traditionnels (papier, audiovisuel) vont être délaissés.

Certains ...... que cela nuise à la lecture des grands classiques, mais rien n'est moins sûr. Il ...... qu'une véritable révolution est en marche dont nul peut prévoir toutes les conséquences.

16 Trouvez des verbes qui conviennent pour le sens. Attention aux modes et aux temps !

Exemple : Je suis convaincu que le vélo ...... un mode de transport qui fera de plus en plus d'adeptes.
   → *Je suis convaincu que le vélo **est** un mode de transport qui fera de plus en plus d'adeptes.*

« Jamais sans mon deux-roues »

Aurélie, 36 ans
(Lille)

« Moi, je n'imagine pas qu'on ...... se déplacer autrement qu'à bicyclette. Il se trouve que je ...... beaucoup devant l'ordinateur ; il est donc indispensable que je ...... du sport. Ça m'agace qu'on me ...... qu'une femme cadre supérieure doit rouler en voiture ! Je ne crois pas qu'on ...... toujours tenir compte de l'opinion des gens. L'essentiel, c'est de faire ce qu'on aime. Et moi, j'aime mon vélo ! »

Michèle, 68 ans
(Nantes)

« Je suis retraitée et je vis dans le centre ville. Ah, heureusement que je ...... mon vélo ! Imaginez-vous que je ...... absolument tout à bicyclette : les courses, les sorties. Il arrive même que j'...... chercher mon petit-fils à l'école maternelle et que je le ...... chez ses parents ! Je comprends qu'on ...... un peu peur de rouler par temps de pluie ou la nuit. Il se peut qu'il ...... des accidents, bien sûr, mais il y en a bien plus en voiture. Quelle liberté de rouler à vélo ! À la limite, je me réjouirais qu'un jour il ...... restreindre la consommation d'essence. Alors, on aura tous des vélos ! »

Jean-Luc, 25 ans
(Paris)

« Je suis coursier pour un magasin de cycles. C'est évident que, pour moi, il ...... pas d'autres moyens de circuler en ville. Une voiture peut mettre 1 heure pour un trajet ; moi, il est rare que je ...... plus de 30 minutes pour le même trajet. J'ai des copains coursiers en scooter. Ils hallucinent que je ...... rouler si rapidement. Figurez-vous que je ...... du 35 km à l'heure en moyenne ! Je reconnais qu'en général les aménagements qui ont été créés pour les vélos ...... valables ; par contre, je trouve un peu bizarre que récemment on ...... des pistes cyclables intégrées aux trottoirs. Ce qui m'étonne le plus, c'est qu'il ...... encore si peu de cyclistes à Paris ! »

---

17 **À vous !** À l'aide de complétives à l'indicatif, au subjonctif et à l'infinitif, présentez et défendez votre point de vue sur les thèmes suivants : la corrida, la peine de mort, le droit de vote des étrangers, et sur d'autres thèmes de votre choix.

Exemple : *Le commerce équitable.*

→ *En ce qui me concerne, je pense que c'**est** une très bonne initiative. Les petits producteurs, de café par exemple, veulent **pouvoir vivre** de leur travail. Il ne faut pas que l'argent **aille** aux seuls intermédiaires. C'est pourquoi...*

Le discours rapporté

I. Du discours direct au discours indirect : rapporter une affirmation, une question ou un ordre

Observez

« Les coups de patte du chanteur Murat. »

1. Dans une interview, Murat fait comprendre ceci : « Je me sens de moins en moins français, j'ai regardé la finale de la Coupe du monde de foot avec le maillot italien sur le dos. Mon pays, c'est l'Europe. »

2. Dans cette interview, Murat fait comprendre qu'il se sent de moins en moins français, qu'il a regardé la finale de la Coupe du monde de foot avec le maillot italien sur le dos et que son pays, c'est l'Europe.

a. Quand on passe du discours direct au discours indirect, que deviennent les pronoms personnels, les possessifs et la ponctuation ?

b. Quelle conjonction introduit le discours indirect ?

c. Quel mot de coordination a été ajouté dans le discours indirect ? Quelle conjonction est répétée après *et* ?

Pour les transformations des possessifs, voir chapitre 4, page 34

Entraînez-vous

1 Rapportez les phrases au discours indirect comme dans l'exemple.

Exemple : Tous ses amis disent à Pauline : « Ta nouvelle coiffure te va très bien. »
    *→ Tous ses amis disent à Pauline **que sa nouvelle coiffure lui va très bien**.*

1. « J'étais bien dans ma loge au moment où a eu lieu le cambriolage mais je n'ai rien entendu. »
    → La gardienne dit ....

2. « Le plombier doit venir faire une réparation chez moi. Si cela ne vous dérange pas, je vous laisserai ma clé car je dois partir dès 7 heures. »
    → Mon voisin m'explique ....

3. « Votre voiture peut encore rouler longtemps à condition que vous fassiez quelques réparations. Sinon elle va vous lâcher *(langue familière)* d'un moment à l'autre. »
    → Le garagiste me certifie que ....

4. « Pendant le week-end, Félix et moi, nous avons complètement changé la disposition des meubles dans notre appartement. Cela nous donne beaucoup plus de place. »
    → Coralie raconte à sa mère ....

Observez

①	« **Est-ce que** vous avez de la fièvre ? » « **Avez-vous** de la fièvre ? »	Le médecin demande à Louise **si** elle a de la fièvre.
②	« **Combien** coûte cette montre ? »	J'aimerais savoir **combien** coûte cette montre.
③	« **Quelle** est ta couleur préférée ? »	Dis-moi **quelle** est ta couleur préférée.
④	« Voici deux livres sur l'Égypte. **Lequel** choisissez-vous ? »	Indiquez-moi **lequel** vous choisissez.
⑤	« **Où** la fête aura-t-elle lieu ? » « **Où** aura lieu la fête ? » « La fête aura lieu **où** ? »	Nous ignorons **où** aura lieu la fête. Nous ignorons **où** la fête aura lieu.

a. Première colonne : Dans quel cas la question porte-t-elle sur l'ensemble de la phrase ?
Dans quels cas porte-t-elle sur un seul élément de la phrase ?
b. Deuxième colonne : Soulignez les verbes qui introduisent l'interrogation indirecte.
Quel mot introduit l'interrogation indirecte quand la question porte sur l'ensemble de la phrase ?
Quels mots introduisent l'interrogation indirecte dans les autres cas ?

Entraînez-vous

2 Rapportez les phrases au discours indirect en utilisant des verbes tels que *veulent savoir – se demandent – cherchent à savoir – ne savent pas…*

À la suite d'une décision récente de la municipalité d'interdire les chiens dans les jardins publics, plusieurs personnes viennent chercher des informations :

Exemple : « Pourquoi les chiens sont-ils interdits dans les jardins publics ? »
*→ Ils **veulent savoir** pourquoi les chiens sont interdits dans les jardins publics.*

1. « Est-ce que cette décision concerne tous les jardins publics ? »
2. « Est-ce qu'il s'agit d'une mesure temporaire ou définitive ? »
3. « Quand cette décision entrera-t-elle en vigueur ? »
4. « Où pourraient-ils avoir des informations plus précises sur cette interdiction ? »

Observez

①	« **Qu'est-ce qui** leur ferait plaisir ? »	Je me demande **ce qui** leur ferait plaisir.
②	« **Qu'est-ce que** tu fais demain ? » « **Que** fais-tu demain ? » « Tu fais **quoi** demain ? »	Je voudrais savoir **ce que** tu fais demain.
③	« **Qui est-ce qui** a appelé ? » « **Qui** a appelé ? »	Henri demande **qui** a appelé.
④	« **Qui est-ce que** vous avez invité ? » « Vous avez invité **qui** ? »	Les enfants se demandent **qui** nous avons invité.
⑤	a. « **À quoi** penses-tu ? » b. « **À qui** penses-tu ? »	Je ne sais (pas) **à quoi** tu penses. Je ne sais (pas) **à qui** tu penses.

a. Dans quelles phrases l'interrogation concerne-t-elle une personne ? une chose ?
b. Dans quels cas le pronom interrogatif est-il sujet ? complément d'objet direct ou indirect ?

Entraînez-vous

3 Rapportez les questions au discours indirect.

Exemple : On a entendu un boum épouvantable. Tous les gens demandent :
*« Qu'est-ce qui se passe ? » → Tous les gens demandent **ce qui se passe**.*

a) Questions posées par les vigiles à l'entrée de l'université.
Le vigile me demande :
– Qu'est-ce que vous désirez ? → ....
– Qui est-ce que vous voulez voir ? → ....
– Avec qui est-ce que vous avez un rendez-vous ? → ....
– Qui est-ce qui vous envoie chercher des documents ici ? → ....

b) Questions d'Étienne à ses amis qui viennent de voir un film.
Étienne nous demande :
– De quoi parle ce film ? → ....
– Qu'est-ce qui vous a paru le plus intéressant ? → ....
– Vous en pensez quoi finalement ? → ....

Observez

1	2	3
« Où vais-je passer mes vacances ? »	Je me demande où je vais passer mes vacances.	Je me demande où passer mes vacances.
« Qu'est-ce que je vais dire ? »	Je ne sais (pas) ce que je vais dire.	Je ne sais que dire. Je ne sais (pas) quoi dire.
« Où vont-ils passer leurs vacances ? »	Je me demande où ils vont passer leurs vacances.	
« Que va dire Karim ? »	Je ne sais (pas) ce que Karim va dire.	

a. Quelle différence observez-vous entre les discours indirects des colonnes 2 et 3 ?
b. Quand peut-on utiliser le mode infinitif dans le discours indirect ?

Entraînez-vous

4 Rapportez ces phrases au discours indirect en utilisant l'infinitif quand c'est possible.

Exemple : « Comment dois-je m'y prendre pour passer inaperçu à cette réunion publique ? »
→ Le célèbre acteur sait maintenant comment s'y prendre / comment il doit s'y prendre pour passer inaperçu à cette réunion publique.

1. « Quand allons-nous réaliser notre projet de voyage dans le sud de l'Italie ? »
→ Colin et Chloé ne savent pas quand ....

2. « Que pourrais-je faire pour remercier les bénévoles qui ont contribué au succès de cette soirée ? »
→ L'organisateur de la soirée culturelle cherche ....

3. « Combien de SMS Lionel va-t-il encore m'envoyer avant de comprendre que tout est fini entre nous ? »
→ Véronique aimerait bien savoir combien de SMS ....

4. « Comment allons-nous inciter les jeunes parents à participer davantage aux activités proposées par
l'école ? » → Nous nous demandons comment ....

Observez

Consignes pour une matinée de pêche en bateau.

- Le maître pêcheur a fait aux touristes, pêcheurs d'un jour, les recommandations suivantes : « Prenez un bon petit-déjeuner. Prévoyez un casse-croûte. Habillez-vous chaudement. Ne vous inquiétez pas des crabes… Ils ne pincent pas. »

- Le maître pêcheur a recommandé aux touristes, pêcheurs d'un jour, **de prendre** un bon petit-déjeuner, **de prévoir** un casse-croûte, **de s'habiller** chaudement et **de ne pas s'inquiéter** des crabes… car ils ne pincent pas.

Que devient l'impératif dans le discours indirect ?

Entraînez-vous

5 Rapportez au discours indirect les phrases impératives en employant, selon leur sens, les verbes proposés au présent de l'indicatif.

conseiller de – ***encourager à*** – interdire de – inviter à – prier de – suggérer de

Exemple : « Travaillez régulièrement pour réussir à l'examen. »
      *→ **Nous vous encourageons** à travailler régulièrement pour réussir à l'examen.*

1. « Ce jeune peut réussir. Laissez-lui, je vous en prie, une seconde chance. »
2. « Reviens plutôt vers 16 heures. »
3. « Ne touchez pas à ce bouton rouge. »
4. « Avancez encore plus près pour mieux voir. »
5. « Essayez d'obtenir un rendez-vous avec le directeur pour avoir son soutien. »

II. La concordance des temps et des adverbes de temps

Observez

Voir également le chapitre 9, pages 79-91

DES NOUVELLES DE MONTRÉAL

- Nous avons reçu une carte de nos amis Antoine et Sophie. Je te la lis : « Nous **sommes arrivés** à Montréal <u>hier</u> au petit matin. <u>Aujourd'hui</u>, nous **avons découvert** le quartier chinois, le port et la grande bibliothèque. <u>Demain</u>, la journée **sera** encore **consacrée** à la visite. Mais <u>après-demain</u>, nous **commencerons** notre stage à la banque. »

- Dans leur carte du 15 septembre, Antoine et Sophie écrivaient qu'ils **étaient arrivés** à Montréal <u>la veille</u> au petit matin. Ils ajoutaient que <u>ce jour-là</u>, ils **avaient découvert** le quartier chinois, le port et la grande bibliothèque. Ils terminaient en disant que, <u>le lendemain</u>, la journée **serait** encore **consacrée** à la visite mais que, <u>le surlendemain</u>, ils **commenceraient** leur stage à la banque.

a. Encadrez les verbes qui introduisent le discours indirect et dites à quels temps ils sont conjugués ?

b. Quelles transformations subissent les temps des verbes et les expressions de temps quand le verbe introducteur est à un temps du passé ?

Entraînez-vous

6 Complétez les phrases. Attention à la concordance des temps et des expressions de temps.

Conférence de presse chez Renault.

Exemple : Michel me dit que le film de Stephen Frears, The Queen, vient de sortir en France et qu'il va le voir la semaine prochaine avec un ami anglais.

→ Le mois dernier, Michel m'a dit que le film de Stephen Frears, The Queen, venait de sortir en France et qu'il allait le voir la semaine suivante avec un ami anglais.

1. Le président de Renault explique aux journalistes que la société cherche à développer ses ventes à l'étranger.

   → Ce jour-là, le président de Renault a expliqué aux journalistes que ....

2. Il leur dit que le montant des exportations a déjà augmenté de 2 % l'année dernière.

   → Il leur a dit que ....

3. Il ajoute que Renault vient de conclure un contrat très intéressant avec une entreprise mexicaine.

   → Il a ajouté que ....

4. Le président annonce aussi qu'il va se rendre au Mexique dans quelques semaines.

   → Le président annonçait que ....

5. Il précise que la production de modèles Renault au Mexique commencera dès qu'on aura reçu l'accord du gouvernement mexicain, peut-être dès l'année prochaine.

   → Et il précisait que ....

Observez

Justine et François au sujet d'une fête entre amis.

• « Y **avait**-il beaucoup de gens à la fête ? J'**avais prévu** d'y être. J'**aurais** vraiment **voulu** revoir les uns et les autres. Mais je ne **me sentais** pas bien du tout. Il **faudrait** que je **réunisse** tout le monde à mon tour. »

• Justine <u>voulait savoir</u> s'il y **avait** beaucoup de gens à la fête. Elle a dit à François qu'elle **avait prévu** d'y être, qu'elle aurait **voulu** revoir les uns et les autres, mais qu'elle ne **se sentait** pas bien du tout. Elle <u>a ajouté</u> qu'il **faudrait** qu'elle **réunisse** tout le monde à son tour.

Au discours indirect, que deviennent l'imparfait, le plus-que parfait, le conditionnel et le subjonctif du discours direct quand le verbe introducteur est à un temps du passé ?

Entraînez-vous

7 Rapportez cette lettre au discours indirect en employant les verbes proposés.

Caroline m'a écrit... — Elle ajoutait que... — Elle me remerciait également... — Elle terminait en me disant...

Chère tante Sabine,

Ça m'a fait vraiment plaisir que tu sois là le jour de mon mariage. Je regrette seulement qu'oncle André n'ait pas pu t'accompagner. Il aurait été très content de voir ses petites-filles en demoiselles d'honneur. Elles étaient vraiment mignonnes et très sages. Un grand merci également de nous avoir gâtés, Tony et moi, en nous offrant un très joli service d'assiettes qui nous permettra de recevoir dignement famille et amis. J'aimerais bien qu'oncle André et toi soyez parmi les premiers à vous en servir.

Tony se joint à moi pour vous embrasser tous les deux.

Caroline

Observez

• Pierre n'a vraiment pas changé. C'est seulement ce matin qu'il m'a téléphoné pour me dire : « J'arrive **aujourd'hui** à Paris. »

• Pierre n'a vraiment pas changé. C'est seulement ce matin qu'il m'a téléphoné pour me dire qu'il arrivait **aujourd'hui** à Paris.

Dans le passage du discours direct au discours indirect, pourquoi l'adverbe de temps ne change-t-il pas alors que le verbe du discours rapporté est au passé ?

Entraînez-vous

8 Passez du discours direct au discours indirect comme dans l'exemple.

Exemple : Le chargé de communication vient de confirmer l'information : « Les invités <u>arriveront</u> bien ***ce soir*** *comme prévu ».*
→ Le chargé de communication vient de confirmer que les invités <u>arriveraient</u> bien ***ce soir*** *comme prévu.*

1. Cet après-midi, dans le car, notre guide nous a dit : « Demain, nous partirons à l'aube, parce qu'il y aura certainement des embouteillages. »

2. Je me suis déplacé pour rien. Quand je suis arrivé à la banque j'ai pu lire sur la porte : « Ce matin, la banque est fermée pour des questions de sécurité. »

3. La météo a annoncé ce matin : « Aujourd'hui, il fera très froid sur la moitié Nord de la France. »

9 L'enfant qui veut savoir où se trouve le chemin de la vérité, d'après un conte africain.

a) Transposez au discours indirect les parties du récit qui peuvent l'être.

Il s'appelait Diata. Il se demandait : « Quel est le chemin qui mène à la vérité ? ».

Mais personne ne pouvait vraiment répondre à sa question. Il décida d'aller chercher la réponse ailleurs.

Sur une pirogue qui descendait le fleuve Sénégal, il rencontra une femme qui lui demanda :

— Est-ce que le voyage est agréable, est-ce que tout va bien, qu'est-ce que tu fais là ?

— Je cherche le chemin de la vérité, répondit Diata.

Touchée par la naïveté de ce petit garçon, elle lui conseilla :

— Va voir le caïman, va trouver aussi le chameau, puis le chien qui te guideront.

Diata suivit ce conseil et alla poser sa question à chacun.

b) Rapportez au discours indirect les paroles du caïman, du chameau et du chien en employant les verbes introducteurs proposés.

ajouta – lui conseilla – lui dit – lui expliqua – répondit

• **Réponse du caïman** :

— « Rien n'est plus facile. Quand il fait chaud, je m'allonge sur le sable, la gueule ouverte. Les insectes, les oiseaux viennent se mettre à l'abri du soleil. Alors, je ferme la gueule et je les mange. Il faut que tu sois patient, car la patience est un chemin d'or. »

→ Le caïman répondit ....

• **Réponse du chameau** :

— « Regarde ma vie. On me fait marcher sur le sable brûlant du désert avec des kilos sur le dos. Je peux rester des semaines sans boire ni manger et je ne dis rien. Accepte les choses que tu ne peux pas changer. »

• **Réponse du chien** :

— « D'abord, je n'ai pas que ça à faire, j'ai faim. »

Peu après, des enfants arrivèrent et se mirent à lui jeter des pierres. Entendant ses hurlements, d'autres chiens accoururent à son aide. Les enfants prirent peur et s'enfuirent. Le chien conta son aventure à Diata.

— « Fais-toi des amis. C'est la règle d'or. »

Siré Camara et Anne Boscher, Mémoires de griot, © Éditions points de suspension, 2003.

10 Rapportez au discours indirect les questions d'Aline en employant l'infinitif.

Aline a rencontré quelqu'un qui vit à 500 kilomètres de chez elle et elle est dans une situation compliquée. Elle se pose beaucoup de questions : « Quelle décision dois-je prendre ? Si nous emménageons ensemble, où pourrons-nous nous installer ? Si je quitte ma ville pour celle de mon compagnon, comment vais-je retrouver du travail là-bas ? Mais, après tout, pourquoi devrais-je quitter mon travail ? Avec le TGV, pourquoi ne vivrais-je pas à Nantes tout en travaillant à Paris ? C'est possible ! »

→ Aline se demande **quelle décision prendre**.

S'ils emménagent ensemble, il faudrait savoir ....

Si elle quitte sa ville pour celle de son compagnon, elle ne sait ....

Elle se demande, après tout, pourquoi ...., pourquoi ....

Ve PARTIE

L'expression des circonstances

Observez

Quel avenir pour les quotidiens ?

1. La presse quotidienne écrite traverse une crise dans les pays industrialisés. *En effet, elle est confrontée à la révolution du numérique et à la multiplication des journaux gratuits.*

2. *Depuis qu'Internet leur permet d'être rapidement informés des gros titres de l'actualité,* de nombreux lecteurs trouvent fastidieux les longs articles sur la politique.

3. Plusieurs patrons de presse reconnaissent qu'ils ne pourront survivre que *s'ils développent leurs activités sur Internet.* Téléphones portables et assistants personnels ouvrent de nouveaux horizons.

4. *Bien que la situation actuelle soit préoccupante,* ils estiment qu'on peut la transformer en innovant : illustration des articles imprimés par des reportages vidéo, éditions électroniques autonomes, etc.

5. Certains journaux, *pour garder leurs lecteurs,* renforcent les liens avec eux en créant sur leur site des blogs où s'échangent les points de vue.

6. N'oublions pas enfin, *comme le fait remarquer le directeur d'un grand quotidien national,* que la presse écrite reste le média de référence.

7. Elle joue un rôle essentiel dans le fonctionnement de la démocratie *si bien que maintenir une presse de qualité est un enjeu de société important.*

Dans quelle phrase le passage en italique exprime-t-il la cause, la conséquence, le but, etc. ?

cause	conséquence	but	temps	concession	condition	comparaison

Observez

Jeudi noir en perspective.

En raison d'un mouvement de grève des principaux syndicats, la circulation ferroviaire sera fortement perturbée jeudi sur l'ensemble du réseau national. Leurs revendications n'ayant pas été satisfaites et comme ils n'ont pas d'autre moyen de pression, les cheminots appellent à cesser le travail. En effet, l'augmentation de salaire promise par la Direction ne semble pas suffire car elle ne couvrirait pas la hausse du coût de la vie. Faute de parvenir à un accord avec le patronat, la grève sera reconduite jeudi prochain. Du côté des usagers, la grogne monte. Ce n'est pas qu'ils soient indifférents aux revendications des cheminots mais ils ont, une fois de plus, l'impression d'être pris en otage.

a. Soulignez les mots ou groupes de mots servant à exprimer la cause.

b. Comment construit-on la phrase après une préposition ?

c. Comment construit-on la phrase après une conjonction ?

I. Les prépositions

Observez

Hier soir, j'avais encore oublié de mettre mon réveil à sonner. À cause de cette négligence, je ne me suis pas réveillée à l'heure. À force d'oublier, ça devait arriver un jour ! Heureusement, du fait des travaux dans la rue, je me suis quand même réveillée mais avec un certain retard. Faute de temps, je n'ai pas pris mon petit-déjeuner et j'ai filé. Sur le quai du métro, une voix a annoncé que le trafic était interrompu sur la ligne 7 en raison d'un incident technique. Aussitôt, je suis sortie et j'ai sauté dans un taxi. Grâce à l'habileté du chauffeur, je suis arrivée à peu près à l'heure au bureau. Je n'avais pas besoin de m'inquiéter de la colère de mon patron. Il est arrivé avec une heure de retard sous prétexte d'une panne de voiture !

a. Soulignez les prépositions servant à exprimer la cause.

b. Retrouvez la spécificité de chacune des prépositions soulignées en complétant le tableau ci-dessous. Des synonymes n'apparaissant pas dans le texte ont été ajoutés.

aspect positif	......	+ nom
aspect souvent négatif	......, ..., par suite de	+ nom
manque ou absence	......	+ nom* / + infinitif
répétition ou quantité	......	+ nom* / + infinitif
constatation	......, compte tenu de, étant donné, vu	+ nom
contestation	......	+ nom / + infinitif

* nom généralement sans article

Entraînez-vous

1 Complétez les phrases à l'aide des différentes prépositions du tableau vu précédemment.

1. ...... la canicule, il est recommandé aux personnes âgées de passer quelques heures par jour dans un endroit climatisé : centre commercial, bibliothèque, cinéma.

2. Le voleur s'approchait de ses victimes ...... leur demander un renseignement.

3. ...... la récente multiplication des radars sur les routes, les automobilistes roulent désormais moins vite.

4. Des dizaines de milliers de personnes sont mortes en Asie du Sud-Est ...... le tsunami.

5. ...... patience, elle a fini par trouver chez un bouquiniste le livre qu'elle cherchait depuis des années.

6. ...... le sang-froid du conducteur, la catastrophe a pu être évitée de justesse.

7. La boulangerie était déjà fermée quand je suis rentrée. ...... pain frais, nous mangerons du pain surgelé.

2 Réécrivez les phrases en exprimant la cause avec *pour* + infinitif passé.

Exemple : Il a été condamné à la réclusion à perpétuité parce qu'il avait participé au braquage d'une agence de la Caisse d'Épargne.
*→ Il a été condamné à la réclusion à perpétuité **pour avoir participé** au braquage d'une agence de la Caisse d'Épargne.*

1. Récemment, dans la région de Nice, un pompier pyromane a été arrêté parce qu'il avait mis le feu à maintes reprises.

2. La société Motsla vient d'être condamnée dans la mesure où elle avait exposé ses salariés à l'amiante.

3. Puisqu'il n'avait pas attaché sa ceinture de sécurité, M. Bréal s'est vu retirer des points sur son permis de conduire.

4. Méfiez-vous des jeux vidéo ! Deux adolescents ont été hospitalisés parce qu'ils en avaient abusé.

5. À l'issue d'un procès riche en rebondissements, le jardinier a été condamné parce qu'il avait assassiné sa patronne.

6. Comme il n'avait pas respecté les règles d'hygiène, ce restaurateur a été contraint de fermer son établissement.

3 Reliez les phrases de façon logique à l'aide des prépositions *de, par* ou *pour*.

1. *Je n'ai plus faim, mais je me ressers* •   • **a.** soif.
2. Nous avons passé une nuit blanche et je tombe •   • **b.** raison de santé.
3. Veuillez nous excuser. Le magasin sera fermé •   • **c.** peur.
4. Ce détenu a bénéficié d'une remise de peine •   • **d.** *gourmandise.*
5. Il fait une telle chaleur aujourd'hui que je meurs •   • **e.** souci de perfection.
6. M. Rheims sera absent quelques jours •   • **f.** inventaire.
7. Il conduit comme un fou ! Sur le trajet, j'étais vert •   • **g.** sommeil.
8. Ensemble, ils ont corrigé quelques petits détails •   • **h.** bonne conduite.

4 **À vous !** Complétez les mini dialogues en imaginant une cause possible. Puis inventez d'autres dialogues, comme dans l'exemple.

Exemple : Tu as vu l'heure ! Pourquoi tu es si en retard ? C'est ta faute ?
→ Non, ce n'est pas ma faute. Si je suis en retard, c'est à cause des embouteillages.

1. – Vous avez eu un accident ! Ce n'est pas grave au moins ?
– Non, ce n'est .... Si ......, c'est à cause de ....

2. — Alors, ton fils a réussi l'examen d'entrée à Sciences Po ? C'est génial !

— Oui, c'est ...... mais tu sais, si ......, c'est à force de ....

3. — Juliette, on dirait que tu as fait de sacrés progrès en anglais.

— Tu trouves ? Si ......, c'est grâce à ....

4. — ....

— ....

5. — ....

— ....

II. Les conjonctions

Papa, pourquoi...?

Parce que !

Pourquoi parce que ?

parce que parce que !

Observez

Le Douanier Rousseau.

Né le 21 avril 1844 à Laval, le peintre Henri Rousseau était employé à l'Octroi*. Puisqu'il travaillait dans les Douanes, on l'a surnommé le Douanier Rousseau. Il a surtout peint des paysages exotiques ; ce n'est pas parce qu'il voyageait beaucoup (il n'a jamais quitté la France), mais parce qu'il trouvait son inspiration dans les journaux, les musées et les serres du Jardin des Plantes. Étant donné qu'il utilisait jusqu'à 22 tons de vert pour réaliser ses feuillages, ses jungles lui coûtaient très cher. Comme il était criblé de dettes, il a survécu en enseignant le violon, son autre passion. Longtemps moqué par la critique sous prétexte qu'il ignorait l'art de la perspective, le père de la peinture naïve, précurseur du surréalisme, est désormais reconnu par le public. Son influence se retrouve jusque dans les dessins animés comme *Kirikou* ou encore dans la dernière campagne de publicité de Toyota. Ce n'est pas qu'il soit moderne mais ses toiles ont quelque chose d'enfantin, d'onirique et d'intemporel.

* L'Octroi était l'administration qui percevait les droits à l'entrée des villes.

a. Soulignez les conjonctions servant à exprimer la cause. Quel est le mode généralement utilisé dans la proposition subordonnée de cause ?

b. Quelles sont les deux manières d'écarter une cause au profit d'une autre ? Laquelle est suivie du subjonctif ?

c. Quelle conjonction place-t-on toujours en tête de phrase ?

Entraînez-vous

5 | Complétez les phrases à l'aide des conjonctions : *comme / puisque / vu que / sous prétexte que / ce n'est pas parce que / ce n'est pas que.*

1. La météo annonce du beau temps ce week-end. ...... il va faire beau, pourquoi n'irions-nous pas pique-niquer ?
2. ...... l'obésité progresse, certains lycées mettent en place un système de carte à points pour inciter les jeunes à mieux se nourrir.
3. — Maman, tu viens avec nous au ciné ?
   — Non, ... que ça ne me fasse pas plaisir, mais j'ai trop à faire ma chérie.
4. Certains jeunes se voient refuser l'entrée de telle ou telle boite de nuit ...... ils sont mal habillés.
5. Environ un tiers des Français ne partent pas en vacances, ... ils ne veulent pas mais parce qu'ils ne peuvent pas.
6. Ce passager a dû payer une amende ...... il avait oublié de composter son billet.

6 | Complétez la première phrase avec une conjonction différente à chaque fois, puis la seconde avec *d'autant moins / plus que.*

Exemple : Cet itinéraire est le plus joli ...... il emprunte une petite route de montagne. Il est ...... joli
...... il traverse certains villages très pittoresques des Pyrénées.
   *→ Cet itinéraire est le plus joli **vu qu**'il emprunte une petite route de montagne. Il est*
   ***d'autant plus** joli qu'il traverse certains villages très pittoresques des Pyrénées.*

1. Mme Frémont n'est pas contente ...... personne ne l'a prévenue du nouvel horaire de la réunion. Elle est ...... en colère ...... elle avait expressément demandé d'en être informé.
2. ...... elle ne contient que des ingrédients savoureux, cette recette est délicieuse. Elle sera ...... meilleure ...... vous ferez mijoter la viande à feu doux.
3. M. Imbert a un emploi du temps très chargé ...... il organise la délocalisation de son entreprise. Il est ...... disponible ...... son principal collaborateur est souffrant.
4. Le résultat des élections constitue une réelle surprise ...... le candidat favori a perdu. Il est ...... surprenant ...... il contredit tous les sondages.
5. Cette entreprise s'apprête à licencier ...... sa masse salariale est jugée trop importante. Le personnel est ...... prêt à l'accepter ...... les bénéfices réalisés sont énormes.
6. Après leur expulsion, cette solution de relogement des sans-papiers me semble la plus intéressante ...... c'est la plus réaliste. Elle me semble ...... intéressante ...... elle est la moins longue à mettre en œuvre.

7 | **À vous !** Répondez aux questions en justifiant votre réponse à l'aide des expressions entre parenthèses.

Portrait chinois.

Exemple : Si vous étiez un animal, que seriez vous ? (parce que)
   *→ Si j'étais un animal, je serais un poisson **parce que** j'adore la mer et la plongée sous-marine.*

1. — Si vous étiez un lieu ? (puisque) → ......
2. — Si vous étiez une couleur ? (vu que) → ......
3. — Si vous étiez une recette ? (comme) → ......
4. — Si vous étiez un style de musique ? (ce n'est pas que / mais) → ......
5. — Si vous étiez un livre ? (ce n'est pas parce que / mais parce que) → ......

III. Les autres moyens

Observez

Extrait d'un courrier des lecteurs.

Cet été, souhaitant être dépaysés, nous sommes partis en vacances à Djerba. Nous avions acheté notre séjour pour 1 134 euros. Le contrat indiquait qu'il devait durer huit jours. Or, arrivés à Djerba le 13 juin tard dans la soirée, notre première journée sur le sol tunisien s'est résumée à 40 minutes. Finalement, le séjour en lui-même s'est étalé sur six journées complètes. En effet, au petit matin du huitième jour promis, nous étions déjà rentrés chez nous. Je voulais vous le signaler tellement je trouve cela scandaleux. Voilà qui est fait.

Ludovic Janvier, Paris (15e)

a. **Soulignez les différents moyens d'exprimer la cause.**
b. **Quelle expression trouve-t-on en début de phrase ?**
c. **Quelle est l'expression qui insiste sur l'intensité ?**

Entraînez-vous

8 | **Transformez les phrases de façon à exprimer l'intensité avec *tant* ou *tellement*.**

Exemple : Je n'ai pas réussi à résoudre ce Sudoku parce qu'il est très difficile.
 → *Je n'ai pas réussi à résoudre ce Sudoku **tant / tellement** il est difficile.*

1. Le marathon, c'est une discipline éprouvante car il faut beaucoup d'endurance.
2. En Chine, le nombre d'enfants par famille ne doit pas excéder un étant donné que la natalité croît trop rapidement.
3. Hadrien est parfois amené à regretter certaines décisions qu'il prend à cause de son extrême impatience.
4. Chaque été, ce camping affiche complet parce qu'il est vraiment bien conçu pour les vacanciers de tous âges.
5. Il est devenu très cher de se loger à Paris. Les gens n'hésitent plus à s'éloigner.
6. Elle n'ose pas prendre la parole en public vu sa grande timidité.

9 | **Transformez la partie soulignée de façon à exprimer la cause avec un participe passé ou présent.**

Pour la subordonnée participiale, voir chapitre 11, page 101

Exemples : — J'ai acheté ce roman <u>parce qu'il m'a été conseillé par mon libraire</u>.
 → ***Conseillé par mon libraire**, j'ai acheté ce roman.*
 — Mon avion a atterri beaucoup plus tard que prévu. Je n'ai pas osé vous téléphoner comme convenu <u>parce que je craignais qu'il (ne) soit trop tard</u>.
 → ***Craignant qu'il (ne) soit trop tard**, je n'ai pas …*

1. À son retour de Nouvelle-Guinée, <u>comme elle était fatiguée par le décalage horaire</u>, elle a dormi 12 h d'affilée.
2. Pour mon anniversaire, mes amis m'ont offert le dernier disque de « Luke » <u>car ils savent que j'adore ce groupe</u>.
3. <u>Comme il a été surpris par la puissance du tir</u>, le gardien de but n'a pas pu arrêter le ballon.
4. Ce matin, le ciel était couvert. Heureusement, <u>comme je me doutais qu'il allait pleuvoir</u>, j'ai enfilé un imperméable avant de sortir.
5. <u>Comme elle a vécu trois ans au Brésil et qu'elle est douée pour les langues</u>, la responsable de cette ONG parle couramment le portugais.

10 Reconstituez les phrases en exprimant la cause à l'aide de l'expression entre parenthèses.

*Exemple : on / de la liste des planètes / juger / les astronomes / rayer / trop petite / Pluton / la / récemment / aujourd'hui / **(car)***

*→ On a récemment rayé Pluton de la liste des planètes **car** les astronomes la jugeaient aujourd'hui trop petite.*

1. à la loi / devoir partir à la retraite / atteindre la limite d'âge / cet employé / conformément / bientôt / (puisque)
2. avant de pouvoir entrer / une heure d'attente / il faut compter / le succès de cette exposition / environ / (vu)
3. dans la région / promettre d'être / l'ensoleillement / le Beaujolais / être exceptionnel / cette année / excellent / (en effet)
4. beaucoup de promotions intéressantes / ne pas savoir / il y a / quelle destination choisir / je / pour mes vacances / (tellement)
5. être licencié / un des principaux cadres / commettre une faute professionnelle / de l'entreprise / récemment / (pour)
6. prendre l'ascenseur / être claustrophobe / ne jamais / mon mari / (participe présent)

11 Complétez le texte à l'aide des expressions proposées.

à cause de – à force de – comme – d'autant plus ... que – en effet – faute de – grâce à – par – pour

M. et Mme Da Silva sont à la retraite depuis peu. ..... travailler, ils ont pu, ... leurs économies, concrétiser leur rêve de s'installer dans le midi. Ils viennent enfin de prendre la décision de quitter la banlieue parisienne. ......, leur fils est grand et ..... il travaille désormais à Nîmes, plus rien ne les retenait. ..... de la flambée des prix de l'immobilier, ils n'ont pas pu, ... argent, acquérir la villa au bord de la mer dont ils rêvaient. Mais, ... chance, ils ont déniché une petite maison à restaurer aux Saintes-Maries-de-la-Mer. ..... avoir travaillé toute sa vie dans le bâtiment, M. Da Silva n'est pas effrayé par l'ampleur des travaux. Sa femme, elle, est ..... ravie ......, pendant cette période, elle logera chez son fils.

19 L'expression de la conséquence

I. L'expression de la conséquence seule

Observez

5 RAISONS POUR LESQUELLES VOUS NE TROUVEZ PAS DE TRAVAIL :

- Vous n'avez pas professionnalisé votre recherche. Trouver du travail est un job à plein temps ! Par conséquent, il faut organiser votre recherche : réponses à des offres d'emploi, rendez-vous, entretiens, etc.
- Votre valeur est d'abord déterminée par le niveau de la demande. Vos compétences ne viennent qu'ensuite. C'est pourquoi de nombreuses personnes qualifiées ont beaucoup de mal à trouver un emploi. Aussi faut-il éviter de se surestimer pour ne pas engendrer de frustration.
- Vous ne savez pas vous vendre. De nombreux candidats à l'embauche oublient de se préparer avec soin pour les entretiens de sorte qu'ils échouent. En conséquence, n'oubliez pas les détails qui comptent.
- Vous n'avez pas pensé aux PME (Petites et Moyennes Entreprises). Elles représentent plus des trois quarts du marché de l'emploi en France si bien qu'il ne faut pas seulement miser sur les grands groupes. On travaille souvent plus dans une petite structure et ainsi obtient-on plus rapidement des responsabilités.
- Vous ne savez pas quel métier vous convient le mieux. Celui que vous aimeriez trouver n'est pas forcément le mieux adapté. Alors, pourquoi ne pas changer votre projet professionnel ?

a. Soulignez les expressions servant à exprimer la conséquence.

b. Quelle est l'expression la plus familière ? Quelle est la plus soutenue ?

c. Quelles expressions peuvent être déplacées dans la phrase ?

d. Après quelles expressions peut-on faire l'inversion sujet / verbe ?

Entraînez-vous

1 À l'aide des expressions proposées, reliez de façon logique une cause et sa conséquence.

c'est pourquoi / c'est pour cela que / c'est pour ça que / c'est la raison pour laquelle – de sorte que / de façon que / de manière que – si bien que

1. L'Académie française a entre autres pour but de freiner l'invasion des termes anglais •
2. La police norvégienne vient d'annoncer qu'elle avait retrouvé le célèbre tableau d'Edvard Munch intitulé *Le Cri* •
3. Le taux de pollution est très élevé aujourd'hui •
4. Dans de nombreux pays, les gens sont très superstitieux •
5. Sur les routes, la journée de demain est classée rouge par Bison Futé •
6. Des manifestants anti-OGM ont arraché des milliers de pieds de maïs transgénique •

- **a.** tous les amateurs d'art se réjouissent.
- **b.** il est fortement déconseillé aux automobilistes de prendre le volant.
- **c.** dans certains immeubles on ne trouve pas de treizième étage.
- **d.** leur leader a été condamné à de la prison ferme.
- **e.** elle propose des équivalents comme « baladeur » pour « walkman ».
- **f.** le stationnement résidentiel sera gratuit aujourd'hui dans la capitale.

2 Dans les phrases, ajoutez respectivement les expressions qui manquent : *ainsi, alors, aussi, comme ça, donc, par conséquent*.

1. Lors de l'entrée au CP, il ne faut ni surprotéger l'enfant, ni bien sûr le laisser se débrouiller tout seul. Il faut l'impliquer, lui donner l'impression qu'il contrôle lui-même les événements.

2. – Allô !
   – C'est moi, c'est juste pour te signaler que j'ai laissé les clés chez la concierge. Tu pourras entrer, si je ne suis pas encore arrivée.
   – C'est gentil. À ce soir.

3. Après plusieurs infractions au code de la route, Benoît n'a plus de points sur son permis. On le lui a retiré.

4. – C'était bien le film ?
   – Tu sais, on ne l'a pas vu. On a fait la queue sous la pluie. Et puis, au guichet, on nous a annoncé qu'il n'y avait plus de place. On est allé prendre un verre et nous voilà.

5. Pour réaliser cette recette, commencez par passer les poivrons quelques minutes au four. Vous les éplucherez plus facilement.

6. Selon la tradition chinoise du Feng Shui, l'environnement dans lequel nous vivons a un impact déterminant sur la circulation de l'énergie. La façon dont on aménage son intérieur exerce une influence essentielle sur notre santé, notre réussite et notre bonheur.

3 **À vous !** Imaginez une conséquence logique aux situations suivantes.

Exemple : Je connais Hervé depuis des années. Je n'imaginais pas qu'il se marierait un jour.
      D'où / De là .... ***/ Du coup,*** ....
      → *Je connais Hervé depuis des années. Je n'imaginais pas qu'il se marierait un jour.*
      D'où / De là *ma grande surprise. / **Du coup**, je suis très surpris.*

1. Mon réveil n'a pas sonné.
2. Sa mère était pianiste et son père un grand chef d'orchestre.
3. Elle a déjà raté le code deux fois.

II. L'expression de l'intensité et de la conséquence

Observez

Né à Genève en 1929, Nicolas Bouvier est un écrivain suisse de langue française, auteur de très beaux récits de voyage. Enfant, il a tellement contemplé les atlas que son envie de voyager est grande. Devenu jeune homme, son pays lui paraît si petit, si rigide, si austère qu'en 1953, avec un ami peintre, il décide de s'en aller, sans esprit de retour. Ayant l'intuition que l'Asie est la mère de l'Europe, c'est vers l'Est qu'ils partiront. De la Yougoslavie au Pakistan en passant par la Grèce, la Turquie, l'Azerbaïdjan et l'Iran, ils traverseront tant de pays qu'ils se retrouveront quatre ans plus tard en Inde. Ils ne roulent pas sur l'or au point qu'ils se refusent tout luxe, sauf un : la lenteur. Ils voyagent assez lentement pour se donner vraiment la chance de voir le monde comme il est et ne pas se laisser éblouir par les apparences. À son retour, l'expérience de Nicolas Bouvier sera assez grande pour qu'il puisse écrire : « On croit qu'on va faire un voyage et bientôt c'est le voyage qui vous fait ou vous défait. » Ce premier périple est narré dans un livre intitulé *L'Usage du Monde* qui date de 1963. D'autres voyages suivront. Et d'autres livres. Ils ont un tel charme que vous les apprécierez certainement.

a. Soulignez les différentes expressions servant à exprimer l'intensité de la cause et la conséquence.

b. Quelle(s) expression(s) utilise-t-on avec un adjectif ou un adverbe ? avec un nom ? avec un verbe ?

c. Quelle est la seule expression qui soit suivie du subjonctif ? Quand fait-on la transformation infinitive ?

Entraînez-vous

4 Dans les phrases, remplacez les expressions *si / tant (de) / tellement (de) / un tel + que* par un adverbe ou un adjectif suivi de *donc*.

*Exemple : Il nous était **si / tellement** reconnaissant de l'avoir aidé à se loger **qu'**il a tenu à nous inviter au restaurant.*

*→ Il nous était **très** reconnaissant de l'avoir aidé à se loger, **donc** il a tenu à nous inviter au restaurant.*

1. Quel dommage ! Pendant les vacances de Pâques, il a tellement plu qu'on n'a pas pu mettre le nez dehors.

2. Une de mes collègues de bureau est si douée pour les origamis qu'on dirait qu'elle a fait ça toute sa vie.

3. Les médecins écrivent si mal qu'il est parfois impossible de déchiffrer leur ordonnance.

4. Anglais, italien, espagnol, en plus de son diplôme, Laure parle tant de langues qu'elle devrait facilement trouver un travail dans le tourisme.

5. Il y a un tel désordre dans la chambre de mon fils qu'il ne retrouve jamais ses affaires.

6. De nombreuses personnes souffrent de telles insomnies qu'il leur est impossible de trouver le sommeil sans prendre un somnifère.

5 Tout en en conservant le sens général, transformez la phrase initiale en utilisant successivement les mots entre parenthèses.

*Exemple : Ce jeune patron travaille **tant / tellement qu'**il n'a plus une minute à lui.*

.... (occupé) / .... (tard) / .... (travail)

*→ Ce jeune patron est **si / tellement** occupé par son travail **qu'**il n'a plus une minute à lui. / Ce jeune patron sort **si / tellement** tard du bureau **qu'**il n'a plus une minute à lui. / Ce jeune patron a **tant de / tellement de / un tel** travail **qu'**il n'a plus une minute à lui.*

1. Florence a tellement menti qu'elle n'a plus d'amis.
→ .... (menteuse) / .... (souvent) / .... (mensonges)

2. Mon fils de huit ans s'intéresse tellement aux Pokémons que plus rien d'autre ne semble compter.
→ .... (intérêt) / .... (vivement) / .... (intéressé)

3. Les statues géantes de l'Île de Pâques intriguent tant les chercheurs qu'ils se posent encore mille questions à leur sujet.
→ .... (fortement) / .... (mystérieuses) / .... (mystère)

6 Complétez les phrases avec *si / tellement ... que, tant (de) / tellement (de) ... que, tant de / tellement de ... que, un tel ... que, assez (de) / trop (de) ... pour (que)*.

Exemple : Très apprécié des Japonais, les ailerons de requins sont un mets ...... rare ...... il est devenu hors de prix.

*→ Très apprécié des Japonais, les ailerons de requins sont un mets **si / tellement** rare **qu'**il est devenu hors de prix.*

1. Quitter leur deux pièces parisien pour un appartement plus spacieux en banlieue ? Manu et Chloé hésitent encore. Ils ont ...... réfléchi au pour et au contre ...... ils ne savent plus quelle décision prendre.

2. Le champion américain Tiger Woods exerce .... domination sur le golf international .... c'en est presque désespérant pour ses concurrents.

3. Le petit Lucas est un enfant .... réfléchi .... on lui donnerait facilement deux ans de plus.

4. Au Louvre, certains jours, il y a .... visiteurs qui se pressent devant La Joconde .... on puisse l'apercevoir à son aise.

5. Notre ami Théo a actuellement .... soucis professionnels .... il ne peut pas s'adonner à sa passion pour le bricolage.

6. Hier, nous sommes allés à la plage. Contrairement à moi qui suis frileuse, les enfants ont trouvé l'eau .... bonne .... se baigner.

---

7 | **À vous !** **Pour chacun des mots suivants, imaginez une situation dans laquelle vous construirez une phrase avec l'expression *un tel ... que* que vous accorderez.**

Exemple : **appétit**

> → *Que vais-je préparer pour ce soir ? Après la piscine, les enfants ont **un tel** appétit **qu**'il n'y a jamais assez à manger.*

1. curriculum vitæ → ....

2. patience → ....

3. maux de tête → ....

4. préjugés → ....

5. surprises → ....

6. difficultés financières → ....

---

8 | **Réécrivez les phrases avec les conjonctions *assez (de) / trop (de) ... pour que.* (Attention au rapport logique.)**

Exemples : − *Le nombre de signatures atteint par ce candidat est désormais **assez** grand, il peut* ***donc** se présenter aux élections présidentielles.*

> → *Le nombre de signatures atteint par ce candidat est désormais **assez** grand **pour qu**'il puisse se présenter aux élections présidentielles.*
> − *Quelle belle journée en perspective ! Il fait **très** beau, **donc** il faut que nous en profitions !*
> → *Quelle belle journée en perspective ! Il fait **trop** beau **pour que** nous n'en profitions pas.*

1. Une Golf TDI de 2006, avec ce kilométrage et à ce prix... L'occasion est très belle, donc ne la laissez pas passer !

2. Cet avocat de renom est assez persuasif, par conséquent les jurés seront vite convaincus de l'innocence de son client.

3. On voit bien que tu ne le connais pas ! Mon mari est très têtu, on ne le fera donc pas changer d'avis comme ça.

4. Mademoiselle, lors de votre audition, vous avez montré assez de talent. Aussi vous offrons-nous un rôle dans cette comédie musicale.

5. En ce qui concerne les menaces terroristes, la situation présente beaucoup de gravité. Le gouvernement les prend au sérieux.

9 | **Complétez le texte à l'aide des expressions proposées.**

aussi – donc – d'où – si bien que – si ... que – trop ... pour – un tel ... que

C koi 7 drôle 2 langue.

Quotidiennement en France, cinq millions de SMS* ou textos sont échangés. Ils sont ...... nombreux ...... ils inondent les lignes téléphoniques. Les nouvelles technologies ont ...... un effet bénéfique sur le volume de nos échanges écrits. On écrit probablement plus aujourd'hui qu'hier, mais à quel prix ?

L'espace est ...... limité (160 caractères au maximum) ...... tout écrire, ... cela a donné naissance à des mots réduits à quelques consonnes (bjr pour bonjour), à des rébus (NRV pour énervé), à des mots écrasés (LS tomB pour laisse tomber) ou tronqués (A+ pour À plus tard). De plus, l'apostrophe, le trait d'union, les majuscules et la ponctuation sont jugés inutiles, ... leur disparition. Enfin, les anglicismes jouissent de ...... popularité auprès des jeunes ...... ils sont omniprésents dans leurs envois (CUL8R pour See you later). Il y a cependant quelques occasions où la règle de faire court est transgressée. Ce sont les moments où les sentiments envahissent le petit écran du téléphone portable. ...... n'est-il pas rare de déclarer sa flamme par un « je taiiiimeeee ! »

* Short Message System

10 | **À vous !** **Décrivez les images ci-dessous en exprimant la conséquence de nombreuses façons différentes.**

Exemples : image 1 → Il est trop tard pour qu'ils puissent rentrer en métro.
image 2 → Il y a tellement de monde que certains ne pourront pas entrer.

①

②

Observez

> *Pour que tu m'aimes encore* (Céline Dion)
> « Je te jetterai des sorts **pour que tu m'aimes encore.**
> Je trouverai des langages **pour chanter tes louanges.**
> Je ferai nos bagages **pour d'infinies vendanges.**
> Les formules des marabouts d'Afrique
> Je les dirai sans remords **pour que tu m'aimes encore.** »

Dans ce texte, quels sont les types de construction qui permettent d'exprimer le but ?

I. Les conjonctions de subordination

Observez

Sur la plage de « Sans souci la Griotte ».

• Une aire de jeux a été délimitée **pour que** les moniteurs des clubs puissent mieux surveiller les enfants.

• Une partie de la plage est réservée aux véliplanchistes **de peur que** les planches à voile (ne) dérangent les baigneurs.

• « Drapeau rouge = baignade interdite. Drapeau vert = baignade autorisée ». Une grande pancarte rappelant ces indications est placée à l'entrée de la plage **de façon (à ce) qu'**aucun baigneur ne puisse l'ignorer.

> *Pour l'emploi du (ne) explétif, voir chapitre 13, page 114*

a. Complétez le tableau en répondant aux questions :

1. Quelle conjonction exprime : un objectif à atteindre, un résultat qu'on cherche à éviter, une certaine façon d'agir pour atteindre le but visé ?

2. Classez, selon leur sens, les conjonctions : *afin que, de sorte que, de manière (à ce) que, de crainte que.*

un objectif à atteindre	un résultat qu'on cherche à éviter	une certaine façon d'agir pour atteindre le but visé
......	......	......

b. À quel niveau de langue, courant ou soutenu, appartient *afin que* **?**

c. À quel mode sont les verbes de toutes ces subordonnées qui expriment le but ?

d. Le *ne* **employé après** *de peur que* **(ou** *de crainte que* **) a-t-il un sens négatif ? Peut-il être supprimé ?**

Entraînez-vous

1 Reliez les phrases à l'aide des conjonctions du tableau de l'Observez ci-dessus.

Exemple : Rappelle-lui notre rendez-vous. Il se peut qu'elle l'oublie encore.
*→ Rappelle-lui notre rendez-vous **de peur qu'**elle (ne) l'oublie encore.*

I. Il est parti sans attendre. Il ne voulait pas que son directeur arrive avant lui à la réunion.

2. Vous souhaitez que la vie soit plus agréable à Montpellier ? Participez aux conseils de quartier.

3. Vous placerez les tables de cette façon. On pourra circuler plus facilement.

4. Une salle d'informatique va être construite dans cette école primaire. Les enfants s'initieront au maniement de l'ordinateur.

5. Il faut classer les dossiers de cette manière. On pourra mieux s'y retrouver.

6. Le plombier a vérifié la réparation faite par son apprenti. Il se pourrait que la soudure soit mal faite.

7. Le médecin a parlé à l'infirmière. Mais il ne voulait pas que le malade l'entende.

II. Les prépositions

Observez

- La banque sera désormais ouverte le samedi **pour** mieux servir sa clientèle.
- La banque est ouverte le samedi **pour que** les clients puissent rencontrer un conseiller le jour où ils ne travaillent pas.

a. Quand faut-il employer *pour / afin de* **+ infinitif au lieu de** *pour que / afin que* **+ subjonctif ?**

- **1.** Une réunion aura lieu bientôt **pour / en vue de** planifier les activités du prochain trimestre.
  2. Une réunion aura lieu bientôt **pour / en vue de** la planification des activités du prochain trimestre.

- **1.** Dans la chambre de ce malade, le personnel soignant doit porter un masque **de peur d' / de crainte d'**être contaminé.
  2. Dans la chambre de ce malade, le personnel soignant doit porter un masque **de peur de / de crainte de** la contagion.

- Après son agression, elle a décidé de porter plainte **afin d' / de façon à / de manière à** obliger l'administration compétente à faire toute la lumière sur cette affaire.

- J'ai fait cette démarche **dans le but / dans l'intention d'**avoir toutes les informations nécessaires.

b. Quelles sont les prépositions qui acceptent la double construction (+ infinitif ou + nom) ?
c. Quelles sont celles qui n'acceptent que la construction infinitive ?

Entraînez-vous

2 Reliez les phrases, comme dans les exemples, en utilisant les prépositions ou conjonctions proposées.

dans le but de – de manière à / de manière (à ce) que – de peur de / de peur que – pour / pour que

Exemples : **1.** *Chez Habitarama, le grand magasin de la maison, vous trouverez tout. Cela vous permettra d'équiper votre maison selon votre budget. → Chez Habitarama, le grand magasin de la maison, vous trouverez tout **pour équiper** votre maison selon votre budget.*
2. *Le magasin propose toute une gamme d'articles. Chacun pourra aménager son intérieur en fonction de ses goûts. → Le magasin propose toute une gamme d'articles **pour que chacun puisse aménager son intérieur** en fonction de ses goûts.*

1. Des vendeurs compétents conseillent les clients. Ils feront un bon choix.
2. Ils sont toujours très aimables. Ils ne veulent pas mécontenter la clientèle.
3. Le samedi, une garderie est proposée aux jeunes parents. Ils pourront faire leurs courses en toute tranquillité.
4. Une monitrice amuse les plus petits. Sinon, ils risquent de réclamer leurs parents.
5. Le magasin est ouvert en nocturne une fois par semaine. Le but, c'est d'attirer ceux qui ne peuvent faire leurs courses dans la journée.
6. L'organisation du magasin a été très bien étudiée. De cette manière, les clients sont obligés de passer par tous les rayons avant de se rendre aux caisses.
7. Enfin, la direction fait beaucoup de publicité. De cette manière, elle attire la clientèle.

3 | **Réécrivez les phrases en nominalisant l'expression du but, comme dans l'exemple.**

Exemple : Depuis l'apparition de ce virus, des précautions ont été prises de peur que la maladie (ne) se propage.
> *→ Depuis l'apparition de ce virus, des précautions ont été prises **de peur d'une propagation** de la maladie.*

1. Une nouvelle campagne va être lancée en vue de sensibiliser les jeunes aux dangers de l'alcool au volant.
2. Que pouvons-nous faire pour revaloriser le patrimoine culturel de notre région ?
3. Pour être plus efficace, la police recourt à la vidéo.
4. Comme ce match était décisif, le sélectionneur a choisi les meilleurs joueurs de peur que l'équipe (ne) subisse une défaite.

4 | **À vous !** **Faites des phrases en utilisant les trois façons d'exprimer le but, comme dans l'exemple.**

*Exemple : – S'il y a des digicodes à l'entrée des immeubles, c'est **pour que** n'importe qui ne puisse y avoir accès.*
> *– S'il y a une limitation de vitesse en ville, c'est **pour la sécurité des piétons**.*
> *– Si la SNCF soigne tant sa clientèle, c'est **pour concurrencer** l'avion.*

Si ...., c'est pour que ....
Si ...., c'est pour (+ nom) ....
Si ...., c'est pour (+ infinitif) ....

Observez

> 1. « Je suis venu **te dire** que je m'en vais. »
> 2. Fais-moi goûter ta sauce **que je te dise** si c'est assez salé.
> 3. Nous nous sommes réunis ce matin **pour analyser la situation et prendre une décision**.
> 4. Ils ont pris cette décision **pour que justice soit faite et que cela serve d'exemple**.

Dans ces phrases, qu'est-ce qui permet l'omission de *pour* ?	phrase(s) n°(s)
L'utilisation de l'impératif dans la principale	
La coordination par *et*	
L'utilisation d'un verbe de mouvement	

Entraînez-vous

5 | Complétez les phrases avec la préposition *pour*, si elle est nécessaire.

1. (À un enfant de 2 ans). Tu t'es fait mal, viens ...... que je te fasse un petit câlin !

2. Suzanne est allée en province ...... rejoindre d'anciennes copines du lycée.

3. Clarisse et Philippe ont dû revendre des meubles encombrants ...... faire de la place.

4. Rappelle-moi l'heure de la rencontre ...... que je voie si je peux être avec vous ce jour-là.

5. ...... que le projet que nous allons présenter soit cohérent et ...... qu'il ait des chances d'être retenu par le jury, il va falloir y travailler encore quelques semaines.

Pour la subordonnée relative à valeur de but, voir chapitre 10, page 96

Bilan

6 | Reliez les phrases, comme dans l'exemple, en utilisant au choix les conjonctions proposées pour exprimer le but ou la conséquence, selon le sens.

Exemple : **de façon à ce que / de telle façon que**

1. Les joueurs de l'équipe nationale ont eu droit à trois jours complets de repos. Ils étaient en forme pour le match contre l'Italie.

*→ Les joueurs de l'équipe nationale ont eu droit à trois jours complets de repos de telle façon qu'ils **étaient** en forme pour le match (**conséquence**).*

2. Les joueurs de l'équipe nationale ont eu droit à trois jours complets de repos. L'entraîneur voulait qu'ils soient en forme pour le match contre l'Italie.

*→ Les joueurs de l'équipe nationale ont eu droit à trois jours complets de repos de façon à ce qu'ils **soient** en forme pour le match (**but**).*

a) de telle manière que / de manière à ce que

1. Le programme de visite de notre voyage touristique a été modifié. De cette manière, chacun a eu un peu plus de temps libre.

2. Le programme de visite de notre voyage touristique va être modifié. De cette manière, chacun aura un peu plus de temps libre.

b) de sorte que / de sorte que

1. Pour ce repas, nous serons nombreux. Achète plusieurs paquets de serviettes en papier. Nous en aurons encore pour le déjeuner du lendemain.

2. Pour ce repas, nous étions nombreux. Ma sœur a bien fait d'acheter plusieurs paquets de serviettes en papier. Nous en avons eu encore pour le déjeuner du lendemain.

c) de sorte que / de sorte que

1. Pour sa conférence, Émilie a fait l'effort de parler très fort. Ainsi tout le monde l'entendait.

2. Pour sa conférence, Émilie a fait l'effort de parler très fort. Elle voulait que tout le monde l'entende.

I. Les prépositions de temps

Observez

Ali vit en France depuis 1966. À cette date, il a laissé sa femme et son fils au Maroc et est venu travailler en France pour quelque temps. Il pensait alors qu'il rentrerait dans son pays au bout de 4 ou 5 ans avec suffisamment d'argent pour assurer l'avenir de ses enfants, mais il a vite compris que la France n'était pas le pays dont il avait rêvé et qu'il ne deviendrait pas riche en quelques années comme il l'avait pensé d'abord. Alors, en 1970, il a fait venir sa famille en France en se disant que ses enfants auraient une chance d'y faire des études. Pendant 35 ans, il a travaillé dans l'industrie automobile. De 1969 à 1980, il a été ouvrier spécialisé, puis, à partir de 1981, il a travaillé comme contremaître. Il y a 3 ans, à la suite d'un accident du travail, il a été déclaré invalide à 80 % et touche donc une pension d'invalidité depuis 3 ans. Dans quelques mois, il sera à la retraite et il rêve toujours de retourner au Maroc mais désormais sa vie est ici, et il restera probablement en France jusqu'à la fin de ses jours, entouré de ses enfants et de ses petits-enfants.

a. Relevez les expressions de temps introduites par une préposition.
b. Placez-les dans le tableau ci-dessous.

durée		moment	
calculée à partir d'une date	exprimée directement	calculé à partir d'une durée	exprimé directement
depuis 1966	pour quelque temps ……	au bout de 4 ou 5 ans	à cette date
……		……	……

Entraînez-vous

I Complétez les réponses en vous appuyant sur le texte de l'Observez ci-dessus.

Exemples : — De quand à quand Ali a-t-il été ouvrier spécialisé ?
→ Il a été ouvrier spécialisé de …… à ……, c'est-à-dire pendant …… .
*→ Il a été ouvrier spécialisé **de 1969 à 1980**, c'est-à-dire **pendant 11 ans**.*
— Au moment où il est parti en France, quand pensait-il retourner dans son pays ?
*→ Il pensait retourner dans son pays **au bout de 4 ou 5 ans**, c'est-à-dire **en 1970 ou en 1971**.*

1. Depuis quand Ali vit-il en France ?
Il vit en France depuis ……, c'est-à-dire depuis …… .
2. Quand a-t-il fait venir sa famille en France ?
Il a fait venir sa famille en ……, c'est-à-dire au bout de …… .
3. À partir de quand a-t-il été contremaître ?
Il a été contremaître à partir de ……, c'est-à-dire pendant ……, c'est-à-dire de …… à …… .
4. Quand a-t-il eu un accident du travail ?
Il a eu un accident du travail il y a ……, c'est-à-dire en …… .
5. Depuis combien de temps touche-t-il une pension d'invalidité ?
Il touche une pension d'invalidité depuis ……, c'est-à-dire depuis …… .

Il y a – dans – depuis / Il y a... que / Cela fait... que

Observez

Les informations sur Radio Méditerranée :

« ... Le prince héritier de la couronne d'Angleterre vient d'arriver sur la Côte d'Azur. Tous les paparazzis l'attendent depuis deux heures à l'aéroport de Nice où son avion a atterri il y a une heure. Cependant, certaines sources affirment qu'il ne fait qu'une escale et repartira dans une heure pour une destination inconnue. Cette information nous est parvenue hier dans la soirée et a été corroborée par d'autres sources aujourd'hui dans la matinée. »

a. Relevez les expressions de temps introduites par une préposition et notez le temps du verbe qui les accompagne (exemple : *depuis deux heures* + présent). Placez chaque expression en face du schéma, à la place qui convient.

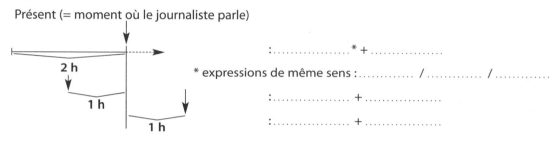

b. Par rapport à quel moment la plupart de ces expressions se définissent-elles ?

c. Dans quelles expressions la préposition *dans* a-t-elle un sens différent ? Quel est ce sens ?

d. Réécrivez le texte au passé. Quelles expressions de temps sont transposables au passé ? Lesquelles doivent être remplacées par d'autres expressions ?

→ « ... *Le prince héritier venait d'arriver sur la Côte d'Azur. Tous les paparazzis l'attendaient* .... »

Entraînez-vous

2 En vous aidant de l'emploi du temps de Serge, complétez le texte avec *dans* (3), *depuis* (2), *il y a, il y a ... que / cela fait ... que / voilà ... que*, puis transposez le récit au passé.

LUNDI			SAMEDI
début de travail sur projet	○	○	remise du dossier ......
MERCREDI	○	○	......
8 h 30 arrivée au bureau	○	○	**DIMANCHE**
10 h – 12 h réunion d'équipe	○	○	......
13 h rendez-vous client	○	○	......

Aujourd'hui, c'est mercredi. Il est 11 heures du matin et Serge est au bureau ...... 8 heures et demie. ...... 2 heures et demie ...... il travaille et ...... 1 heure il est allé à sa réunion d'équipe. Il commence à sentir la fatigue et à avoir faim. Heureusement, ... 1 heure, la réunion prendra fin et il pourra aller déjeuner et se détendre mais comme il a un rendez-vous avec un client ...... 2 heures, la pause sera de courte durée. Il travaille sur un nouveau projet ...... 2 jours et il doit rendre le projet complet ...... 3 jours. ...... quelque temps ...... il est sous pression car chaque semaine sa direction lui demande un nouveau projet.

→ *Ce jour-là, c'était mercredi. Il était 11 heures du matin et...*

Observez

> **1.** Le train est arrivé **il y a 1 heure.**   **2.** Le train est arrivé **depuis 1 heure.**

a. Dans quelle phrase exprime-t-on un moment ? Dans quelle phrase exprime-t-on une durée ? Placez les expressions en gras sur le schéma.

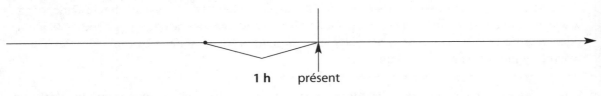

1 h   présent

b. Dans quelle phrase le passé composé a-t-il un sens passé ? Dans quelle phrase exprime-t-il le résultat présent d'une action passée ?

Entraînez-vous

3 Mettez les verbes entre parenthèses au présent ou au passé composé.

1. a. Héloïse (partir) *est partie* en Australie il y a 2 ans. Ses amis étaient désolés.

   b. – Héloïse habite bien Paris ? – Ah non, elle (partir) …… depuis 2 ans.

2. – Que devient Héloïse en ce moment ? Toujours en Australie ?

   a. – Non, elle (revenir) …… depuis 6 mois.

   b. – Non, elle (être) …… en France depuis 6 mois.

   c. – Héloïse (revenir) …… il y a 6 mois.

3. a. Héloïse (habiter) …… à la cité universitaire il y a trois ans.

   b. En rentrant, elle s'est installée : elle (habiter) …… un studio depuis 3 mois.

   c. Héloïse n'habite plus chez ses parents. Elle (déménager) …… depuis 3 mois.

4. a. Héloïse (terminer) …… des études de gestion il y a 1 an.

   b. Elle n'est plus étudiante : elle (terminer) …… ses études depuis 1 an.

   c. Héloïse n'est plus étudiante : elle (travailler) …… depuis 1 an.

4 Racontez l'histoire de Markus en utilisant l'expression entre parenthèses et en mettant le verbe au temps qui convient (présent ou passé composé).

1997 : arrivée de Markus en France (il y a).

1998 : Markus commence à parler français (depuis).

2000 : Markus commence à vivre à Paris (depuis).

2001 : Il trouve son premier emploi (il y a).

2002 : changement de travail (depuis).

2003 : rencontre avec Jade, sa future femme (il y a).

2004 : Markus et Jade emménagent dans un appartement (depuis). Ils nagent dans le bonheur (depuis).

→ *Markus est arrivé en France en 1997. Il* ……

Pendant / En

Observez

• J'ai lu ce livre **pendant** 3 heures.   • J'ai lu ce livre **en** 3 heures.

a. Quelle préposition indique seulement que l'action de lire a duré 3 heures ?

b. Quelle préposition indique que l'action de lire a duré 3 heures et que le lecteur a fini le livre ?

Entraînez-vous

5 | **Complétez les mini dialogues avec** *pendant* **et** *en.*

1. — Nous avons visité le Louvre ...... 2 jours.

— Vous êtes sûrs ? Moi j'ai visité le Louvre ...... 2 jours et je n'ai même pas vu la moitié des collections.

2. — Vous avez eu besoin de combien de temps pour nettoyer votre appartement ?

— En fait, ce matin j'ai fait le ménage ...... 2 heures, puis j'ai dû m'arrêter pour préparer le déjeuner, mais normalement je fais le ménage ...... 3 heures.

3. — Le funiculaire de Montmartre, c'est très pratique : on fait l'aller-retour entre le bas de la butte et le Sacré-Cœur ...... 2 minutes.

— Eh bien moi, quand j'étais petit, j'achetais un ticket pour le funiculaire et je m'amusais à faire l'aller-retour entre le bas de la butte et le Sacré-Cœur ...... 1 demi-heure !

4. — Bernard a eu de la chance dans sa carrière : il a gravi tous les échelons de la hiérarchie ...... quelques années, et maintenant il est directeur général.

— Ce n'est pas le cas de ce pauvre Edouard : il a essayé ...... quelques années de gravir les échelons de la hiérarchie mais il est resté cadre moyen, alors il en a eu assez et il a laissé tomber.

6 | **À vous !** **Répondez aux questions en utilisant** *pendant* **ou** *en.*

Exemple : — Est-ce que vous mettez beaucoup de temps à rejoindre votre lieu de travail le matin ?
*— Non, je vais au bureau **en** un quart d'heure.*

1. Prenez-vous de longues vacances l'été ?

2. Avez-vous besoin de temps pour vous endormir ?

3. Avez-vous du temps pour déjeuner à midi ?

4. Quand vous regardez la télévision, la regardez-vous longtemps ?

5. Êtes-vous rapide en calcul mental ?

Pendant / Pour

Observez

Quand Gaëlle était étudiante, elle est partie à Londres **pour** un an et, finalement, comme elle a trouvé du travail sur place, elle y a vécu **pendant** 6 ans.

a. Quelle préposition indique une durée réelle ?

b. Quelle préposition indique une durée planifiée ?

Entraînez-vous

7 Complétez les mini dialogues avec *pendant* ou *pour*.

Histoire en 4 actes :

1. — Maman, je m'en vais.
   — ...... combien de temps ? ...... le week-end ?
   — Non. Je pars ...... toujours.
2. — Allô Paul ? Je suis folle d'inquiétude : Quentin fait une fugue. J'ai essayé ...... une demi-heure de le dissuader de partir, mais il ne m'a pas écoutée.
   — Allons ne t'inquiète pas, je le connais : il va s'absenter ...... une journée, et puis il reviendra tout penaud.
3. — Allô Brice ? Tu pourrais m'héberger quelques jours ?
   — Euh, c'est ...... combien de temps ? Si c'est ...... 1 ou 2 jours, c'est bon. Si c'est ...... 1 semaine, ça « va pas » être possible.
   — Non, non, c'est juste ...... le week-end.
4. — Allo Matthieu ? C'est Brice. Je voulais te dire que ce week-end j'héberge Quentin dans « l'appart' », alors il n'y a plus de place.
   — Encore ? Déjà la semaine dernière il est resté ...... 3 jours, et le mois dernier ...... 1 semaine. Il dit qu'il vient ...... quelques jours, mais moi je suis sûr qu'il va « s'incruster » ...... 8 jours !

À partir de – dès / Depuis

Observez

> Hier matin, j'ai travaillé **à partir de / dès** 7 heures.
> Demain matin, je travaillerai **à partir de / dès** 7 heures. } Je travaille **depuis** 7 heures ce matin.
> Je travaille **à partir de / dès** 7 heures tous les matins.

a. Pour chacune des expressions de temps :
– Connaît-on le début de la durée exprimée ?
– Connaît-on la fin de la durée exprimée ?
b. Cochez les expressions qui conviennent :
– La durée exprimée est inachevée au moment présent : ☐ *à partir de*   ☐ *dès*   ☐ *depuis*
– La durée exprimée est indépendante du moment présent : ☐ *à partir de*   ☐ *dès*   ☐ *depuis*
c. Placez les expressions de temps sur le schéma.

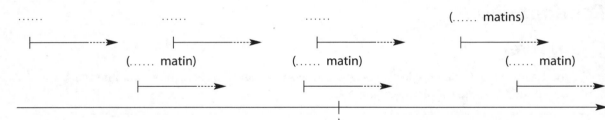

....   (...... matins)

(...... matin)   (...... matin)   (...... matin)

Présent (= moment où on parle)

Entraînez-vous

8 Complétez les phrases avec *depuis, dès* ou *à partir de*.

1. **a.** Tous les ans, nous allumons notre chauffage ...... la mi-octobre.
   b. Nous sommes à la fin du mois de mai et il fait encore froid. J'en ai assez, j'utilise le chauffage ...... la mi-octobre !
2. **a.** Léo a commencé la musique tôt. Il prend des cours de piano ...... l'âge de 6 ans.
   b. Léo a commencé la musique tôt. Il a pris des cours de piano ...... l'âge de 6 ans.
3. **a.** La ligne 2 du tramway sera mise en circulation ...... le mois de mars.
   b. La ligne 2 du tramway circule ...... le mois de mars. Les usagers en sont très contents.

9 Complétez le texte avec *depuis, dès* ou *à partir de*.

Le pétrole, produit clé de l'économie mondiale, est connu ...... l'Antiquité. En effet, ... cette époque, le pétrole a été utilisé en Mésopotamie comme produit pharmaceutique et cosmétique. Cependant, c'est ...... 1859 que l'on a commencé à l'extraire de manière industrielle quand Edwin Drake a foré un puits de pétrole en Pennsylvanie. ...... cette date, la production s'est développée rapidement dans différentes régions du monde pour atteindre son apogée au début des années 1970. Actuellement et ...... 2002, l'inquiétude règne sur l'état des réserves mondiales de pétrole. On estime que le déclin de cette source d'énergie commencera ...... 2050, mais certains affirment que la pénurie sera pour beaucoup plus tôt, ... 2010.

À partir de / Dès / À

Observez

1. Je serai au travail **à partir de** 8 heures demain matin.

2. Je serai au travail **dès** 8 heures demain matin.

3. Je posterai cette lettre **à** 8 heures demain matin.

4. Je posterai cette lettre **dès** 8 heures demain matin.

a. Dans quelles phrases exprime-t-on une durée dont on ne précise pas la fin ? Dans quelles phrases exprime-t-on un moment ?

b. Quelle nuance de sens apporte *dès* par rapport aux prépositions *à partir de* et *à* ?

c. Placez les expressions de temps sur le schéma.

Entraînez-vous

10 Dans les phrases, remplacez *dès* par *à partir de* quand c'est possible.

1. — Je ne t'ai pas vu ce matin. Tu étais en retard à notre rendez-vous.
   — Mais pas du tout ! Je t'ai attendu **dès** 9 heures et quart.
2. Céline est une « couche-tôt » : elle est au lit **dès** 10 heures.
3. Je pars quelques jours en déplacement professionnel. Je vous appellerai **dès** mon retour.
4. M. Duvieux n'a jamais changé ses habitudes de travail : il arrive **dès** 8 heures du matin et il quitte son bureau **dès** 17 heures.
5. Je finirai ce travail **dès** ce soir et je pourrai me consacrer à ce nouveau dossier **dès** demain.

II Remplacez la préposition *à* par la préposition *dès* quand c'est possible.

1. Monsieur, vous n'avez pas respecté les délais : vous aviez promis de nous remettre la marchandise **à** 10 heures, et nous l'avons reçue **à** 17 heures !
2. J'ai raté le dernier métro parce que le spectacle s'est terminé **à** 1 heure du matin.
3. — Vous revenez déjà ?
   — Eh bien oui, la réunion a commencé **à** 13 heures, alors j'ai été libéré plus tôt.
4. — Venez me chercher à la gare **à** 14 heures, je ne veux pas être en retard à mon rendez-vous.
   — Ah, je suis désolé mais c'est impossible : je ne pourrai être à la gare qu'**à** 14 heures 30.

II. Les propositions subordonnées de temps

Observez

> Depuis que l'Union européenne s'est élargie, de nombreux constructeurs automobiles investissent dans les pays d'Europe centrale et orientale.
>
> En 2005, PSA Peugeot-Citroën a commencé la production de la Peugeot 207 dans une usine de Slovaquie. Avant que la première voiture sorte de cette usine, le groupe avait déjà décidé d'investir dans une nouvelle unité de production.
>
> Mais, pendant que les usines se délocalisent à l'Est, l'heure est aux restructurations à l'Ouest : fermeture d'usines ou suppression d'emplois.

a. Soulignez les conjonctions qui introduisent des propositions subordonnées de temps.

b. Quelle conjonction introduit un fait antérieur à celui de la proposition principale ? De quel mode est-elle suivie ? Laquelle introduit un fait simultané à celui de la proposition principale ? De quel mode est-elle suivie ? Laquelle introduit un fait postérieur à celui de la proposition principale ? De quel mode est-elle suivie ?

La simultanéité

• Conjonctions de temps qui marquent la simultanéité

Entraînez-vous

12 a) **Mettez les verbes entre parenthèses aux temps de l'indicatif qui conviennent.**

Exemple : Jean-Paul Sartre est né en 1905 et il a perdu son père l'année suivante.
Quand *sa mère, Anne-Marie, (devenir) ...... veuve, elle est retournée vivre chez ses parents.*
→ **Quand** *sa mère, Anne-Marie,* **est devenue** *veuve, elle est retournée vivre chez ses parents. Dans Les Mots, il évoque divers souvenirs.*

1. *Petite enfance.*
   Seul enfant au milieu d'adultes, le petit Jean-Paul était idolâtré. Tout le monde s'extasiait, **chaque fois qu' / toutes les fois qu'**il (proférer) ...... « un mot d'enfant ». Il le savait et en jouait.
   Les livres, chez le grand-père, faisaient l'objet d'une sorte de culte. Le petit Jean-Paul, **lorsqu'**il (être admis) ...... dans son bureau, se plongeait dans un livre, faisant mine de le comprendre.

2. *Chevelure.*
   Le grand-père trouvant que les cheveux longs lui donnaient un air de fille l'a emmené se les faire couper sans en parler à sa mère. Quel drame pour Anne-Marie ! **Tant que / aussi longtemps que** les boucles (encadrer) ...... le visage de l'enfant, elle n'avait pas pris conscience de sa laideur, mais **depuis qu'**il (avoir) ...... les cheveux courts, elle ne pouvait plus se leurrer.

3. *Cinéma.*
   Maintenant que le cinéma (être) ...... un art à part entière, on n'imagine plus combien il avait à ses débuts un public populaire. Les jours de pluie, **alors qu' / tandis qu'**Anne-Marie et son fils (se préparer) ...... à sortir, le grand-père, apprenant qu'ils allaient dans « une salle de projection », ne manquait pas de manifester son mépris pour ce genre de distraction.
   Un rideau rouge masquait l'écran et, **au moment où** la projection (aller) ...... commencer, on sonnait trois coups comme au théâtre. Le cinéma de cette époque étant muet, **pendant que** les images (défiler) ......, un pianiste jouait dans le noir. **Dès que** la lumière (revenir) ......, une ouvreuse s'avançait pour vendre à la criée des bonbons anglais.
   Le goût de Jean-Paul Sartre pour le cinéma ne se démentira pas **(au fur et) à mesure que** ce nouvel art (se développer) ....

b) **Classez les conjonctions de subordination selon leur sens dans le tableau.**

simultanéité simple	simultanéité + durée	simultanéité + progression	simultanéité + répétition	simultanéité + point de départ
Quand	....	....	....	....
....	....	....	....	....

13 Reformulez les parties de dialogue en italique en utilisant les conjonctions de subordination proposées.

alors que – au fur et à mesure que – au moment où – chaque fois que – depuis que – pendant que

Exemple : – Fabien, tu connais le Futuroscope de Poitiers ?
*– Oui, **je l'ai visité. J'étais alors en stage dans cette ville.***
*→ Oui, je l'ai visité **alors que** j'étais en stage dans cette ville.*

1. – Vous avez fait un voyage en Sicile en 2001, n'est-ce pas ?
   – Oui, *nous y étions en juillet. L'Etna est entré en éruption à ce moment-là.*
2. – Tante Adèle, tu as entendu parler de ce nouveau médicament contre les rhumatismes ?
   – Oui, *je le prends et je ne souffre presque plus.*
3. – Monsieur, en tant que chercheur, comment voyez-vous l'avenir de notre économie ?
   – Dans un avenir immédiat, sous un jour plutôt défavorable. En effet, *le prix du baril de pétrole monte et les coûts industriels augmentent au fur et à mesure.*
4. – Qu'est-ce que vous faisiez samedi vers 16 h, Julien et toi ? Impossible de vous joindre !
   – Oh, rien de spécial ! *Julien a emmené les enfants au cinéma. Pendant ce temps-là, moi j'étais de garde à l'hôpital.*
5. – Vous allez souvent dans votre maison en Savoie ?
   – Trois ou quatre fois par an mais ce n'est pas assez. *À chaque fois, il y a quelque chose à faire : au printemps, désherber, à l'automne, ramasser les feuilles mortes, tailler les haies, etc.* Quel boulot ! Ce n'est jamais fini.

14 **À vous !** Complétez les phrases comme dans l'exemple.

Exemple : Tant qu'elle (ne pas avoir d'enfant) ......, Marie travaillait comme assistante sociale
*à la mairie de Puteaux, mais **depuis que** ....*
*→ Tant qu'elle n'**avait pas d'enfant**, Marie travaillait comme assistante sociale*
à la mairie de Puteaux mais depuis qu'elle a des jumeaux, elle «travaille» chez elle.

1. Flore a été très facile et souriante tant qu'elle (être fille unique) ...... mais **depuis que** ....
2. Tant que vous (avoir de la fièvre) ......, m'a dit le médecin, gardez la chambre mais **quand** ....
3. Ma mère a subi une intervention chirurgicale et elle vient de rentrer chez elle. Je resterai près d'elle aussi longtemps qu'il (le falloir) ...... mais **dès que** ....
4. Ce carrefour est très dangereux. Les accrochages étaient fréquents, tant qu'il (ne pas y avoir de feux) ...... mais **maintenant que** ....
5. Luc et Chloé ont planté des arbres sur leur terrain avant même de construire leur maison. Aussi longtemps qu'ils (être) ...... petits, ce terrain paraissait vide mais **au fur et à mesure que** ....
6. En montagne, tant qu'on (être) ...... en altitude, l'air est frais et léger malgré le soleil, mais **à mesure que** ....

• *En* + forme verbale en -*ant*

Observez

Plongée dans son rêve intérieur, Clara jouait, tout **en fredonnant**, des lieder de Schumann.
Elle a sursauté **en entendant** la sonnerie du téléphone.

a. Reformulez chacun des gérondifs pour en préciser le sens.

b. L'emploi de *tout* est-il obligatoire dans celui de la première phrase ? Peut-il être ajouté dans la seconde ?

Entraînez-vous

15 Reformulez les phrases en employant le gérondif, précédé de *tout* lorsque cela est possible.

Exemple : Les adolescents continuent à regarder la télévision ; ils surfent sur Internet et échangent des SMS en même temps.
*→ Les adolescents continuent à regarder la télévision **tout** en surfant sur Internet et en échangeant des SMS.*

1. Léo est insupportable. Il triche toujours quand il joue aux cartes avec moi.

2. L'année prochaine, Fanny donnera des cours de piano et elle continuera en même temps ses études au conservatoire.

3. Quand on entre dans une maison japonaise, on se déchausse.

4. Quand il a aperçu une énorme araignée, le petit Jules s'est mis à crier.

5. Le « Trivial Pursuit » est un jeu très intéressant. On s'instruit et on s'amuse en même temps.

6. Les Jardins d'Éole, dans le XVIIIe arrondissement de Paris, ont été conçus en concertation avec les riverains, de manière à divertir petits et grands et à protéger l'environnement en même temps.

L'antériorité

Observez

> Boris Vian, le célèbre écrivain, ingénieur et trompettiste des caves de Saint-Germain-des-Prés, avait pressenti le talent du chanteur Serge Gainsbourg qui, dit-il, « apporte tout en faisant semblant de n'apporter rien. » Et il ajoute : « D'ici peu d'années, on dira *"Avant que Gainsbourg vienne"* et *"Après que Gainsbourg est venu".* »

Pourquoi emploie-t-on le subjonctif avec *avant que* et l'indicatif avec *après que* ?

• *Quand / Lorsque, dès que, après que, aussitôt que, une fois que*

Observez

> *Corentin est « fan » de « world music ».*
> Une fois qu'il **a téléchargé** un nouveau morceau, il l'**écoute** sur son Ipod.
> Une fois qu'il **avait téléchargé** un nouveau morceau, il l'**écoutait** sur son Ipod.
> Une fois qu'il **a eu téléchargé** ...., il l'**a écouté** ....
> Une fois qu'il **aura téléchargé** ...., il l'**écoutera** ....

a. Quelle est la caractéristique commune de tous les temps des subordonnées ?

b. Comment chacun de ces temps marque-t-il la relation d'antériorité par rapport au verbe de la proposition principale ?

Entraînez-vous

16 Complétez les phrases comme dans les exemples.

Pedro, un jeune Brésilien, va travailler pendant 1 mois comme serveur dans un restaurant. Il prend son service pour la première fois. Son patron lui explique ce qu'il doit faire.

a) Exemple : En arrivant, vous changerez de vêtements.

— *Quand ......, vous mettrez le couvert dans la grande salle.*

→ *Quand vous aurez changé de vêtements, vous mettrez le couvert dans la grande salle.*

— Puis, vous sortirez les tables et les chaises sur la terrasse.
Une fois que......, vous installerez les parasols.
— Vous mettrez ensuite la carte des boissons sur les tables de la terrasse.
Après que ......, vous déjeunerez dans un coin de la salle avec votre collègue.
— Vous finirez de déjeuner et enfin vous prendrez un bon café.
Dès que ...... et que ......, vous vous tiendrez debout à la porte à attendre les premiers clients.

b) Exemple : En arrivant, Pedro changeait de vêtements.

— *Aussitôt que ......, il mettait le couvert dans la grande salle.*

→ *Aussitôt qu'il avait changé de vêtements, il mettait le couvert dans la grande salle.*

— Puis, il sortait les tables et les chaises sur la terrasse.
Une fois que ......, il installait les parasols.
— Il mettait ensuite la carte des boissons sur les tables de la terrasse.
Après que ......, il déjeunait dans un coin de la salle avec son collègue.
— Il finissait de déjeuner et enfin il prenait un bon café.
Dès que ...... et que ......, il se tenait debout à la porte à attendre les premiers clients.

17 Utilisez les conjonctions entre parenthèses pour reformuler les phrases en italique.

Exemple : Mon mari n'a jamais besoin de somnifères. Il pose la tête sur l'oreiller et il s'endort.
(dès que)
→ ***Dès qu****'il a posé la tête sur l'oreiller, il s'endort.*

1. Pauline s'est cassé les deux fémurs en sautant en parachute, mais *ses jambes se consolideront et elle recommencera à sauter.* (dès que)
2. Les travaux de peinture bien faits, c'est long. *Le peintre rebouche les trous et égalise la surface des murs, puis il passe la première couche de peinture.* (une fois que)
3. Henriette va passer une année en Chine comme lectrice dans une université. *Elle obtiendra son visa et réunira tous les papiers nécessaires ; ensuite elle partira.* (aussitôt que)
4. Pour que le Beaujolais soit bon, il faut qu'il soit « nouveau ». *On le met en bouteille et après, il faut le consommer très vite.* (après que)

18 **À vous !** Posez-vous des questions : *Que fait-on quand ... ? / que ferez-vous une fois que ... ?*

*Exemples : — **Que fait-on quand** on a marché sur les pieds de quelqu'un ?*
→ Quand on a marché sur les pieds de quelqu'un, on s'excuse.
*— **Que ferez-vous quand** vous aurez fini vos études ?*
→ Une fois que j'aurai fini mes études, je chercherai un emploi à l'étranger.

• *Après* + infinitif passé

Observez

Assia Djebar sous la Coupole*
Assia Djebar, née à Cherchell, en Algérie, est le premier écrivain du Maghreb à être reçu à l'Académie française. Lors de son discours d'intronisation, **après avoir vigoureusement rappelé** les maux de la colonisation, la romancière a rendu hommage à son père, instituteur dans un village de montagne, ainsi qu'aux femmes de sa lignée maternelle.

* Il s'agit de la coupole de l'Institut de France, siège de l'Académie française.

a. À quelle condition peut-on employer la préposition *après* suivie de l'infinitif ?
b. Pourquoi emploie-t-on toujours l'infinitif passé après la préposition *après* ?

Entraînez-vous

19 Reformulez les phrases avec la préposition *après* suivie de l'infinitif passé, quand cela est possible.

SÉLECTION D'ÉMISSIONS TÉLÉVISÉES POUR TOUS LES JOURS DE LA SEMAINE
Exemples : 1. Dimanche : Coupe du monde de football : Les Bleus ont vaincu l'Espagne. Vaincront-ils le Brésil ?
→ Après avoir vaincu l'Espagne, les Bleus vaincront-ils le Brésil ?
2. Les Bleus ont vaincu l'Espagne. Le Brésil les empêchera-t-il d'arriver en finale ?
→ impossible

— *Lundi :* La journée d'un député :
Isabelle D... suit le député de la Gironde dans ses activités quotidiennes, puis elle l'interroge sur le rôle de l'élu dans sa circonscription.
— *Mardi :* Après le tsunami :
Une équipe de journalistes est retournée sur les lieux de la catastrophe. Les survivants témoignent de leurs difficultés et de leurs espoirs.
— *Mercredi :* Des femmes chez les pompiers :
Jean-Baptiste G... nous les avait présentées au cours de leur formation. Après, il les a filmées dans l'exercice, parfois périlleux, de leur métier.
— *Jeudi :* Depuis l'Opéra-Bastille, les Boréades de Jean-Philippe Rameau :
Cet opéra de 1764 a été créé pour la première fois à Paris en 2003. L'éblouissante direction d'orchestre de William Christie réhabilite cette œuvre méconnue.
— Etc.

20 **À vous !** Sur le modèle de l'exercice 19, présentez d'autres émissions en utilisant *après* + infinitif passé.

21 Rétablissez une proposition subordonnée complète en utilisant *une fois que* ou *(aus)sitôt que*. L'auxiliaire est nécessairement le verbe *être*.

QUESTIONS D'ACTUALITÉ

Exemple : **Les « accros » des jeux vidéo.**

      Beaucoup d'« ados », sitôt rentrés chez eux, allument leur ordinateur pour jouer en réseau. Comment leur poser des limites ?

      → *Beaucoup d'« ados »,* **aussitôt qu'***ils sont rentrés chez eux, allument leur ordinateur pour jouer en réseau.*

1. *TGV Est.*

Le TGV Est mis en service, Reims sera à 45 minutes de Paris, Metz et Nancy à 1 heure 30, Strasbourg à 2 heures 20 de la capitale.

2. *Vie de couple.*

Une fois passé le coup de foudre, les conjoints doivent faire face à la réalité quotidienne de l'autre. À qui s'adresser pour être conseillé ?

3. *Remboursement des médicaments.*

Sitôt publié le rapport demandé par le ministère de la Santé sur l'efficacité de certains traitements coûteux, la Sécurité Sociale pourrait mettre en place de nouveaux barèmes de remboursement.

4. *Contrôle des élections.*

Aussitôt vérifié le décompte de tous les bureaux de vote, le ministère de l'Intérieur a confirmé les résultats annoncés.

• Simultanéité ou antériorité ?

22 Exprimez la simultanéité ou l'antériorité selon le sens de la phrase en mettant le verbe entre parenthèses à un temps simple ou à un temps composé.

Exemples : 1. Une fois qu'il (prendre) ...... sa retraite, il pourra enfin lire et voyager.

      → *Une fois qu'il* **aura pris** *sa retraite, il pourra enfin lire et voyager.*

      2. Une fois qu'il (être) ...... à la retraite, il pourra enfin lire et voyager.

      → *Une fois qu'il* **sera** *à la retraite, il pourra enfin lire et voyager.*

1. Ma sœur est toujours super-inquiète. Dès qu'elle (avoir) ...... le moindre mal de tête ou le moindre bouton suspect, elle court chez le médecin et, une fois qu'elle le (voir) ......, comme par enchantement, tous ses maux disparaissent.

2. Depuis qu'un jour, une amie la (entraîner) ...... à un cours de taï chi, Alice ne peut plus s'en passer. En effet, depuis qu'elle (suivre) ...... régulièrement ce cours, elle se sent pleine d'énergie.

3. Plusieurs communes limitrophes de la ville d'Orléans voulaient obtenir la création d'une ligne de tramway mais tant que la précédente équipe municipale (être) ...... en place, aucune décision ne pouvait être prise. Maintenant que le maire (changer) ......, on espère bien que le projet va être remis à l'étude.

4. Les travaux d'agrandissement du complexe sportif de la ville ne pourront pas commencer tant que le Conseil municipal (ne pas voter) ...... les crédits nécessaires, mais dès que l'entreprise (avoir) ...... le feu vert de la municipalité, le chantier ouvrira.

5. Les contrôles de vitesse sur les routes sont devenus très sévères. Ainsi, lorsqu'une voiture (dépasser) ......, si peu que ce soit, la limite de vitesse, l'automobiliste se voit infliger une amende, mais il faut reconnaître que depuis que ces nouvelles mesures (être prises) ......, le nombre des accidents a diminué.

La postériorité

Observez

> *Ladji Doucouré, champion du monde du 110 mètres haies.*
>
> Ladji Doucouré, 1,86 m pour 83 kg, a été un gamin filiforme. Il voulait devenir footballeur mais une fracture au tibia l'en a dissuadé. En attendant qu'il choisisse une autre spécialité, son entraîneur l'a initié à d'autres disciplines avant de le faire entrer à l'INSEP (l'institut national des sports). Là, le régime d'internat lui a paru très dur jusqu'à ce qu'il s'y soit fait une bonne bande de copains. Quant à ses parents, un Malien et une Sénégalaise, avant que leur fils (ne) devienne champion, ils auraient préféré le voir suivre une autre orientation.

a. Soulignez les conjonctions de subordination.
Pourquoi se construisent-elles avec le subjonctif ?
b. Est-il possible de remplacer « *... avant de le faire entrer à l'INSEP* » **par**
« *... avant qu'il le fasse entrer à l'INSEP* » **? Si ce n'est pas possible, pourquoi ?**
c. Le *ne* **employé après** *avant que* **a-t-il un sens négatif ? Peut-il être supprimé ?**

> *Pour l'emploi du* (ne) *explétif, voir chapitre 13, page 114*

Entraînez-vous

23 Reliez les phrases par *avant que* + subjonctif ou *avant de* + infinitif / *en attendant que* + subjonctif ou *en attendant de* + infinitif / *jusqu'à ce que* + subjonctif.

Exemples : 1. Il faut que tu tondes la pelouse. L'herbe va être trop longue.
  *→ Il faut que tu tondes la pelouse **avant que** l'herbe (ne) soit trop longue.*
  2. La Loire se jette dans l'Atlantique. Avant, elle traverse Orléans, Blois et Nantes.
  *→ La Loire traverse Orléans, Blois et Nantes **avant de** se jeter dans l'Atlantique.*

1. Le tonnerre gronde au loin. Dépêchons-nous de rentrer. L'orage va éclater.
2. Grace Kelly est devenue Princesse de Monaco. Avant, elle était actrice. Elle avait joué notamment dans *Fenêtres sur cour* d'Alfred Hitchcock.
3. Sébastien s'est formé auprès de deux grands cuisiniers, un Lyonnais et un Parisien. Il attendait de pouvoir créer son propre restaurant.
4. À la suite d'attentats terroristes, les contrôles ont été renforcés dans les aéroports. Beaucoup de passagers sont restés bloqués des heures dans les halls ; ils attendent que leur vol soit annoncé.
5. Le premier sous-marin nucléaire, lancé par les Américains en 1954, portait le nom de *Nautilus*. Avant, le submersible inventé par Jules Verne dans *Vingt mille lieues sous les mers* portait déjà ce nom.
6. La pomme de terre a d'abord été cultivée dans les Andes. Puis, elle s'est répandue à partir du XVIe en Espagne et dans divers pays d'Europe.
7. Les généticiens ont fait des croisements de différentes variétés de riz et enfin ils ont obtenu une plante résistante à une immersion prolongée dans l'eau, ce qui va permettre d'étendre les superficies cultivées.

24 **À vous !** Inventez des devinettes utilisant *avant de* comme dans l'exemple.

Exemple : Comment s'appelait Lady Di avant de devenir Princesse de Galles ?
*→ **Avant de** devenir Princesse de Galles, Lady Di s'appelait Diana Frances Spencer.*

Bilan

25 Complétez le texte avec *pendant, cela fait... que, dès* (2), *en, à partir de, depuis* (2), *dans* (2), *il y a, pour, à.*

Ce matin, Bérengère s'est levée ...... 6 heures. Elle part ...... la journée en excursion à la montagne avec des amis et elle rentrera tard ...... la soirée. Elle est tout excitée car ...... plusieurs mois ...... elle attend ce moment : aujourd'hui, elle va enfin avoir l'occasion de côtoyer ...... de longues heures l'homme qu'elle aime secrètement ...... le jour où elle l'a rencontré. C'était ...... 6 mois, ... une soirée d'anniversaire. Elle était tombée sous le charme ...... quelques minutes, mais lui ne l'avait même pas remarquée et avait quitté la fête ...... 23 heures. Bérengère n'a encore jamais eu l'occasion de le revoir ...... ce jour-là mais maintenant elle sait que ...... 1 heure elle va enfin le retrouver et elle a décidé de tout faire pour attirer son attention : ...... maintenant, c'est décidé, elle va cesser de se conduire en jeune femme timide et effacée.

26 Complétez le texte avec les expressions : *une fois, avant que, tandis que, au moment où, tant que, dès, avant de, jusqu'à ce que, après, à partir de, quand.*

Le complexe d'Œdipe, tout le monde en a plus ou moins entendu parler, mais qui connaît exactement l'histoire de ce héros de la mythologie grecque ?

...... ce fils du roi de Thèbes Laïos et de la reine Jocaste ne naisse, l'oracle de Delphes avait prédit qu'il serait le meurtrier de son père et l'époux de sa mère. Œdipe est donc abandonné aux bêtes sauvages ...... sa naissance. Mais un berger le recueille et l'apporte à son maître, le roi de Corinthe, qui l'élève comme son fils ...... il atteigne l'âge adulte. Lors d'une dispute, quelqu'un lui lance perfidement : « Tu n'es qu'un enfant trouvé. » Le roi de Corinthe, interrogé, répond d'une manière si évasive qu'Œdipe décide de consulter l'oracle de Delphes. Celui-ci répète la prédiction faite jadis à Laïos. ...... ce moment-là, il n'est plus question pour Œdipe de retourner à Corinthe. Il erre.

...... il arrive à un croisement, un char, richement décoré, lui prend le passage. Une violente altercation s'ensuit et Œdipe tue son adversaire − son propre père Laïos −, ... poursuivre sa route. ...... arrivé aux portes de Thèbes, il est arrêté par le sphinx, monstre terrifiant qui dévore les jeunes gens incapables de répondre à ses questions. Œdipe, ... avoir déjoué l'énigme du sphinx, est accueilli en sauveur de la ville, et on lui donne la reine Jocaste comme épouse.

Tout paraît de nouveau en ordre ...... une peste s'abat sur la ville. L'oracle de Delphes, une fois encore consulté, déclare que le mal ne cessera pas ...... le meurtrier de Laïos ne sera pas châtié. Œdipe, au cours de son enquête, découvre peu à peu l'horrible vérité. De désespoir, il se crève les yeux avec une agrafe de la robe de Jocaste ...... celle-ci s'enfuit pour se pendre.

Observez

Samuel Beckett, prix Nobel de littérature en 1969, est né à Dublin en Irlande. Bien qu'il soit de langue maternelle anglaise, il a adopté le français comme langue d'écriture. *En attendant Godot*, la pièce qui l'a rendu célèbre, met en scène quatre clochards : les deux premiers attendent, en rase campagne, l'arrivée de l'énigmatique Godot, tandis que les seconds, survenus inopinément, ont pour seul rôle de distraire leurs compagnons d'infortune. Les dialogues font rire et pourtant, ces quatre paumés* nous interrogent magistralement sur le sens de la vie.

* personnes égarées dans l'existence.

a. Quelle expression sert à exprimer l'opposition (deux faits sont mis en parallèle) ?
b. Quelles expressions servent à exprimer la concession (deux faits sont en contradiction) ?

I. L'opposition

Alors que / Tandis que

Observez

Dans sa pièce *Jeux de Massacre*, Ionesco met en scène une ville dont la population est confrontée à une grave épidémie. Les habitants des beaux quartiers croient que la maladie les épargnera **alors que** les quartiers populaires n'y échapperont pas. Un riche bourgeois se barricade chez lui, sûr d'éviter ainsi la contagion. Il meurt comme n'importe qui, **alors qu'**il avait fait condamner les portes et les fenêtres **et que** ses domestiques ne cessaient de vaporiser du désinfectant dans chaque pièce.

a. Quel est le mode employé dans la proposition subordonnée introduite par *alors que* ?
b. Quand peut-on remplacer *alors que* par *tandis que* (simple opposition) ? Quand peut-on le remplacer par *bien que* (concession) ?

Entraînez-vous

1 Opposez les faits donnés en utilisant *alors que* ou *tandis que*.

Exemple : Mon frère gagne très bien sa vie. (lui devenir cadre / moi rester simple employé)
    → *Il est devenu cadre **alors que** moi, je suis resté simple employé.*

1. En France, les paysages alpins changent du Nord au Sud. (sommets élevés autour de Chamonix / petites montagnes autour de Barcelonnette)
2. Le climat a une influence sur le caractère des humains. (les Méridionaux généralement expansifs / les Nordiques plus réservés)

3. Des frères et sœurs ne se ressemblent pas toujours. (Albertine fine et élancée comme son père / Richard avec son visage rond tenir plus de sa mère)

4. Le développement économique n'est pas le même d'un hémisphère à l'autre. (niveau de vie généralement élevé dans les pays de l'hémisphère Nord / très faible dans certains pays de l'hémisphère Sud)

Par contre / En revanche / Au contraire / Contrairement à / À l'inverse (de) / À la différence (de)

2 | Reformulez les phrases en utilisant *alors que / tandis que* à la place des expressions en gras. **Faites les changements nécessaires.**

Exemple : Christophe et Anne Dupont-Durand enseignent à Marseille dans le même lycée.
*Christophe est originaire de la région Rhône-Alpes, **contrairement** à sa femme*
qui vient de Brest, en Bretagne.
*→ Christophe est originaire de la région Rhône-Alpes **alors que** sa femme vient de Brest,*
en Bretagne.

1. Anne est professeur de sciences, **par contre** son mari est un littéraire : il enseigne l'espagnol.
2. L'été, Christophe aime voyager à l'étranger ; sa femme, **au contraire**, préfère aller au bord de la mer en Bretagne.
3. Cette année, **à l'inverse des** années précédentes où elle restait avec ses enfants : Juliette (16 ans) et Hughes (14 ans), Anne rejoindra son mari pendant une huitaine de jours à Barcelone.
4. Les enfants, **à la différence de** leurs parents au même âge, ne manifestent aucun goût pour les études.
5. Ils se contentent de résultats scolaires moyens. **En revanche**, en sport, ils sont tous les deux champions, Juliette au tennis et Hughes au foot. Peut-être deviendront-ils « profs », comme leurs parents, mais... de sport !

3 | **À vous !** Complétez les phrases.

1. Coralie, à la différence de sa sœur, ...
2. Cette année, contrairement à mes habitudes, ...
3. Tancrède, la musique techno, c'est sa passion ; moi, au contraire, ...
4. Cet été, la première quinzaine de juillet a été très ensoleillée ; par contre ....
5. Pour la fête de la musique, il n'y aura aucune manifestation dans l'église Saint-Jean : elle est en travaux ; en revanche, ...

Au lieu de + infinitif

4 | Reliez les phrases en employant *au lieu de* + infinitif.

Exemple : Tu restes à ne rien faire. Tu ferais mieux de te secouer.
*→ Tu ferais mieux de te secouer **au lieu de** rester à ne rien faire. / **Au lieu de** rester*
à ne rien faire, tu ferais mieux de te secouer.

1. Tu te mets en colère. Reste donc calme.
2. Tu devrais porter des vêtements de couleurs vives. Tu t'habilles toujours en noir.

3. Vous vous plaignez toujours d'avoir mal au dos. Vous devriez faire de la gymnastique avec un kinésithérapeute.
4. Assieds-toi sur le canapé. Ne t'assieds pas sur ce fauteuil. Il est cassé.
5. Cette année, nos vacances ont été « super » ! Nous avons loué une maison sur une île grecque. Nous ne sommes pas allés chez mes beaux-parents.

II. La concession

Bien que / Quoique

Observez

Omar-Jo, le héros du roman d'Andrée Chédid *L'Enfant multiple*, est né d'un père musulman d'Égypte et d'une mère chrétienne libanaise. L'enfant, **bien que** ses parents aient été tués à Beyrouth dans une explosion et **qu'**il y ait lui-même perdu un bras, fait preuve, dès son arrivée à Paris, d'une telle volonté de s'en sortir qu'il entraîne tout le monde à sa suite. Sa première « victime » est le patron d'un manège pour enfants, prêt à fermer boutique, tant les affaires vont mal. Omar-Jo, **bien qu'amputé**, astique le manège, l'anime de mille pitreries pour attirer la clientèle, vite subjuguée par sa vitalité.

a. Quel est le mode employé dans la proposition subordonnée introduite par *bien que* ?
b. Quelle conjonction, d'un emploi moins fréquent, pourrait remplacer *bien que* ?
c. Quels mots sont sous-entendus dans *bien qu'amputé* ?

Entraînez-vous

5 Formez une proposition subordonnée introduite par *bien que* (ou *quoique*) à partir des éléments en gras et complétez les mini dialogues comme dans l'exemple.

Un journaliste interroge un économiste :
Exemple : – **Le gouvernement a pris différentes mesures**, *qu'il présentait comme « très efficaces »,* **pour relancer l'économie**. *Pensez-vous que nous soyons sur le chemin d'un retour à la croissance ?*
– Non, **bien que le gouvernement ait pris ces mesures**, *on ne peut pas encore parler de retour à la croissance.*

– **Le ministre de l'Emploi a accordé des allègements fiscaux aux entreprises qui embauchent des jeunes**. Y a-t-il eu une baisse sensible du taux de chômage des jeunes ?
– Non, ...
– **La mondialisation de l'économie effraie et on la rend responsable de licenciements**. Le gouvernement fait-il bien de soutenir la fusion d'entreprises à l'échelon international ?
– Oui, ...
– **La relance de l'Europe est l'un des objectifs prioritaires du gouvernement**. Estimez-vous que ce gouvernement ait donné une véritable impulsion à la construction européenne ?
– Non, ...
– Pour permettre le financement des retraites, **on a déjà prolongé la durée de la vie active**. Croyez-vous nécessaire de compléter cette mesure en augmentant les cotisations sociales ?
– Le sujet est brûlant, mais ....

(Mais) ... quand même / Tout de même – pourtant – cependant – toutefois – néanmoins

Observez

• *Chez le coiffeur.*
« Demain, Marc a de nombreux rendez-vous,
(**mais**) il pourra **quand même** vous prendre à 16 h. /
(**mais**) il pourra vous prendre **quand même** à 16 h. /
(**mais**) il pourra vous prendre à 16 h **quand même**. »

• Guillaume n'a que 16 ans, **pourtant** il fait preuve d'une grande maturité. / il fait **pourtant** preuve d'une grande maturité.

a. Quelle remarque pouvez-vous faire sur la place de ces expressions ?

b. Est-il possible de dire « Demain Marc a de nombreux rendez-vous, quand même il pourra vous prendre à 16 h » ?

Entraînez-vous

6 Remettez les groupes de mots dans l'ordre qui convient. (Il peut y avoir plusieurs possibilités.)

Exemple : Coralie / à aller au cours / mais / elle a tenu / avait une bonne grippe / quand même / .
→ Coralie avait une bonne grippe mais elle a quand même tenu à aller au cours. /
mais elle a tenu quand même à aller au cours. / mais elle a tenu à aller au cours
quand même.

1. elles n'ont pas / les tomates cultivées en serre / sont belles et appétissantes / mais / le même goût que / celles qui mûrissent au soleil / tout de même / .

2. a bien reçu / de code postal / Hélène / je / pourtant / ma carte postale de Mexico / m'étais trompé / .

3. un pianiste brillant / il n'a pas réussi / à faire / était / la carrière internationale / cependant / Albéric / à laquelle on pouvait s'attendre / .

4. des images d'archives exceptionnelles / ce documentaire / il aurait gagné / à être / sur la vie du général de Gaulle / plus synthétique / présente / néanmoins / .

5. toutefois / ne sont pas parvenus / les deux chefs de gouvernement / les grandes lignes / à un accord définitif / ils en ont dégagé / .

Avoir beau + infinitif

Observez

Certains chanteurs d'opéra, même les plus célèbres, disent avoir toujours le trac avant d'entrer en scène. **Ils ont beau être des professionnels chevronnés, ils ont beau avoir chanté** (*ou* **ont eu beau chanter**) sur de nombreuses scènes internationales, cela ne les empêche pas de redouter le contact avec le public.

a. Reformulez les passages en gras en utilisant *bien que*.

b. Réécrivez le texte en remplaçant *certains chanteurs d'opéra* par *certaines cantatrices*. Que remarquez-vous ?

Entraînez-vous

7 Reformulez les phrases de façon à exprimer la concession en employant *avoir beau*.

Exemple : On affirme qu'hommes et femmes sont égaux, cependant bien des inégalités subsistent.
→ ***On a beau** affirmer qu'hommes et femmes sont égaux, bien des inégalités subsistent.*

1. Les partis politiques se fixent des quotas de participation des femmes aux postes de responsabilités mais les pourcentages ne sont jamais atteints.

2. Les femmes sont en minorité dans les partis politiques, elles y jouent néanmoins un rôle très actif.

3. Dans les petites villes, au sein des conseils municipaux, les femmes sont souvent cantonnées aux affaires sociales. Pourtant, elles réussissent très bien dans d'autres domaines.

4. Dans la vie professionnelle, la situation a évolué ; toutefois, une discrimination plus subtile mais très réelle se maintient.

5. La promotion professionnelle des femmes est moins rapide alors que les filles et les garçons ont les mêmes diplômes.
On a beau dire, il y a encore des progrès à faire !

8 **À vous !** Les malheurs de Gwendoline !

Commentez les images 1, 2 et 3 ci-dessous en utilisant *avoir beau*. Imaginez d'autres situations.

*Exemple : Cette nuit, Gwendoline **a eu beau** prendre un somnifère, elle n'a pas dormi.*
Ensuite, sa journée a été difficile.

Même si

Observez

> 1. « Il persiste une France de la cuisine au beurre et une France de la cuisine à l'huile, même si, comme dans tous les pays développés, cette dernière gagne du terrain au détriment de la première. »
>
> 2. *Un notaire à une cliente âgée :*
> « Madame Moreau, un promoteur immobilier propose d'acheter une partie de votre parc pour y construire un immeuble "haut de gamme". Seriez-vous disposée à vendre ?
> – Non ! Même si on me proposait "un pont d'or", je refuserais. »

Dans quel paragraphe *même si* a-t-il le sens de *bien que* ? Dans quel paragraphe joint-il une idée d'hypothèse à l'idée d'opposition ?

Entraînez-vous

9 Reprenez l'argument donné dans une proposition subordonnée introduite par *même si* et complétez les mini dialogues.

Exemple : — Des progrès remarquables ont été accomplis dans le traitement du cancer, n'est-ce pas ?
*— C'est juste. Pourtant, **même si** ....*
*→ Pourtant, **même si** des progrès remarquables ont été accomplis, il en reste beaucoup à faire.*

1. La popularité de ce candidat à l'élection présidentielle a beaucoup baissé dans les sondages. Va-t-il modifier les orientations de sa campagne ?
   — Non, même si ....
2. Notre nouveau directeur bouscule les habitudes et il dérange. Que pensez-vous de lui ?
   — Même si .... et que ...., ...
3. La route est à l'origine des deux tiers des accidents du travail mortels. Cependant, une évolution positive se dessine, n'est-ce pas ?
   — Oui, mais même si ....
4. — Salut, Ariane ! Ça fait longtemps que je ne t'ai pas vue ! Ton nouveau « boulot », ça t'intéresse ?
   — Oui, mais même si ....

Malgré / en dépit de + nom

Entraînez-vous

10 Reformulez les phrases en employant *malgré* ou *en dépit de* + nom.

Exemple : Les idées des écologistes se diffusent, pourtant elles sont loin de faire l'unanimité.
*→ **Malgré** leur diffusion, les idées des écologistes sont loin de faire l'unanimité.*

1. La conjoncture économique est défavorable, néanmoins notre entreprise a réussi à maintenir les effectifs de son personnel.
2. Les sportifs doivent se soumettre à des contrôles, mais la pratique du dopage persiste quand même.
3. Faute de vaccin, le sida continue sa progression dans certains pays alors que des mesures préventives sont recommandées par les autorités sanitaires.
4. À Paris, la tour Saint-Jacques, seul vestige de l'église Saint-Jacques de la Boucherie, a fait l'objet de nombreuses restaurations, cependant elle reste fragile.

Tout + en + forme verbale en -ant

Observez

Un petit ordinateur bon marché, destiné à l'éducation dans les pays émergents, va être lancé. **Tout en ayant** l'apparence d'un jouet, il comprend un traitement de texte, un navigateur Internet, un gestionnaire de courrier électronique et plusieurs logiciels.

a. Par quoi peut être remplacé *tout en ayant l'apparence d'un jouet* ?

b. *Tout* peut-il être supprimé dans le gérondif exprimant la concession ?

Entraînez-vous

11 Reformulez les phrases en employant *tout en* + forme verbale en *-ant*.

Exemple : Ce vêtement vous donnera toute satisfaction. Quoique très léger, il est extrêmement chaud.
*→ Ce vêtement vous donnera toute satisfaction. **Tout en étant** très léger, il est*
*extrêmement chaud. / Il est extrêmement chaud, **tout en étant** très léger.*

1. Cet hôtel offre un agréable confort, bien qu'il reste à un prix très raisonnable.
2. Certains photographes, quoiqu'ils reconnaissent les nombreux avantages des appareils numériques, préfèrent la qualité d'image des appareils argentiques.
3. Le nouveau PDG de l'entreprise, bien qu'ouvert à la concertation, finit toujours par imposer son point de vue.
4. Attention aux « pourriels » ! Il faut s'équiper d'un bon logiciel antispam même si on sait qu'une telle protection ne peut être considérée comme entièrement efficace.

III. Diverses nuances de la concession

Concession et indétermination

• *Quel(le)(s) que soi(en)t* + nom

Observez

Carrefour de la vie associative, samedi 13 mai 2007, de 14 h à 19 h, mairie d'Auvers-sur-Oise.
Renseignez-vous et inscrivez-vous ! Qu'elles soient sportives, culturelles, de loisirs ou d'entraide, les
associations permettent de s'épanouir en partageant sa passion avec d'autres personnes. **Quels que**
soient leurs types d'activités, *elles sont utiles.*

Quel est le sens de la construction en gras ? Sur quel type de mot porte-t-elle ?

Entraînez-vous

12 Reformulez les phrases comme dans l'exemple.

Exemple : Le dimanche, que le temps soit beau ou mauvais, nous faisons une heure de jogging.
*→ Le dimanche, **quel que soit le temps**, nous faisons une heure de jogging.*

1. Vous avez 20, 30 ou 60 ans, notre compagnie d'assurances vous offre des tarifs très compétitifs.
2. Clovis, pour se faire sa propre opinion, lit toutes sortes de journaux. Peu importent leurs tendances politiques.
3. Dans notre entreprise, pas de discrimination raciale. Que votre peau soit blanche ou noire, si vous avez le profil de l'emploi, on vous embauchera.

4. En dépit des qualités de sa mise en scène, la dernière pièce montée par Jérôme Dubuisson n'a pas eu un grand succès.

5. Que le montant de leur salaire soit faible ou élevé, les employés de cette entreprise toucheront une prime à la fin de l'année.

6. Certes, ce tableau a beaucoup de valeur, mais je n'aimerais pas l'avoir chez moi.

• *Quoi que, (d')où que*

Entraînez-vous

13 Complétez les phrases avec les groupes de mots proposés.

d'où qu'ils viennent – où qu'elle soit – quoi que vous fassiez – quoi qu'il arrive – quoi qu'il en pense – quoi qu'on en dise

1. Vous perdez vos clés de voiture, vous êtes en panne d'essence en pleine campagne, vous cassez votre pare-brise, ..., *Dépann'tout* vous vient en aide.

2. Marion est à l'aise partout et avec n'importe qui. ......, elle se fait des amis.

3. Ne t'occupe pas de l'opinion de ton père. Choisis les études qui te plaisent, ...

4. Les relations avec les adolescents, ce n'est pas toujours facile. Si vous leur demandez ce qu'ils font, où ils vont, vous vous ingérez dans leur vie privée. Si vous ne leur posez pas de questions, vous ne vous intéressez pas à eux. Bref, ..., vous aurez tort !

5. Notre époque a bien ses avantages, ...

6. Sur la péniche du Père Arthur, amarrée à un quai de la Seine, tous les sans-papiers sont accueillis ....

Concession négative

• *Sans que / Sans*

Observez

> 1. On peut chercher du pétrole à de très grandes profondeurs **sans que la faune sous-marine soit dérangée.**
> 2. On peut chercher du pétrole à de très grandes profondeurs **sans déranger la faune sous-marine.**

a. Montrez le sens particulier de *sans (que)* en reformulant les phrases ?

b. Quel est le mode employé après *sans que*, après *sans* ? Pourquoi cette différence ?

Entraînez-vous

14 Complétez les mini dialogues en utilisant *sans* ou *sans que* comme dans les exemples.

Exemples : 1. J'ai souvent vu ce présentateur de TV, et pourtant je ne l'ai pas reconnu en le croisant dans la rue.
– Comment ? ...... C'est incroyable !
*→ Comment ? Tu l'as croisé **sans** le reconnaître ? C'est incroyable !*

*2. Gaston et Marine se sont mariés à Tahiti alors que leurs familles respectives
n'étaient pas au courant.
– C'est vrai ?…… Vraiment, il faut s'attendre à tout !
→ C'est vrai ? Ils se sont mariés **sans que** leurs familles soient au courant ?
Il faut s'attendre à tout !*

1. Bien qu'il n'ait jamais rien fait, il a obtenu son bac avec mention.
— Comment ?……………… ? Ce n'est pas possible !

2. Un enfant vient d'être renversé par une voiture. Il a traversé la rue et il n'a regardé ni à droite
ni à gauche.
— ……………… ? Quel imprudent !

3. On a découvert dans un bois le corps d'une femme dont rien ne pouvait laisser deviner l'identité.
— C'est incroyable ! ……………… ?

4. Je me suis lancé dans des études de médecine bien que personne ne m'y ait encouragé.
— ……………… ? Tu crois ça mais ton père et ton grand-père n'étaient-ils pas médecins ?

5. L'écrivain Aimé Césaire raconte qu'il est entré en politique alors qu'il ne le voulait pas vraiment.
— ……………… ? C'est possible mais par ailleurs il a toujours dit que la poésie et la politique sont
pour lui deux manières de promouvoir la négritude.

Concession et argumentation

• *Si*

Observez

1. À propos de Rachid Bouchareb, réalisateur du film *Indigènes* :
« **S'**il rend hommage aux milliers de tirailleurs des anciennes colonies qui ont participé à la Seconde Guerre mondiale, il se raconte aussi lui-même. »

2. « La culture est devenue une manne pour les élus et les marchands, tentés de transformer les villes en musées et les sites historiques en parc d'attractions. **Si** certains voyageurs se contentent de ce prêt-à-visiter, d'autres contournent les monuments, partent à la rencontre des habitants, s'inventent des itinéraires. »

a. Remplacez *si* par : *c'est vrai que… mais…, certes… mais…* ou *… il n'empêche que…*

b. Laquelle de ces expressions appartient au niveau de langue le plus soutenu ? Laquelle appartient au niveau de langue le plus familier ?

Entraînez-vous

15 **a) Reformulez les extraits d'articles en employant :** *certes… mais.*

*Exemple : Si le tourisme constitue une importante source de revenus pour un pays, il peut entraîner
une dégradation des sites.
→ **Certes** le tourisme constitue une importante source de revenus pour un pays,
mais il peut entraîner une dégradation des sites.*

1. *Article sur la protection de la biodiversité.*
   « Si 1,8 million d'espèces ont déjà été définies, à partir notamment des imposantes collections présentes dans les muséums d'histoire naturelle de la planète, il en reste encore beaucoup à trouver et à décrire, l'ensemble du monde vivant étant loin d'être connu... »

2. *Article sur les fournitures respectueuses de l'environnement.*
   « Si la production d'articles de bureau et de produits d'entretien écologiques reste encore peu développée en France, elle est en pleine expansion dans d'autres pays. »

b) **À vous !** Cherchez dans des journaux deux ou trois phrases utilisant un *si* de concession.

16 **À vous !** Argumentez sur les sujets proposés en employant : *c'est vrai que ... mais ...* ou *il n'empêche que ... .*

Exemple : ***Vivre à la campagne : avantages / inconvénients***
   → ***C'est vrai que*** *j'aime bien vivre à la campagne,* ***mais*** *l'hiver, on s'y ennuie un peu.*
   → *Vivre à la campagne, j'aime bien ça,* ***il n'empêche que*** *l'hiver, on s'y ennuie un peu.*

1. Les médicaments, le sport, etc. : bénéfices / dangers
2. La voiture, le tout-informatique, etc. : avantages / inconvénients

• Encore que

Observez

> Le directeur général et le directeur adjoint de la société s'entendent bien, **encore que**, sur certains sujets, il y ait de profondes divergences entre eux.

Par rapport à la déclaration exprimée dans la proposition principale, quelle idée apporte la subordonnée introduite par *encore que* ?

Entraînez-vous

17 Reformulez les phrases en employant *encore que*.

Exemple : Lucie est une petite fille très douce, pourtant il lui arrive parfois de piquer une grosse colère.
   → *Lucie est une petite fille très douce,* ***encore qu'****il lui arrive parfois de piquer une grosse colère.*

1. Alban veut tout faire lui-même dans sa maison. Je doute qu'il y parvienne, pourtant rien ne peut l'arrêter.
2. Cet enseignant reste toujours calme avec ses élèves, pourtant il a souvent de bonnes raisons d'être irrité contre certains d'entre eux.
3. Philippine dit qu'elle ne sait pas faire la cuisine, pourtant elle la fait très bien quand il s'agit de recevoir ses amis.
4. On dit que l'argent ne fait pas le bonheur, pourtant il est nécessaire d'en avoir pour ne pas être malheureux.
5. Cette année, le festival de théâtre d'Avignon a eu un grand succès auprès du public, pourtant certains ont critiqué une programmation trop largement ouverte aux auteurs d'avant-garde.

Concession et hypothèse

• À moins que / À moins de

Observez

> *Un architecte examine avec des clients les plans de leur future maison.*
> – Votre cuisine, on peut la mettre côté rue, à moins que vous (ne) préfériez qu'elle donne sur le jardin, ce qui permet de profiter de la nature.

a. Quelle conjonction employée avec un verbe à l'indicatif pourrait remplacer *à moins que* ?

b. Le *ne* employé après *à moins que* a-t-il un sens négatif ? Peut-il être supprimé ?

Pour l'emploi du (ne) explétif, voir chapitre 13, page 114

Entraînez-vous

18 Reformulez les phrases en employant *à moins que*.

Exemple : Je prendrai ma voiture pour aller à Bordeaux mais le garagiste n'aura peut-être pas fini de la réparer.
  → Je prendrai ma voiture pour aller à Bordeaux **à moins que** le garagiste n'ait pas fini de la réparer.

1. La petite Camille dit qu'elle veut devenir hôtesse de l'air mais elle changera peut-être d'avis d'ici quelques années.
2. En principe personne ne sait que le prince Édouard est fiancé à une championne de ski mais il y a peut-être eu des indiscrétions !
3. Le week-end prochain, je vais tondre la pelouse mais il pleuvra peut-être et l'herbe sera trop humide.
4. La municipalité de Cognac va lancer un programme de rénovation de ses installations sportives mais elle n'obtiendra peut-être pas les subventions nécessaires.
5. Bérénice, ton amie anglaise, pourrait passer une semaine avec nous à Megève mais peut-être préférez-vous rester ensemble à Paris.

19 Complétez les phrases avec les constructions proposées.

à moins d'avoir un bon entraînement – à moins d'être milliardaire – à moins d'un miracle – à moins d'une augmentation de salaire conséquente – à moins d'avoir 15 ans – à moins d'avoir des relations

1. Tu as vu la mode de cette année ? Vraiment, on ne peut pas porter ça ....
2. Qui, ..., peut se permettre d'avoir un avion privé ?
3. ......, notre équipe n'a plus aucune chance de gagner.
4. Pour un romancier, il est difficile de se faire connaître d'un éditeur ....
5. Il ne faut pas se lancer dans un trekking en Laponie ....
6. Je n'irai pas travailler dans ce « trou » perdu ....

20 Reliez les phrases par *pourtant* (concession) ou par *par contre* (opposition).

Exemple : – Cette année, les géraniums de mon jardin ont été magnifiques. / Les hortensias ont souffert de la chaleur. / Je ne leur ai pas mis d'engrais.
*→ Cette année, les géraniums de mon jardin ont été magnifiques. / **Par contre** les hortensias ont souffert de la chaleur. / **Pourtant** je ne leur ai pas mis d'engrais.*

1. Ricardo s'exprime en français avec beaucoup d'aisance. Il ne l'a jamais appris au lycée.
2. Ricardo s'exprime en français avec beaucoup d'aisance. Il est incapable d'écrire trois mots sans fautes.
3. Stéphane et moi, nous n'avons pas le même rythme. Il est très matinal ; moi, je suis une couche-tard et le matin, je dors.
4. Beaucoup de gens stationnent sur les trottoirs. C'est interdit !
5. Guirec adore la mer et il passerait toutes ses vacances sur un bateau. Sa femme a le mal de mer au moindre coup de vent.

21 Complétez le texte avec les expressions proposées.

alors que – bien que – contrairement à – en revanche – mais – malgré – même si – que – sans que – si

L'ACCÈS A L'EAU, UN DROIT POUR TOUS
2006 : Le 4e Forum de l'eau se tient à Mexico du 16 au 22 mars.

En Asie, en Afrique, en Amérique du Sud plus d'un milliard d'humains n'ont pas accès à une eau saine ...... l'eau insalubre est la première cause de mortalité sur la planète. Le problème, c'est que l'eau, ... elle est disponible gratuitement dans le milieu naturel, doit être acheminée, parfois à grands frais, vers les consommateurs. ...... ce qu'on croit, les difficultés d'approvisionnement ne sont pas liées au manque de ressources en eau. Ainsi l'Afrique, ... elle soit très arrosée dans sa partie centrale, manque cruellement d'eau potable. En Amérique du Sud où l'eau abonde, 10 % à 25 % de la population

manque d'un accès à une eau saine. ......, aux États-Unis, où les réserves d'eau sont très basses sur une grande partie du territoire, les besoins de la population sont largement satisfaits.
Par ailleurs, l'explosion démographique en cours accroît la consommation d'eau et rend nécessaire le développement de la production agricole en ayant recours à l'irrigation, ... le gaspillage d'eau qu'elle entraîne (20 à 60 % de l'eau s'évapore !).
Autre aspect du problème, et non des moindres, l'assainissement. L'activité humaine pollue, ce qui augmente les risques de raréfaction de l'eau. ......, en Amérique du Nord, 90 % des eaux

usées sont traitées avant leur retour au milieu naturel, 10 % seulement le sont en Afrique.
Certes, des résultats notables peuvent être obtenus grâce aux initiatives locales mais aucune solution d'ensemble du problème ne peut être trouvée ...... il y ait une réelle volonté politique et ...... d'importants moyens financiers soient mis en jeu. L'eau est plus importante pour le développement qu'un aéroport, une route ou des antennes-relais ...... il faut en convaincre les responsables politiques. Comme le dit Loïc Fauchon, président du Conseil mondial de l'eau, *« L'eau potable vaut bien le téléphone portable ».*

L'expression de l'hypothèse et de la condition

Observez

Si le prix du pétrole continue à augmenter, il faudra trouver des moyens de le remplacer par d'autres sources d'énergie. En ce qui concerne les carburants, si on généralisait l'E85 qui contient 85 % d'éthanol et 15 % d'essence, on pourrait réduire la facture pétrolière et en plus on polluerait moins. C'est dommage qu'on n'ait pas commencé plus tôt à produire de l'éthanol, comme au Brésil et en Suède. Si les précédents gouvernements français avaient autorisé ce carburant dès les années 1980, les constructeurs automobiles auraient produit des véhicules à carburant modulable « flex fuel » et nous aurions aujourd'hui un réseau de distribution sur l'ensemble du territoire français.

a. Relevez, dans le tableau, les différentes propositions et indiquez le mode et le temps employés.

b. Précisez, dans chaque cas, s'il s'agit d'une hypothèse concernant le présent, le passé ou le futur.

Propositions introduites par *si*	Propositions principales
Si le prix du pétrole <u>continue</u> à augmenter, *indicatif présent*	il <u>faudra</u> trouver des moyens [...] énergie. *indicatif futur*
....	....

I. Hypothèse sur le présent et le futur

Observez

1. Si tu as le temps, passe me voir, on pourra discuter.

2. Si tu es d'accord, je vais t'expliquer la situation.

3. Si Michel est malade, qu'il aille voir le médecin et si le médecin ne trouve pas ce qu'il a, qu'il aille à l'hôpital dans un service spécialisé.

a. Indiquez le mode et le temps employés dans les propositions principales.

b. Est-ce que ces hypothèses correspondent à des éventualités qui peuvent se réaliser ?

Entraînez-vous

I Mettez les verbes entre parenthèses au mode et au temps qui conviennent.

1. Si mon TGV est à l'heure, je (arriver) ...... à Dijon à 12 h 23. Si vous venez me chercher à la gare, nous (gagner) ...... du temps. Si vous ne pouvez pas venir me chercher, je (aller) ...... à l'Université en taxi. Mais s'il n'y a pas de taxi, je (prendre) ...... le bus et ce (être) ...... plus long. Si je suis en retard, (commencer) ...... donc la réunion sans moi.

2. Si tu as très faim, on (ne pas manger) ...... au restaurant végétarien, on (aller) ...... au restaurant argentin, c'est plus copieux.

3. Si Bruno a des insomnies, qu'il (se détendre) ...... avant de se coucher, qu'il (faire) ...... du yoga, qu'il (prendre) ...... des tisanes et un médicament homéopathique, tout sauf des somnifères !

II. Hypothèse réalisable / hypothèse non réalisée dans le présent

Observez

1. **Si** le réseau de transports en commun était plus développé en banlieue parisienne, les gens utiliseraient moins leur voiture et l'air serait moins pollué.
2. **Si** Paris était au bord de la mer, le boulevard Saint-Michel pourrait être prolongé jusqu'à la plage.
3. **Si** tout le monde à Paris roulait en vélo ou en voiture électrique, on respirerait mieux.
4. **Si** on construisait un métro qui fasse le tour de Paris avec une boucle d'une quarantaine de kilomètres reliant les villes de banlieue entre elles, les habitants de la petite couronne gagneraient du temps et pourraient éviter de prendre leur voiture pour venir à Paris.

a. **Classez ces hypothèses de la plus réalisable à la moins réalisable.**
b. **Dans l'hypothèse 4, quel est le mode employé dans la relative caractérisant le métro hypothétique dont il est question ?**

Entraînez-vous

2 Mettez les verbes entre parenthèses au temps qui convient.

1. Les étudiants de 1re année (avoir) ...... plus de chances de réussir leurs examens s'ils (être) ...... plus assidus en cours.
2. Si les nouvelles souches de tuberculose résistant aux antibiotiques (se répandre) ...... en Europe, nous (être) ...... désarmés face à une épidémie.
3. Si nous (limiter) ...... les emballages jetables et si nous (trier) ...... les déchets, nous (pouvoir) ...... réduire la quantité d'ordures ménagères.

3 Mettez les verbes entre parenthèses au mode et au temps qui conviennent.

1. Si on (inventer) ...... un appareil qui (produire) ...... du froid sans émettre de gaz à effet de serre, on (préserver) ...... la couche d'ozone.
2. Si nous (trouver) ...... un appartement qui (avoir) ...... une terrasse, nous le (prendre) ...... immédiatement.
3. Si les médecins (parvenir) ...... à cloner les êtres humains, beaucoup de gens (vouloir) ...... avoir un enfant qui (être) ...... à leur image.

4 Faites des phrases en utilisant les éléments proposés, comme dans l'exemple.

Exemple : piscine ouverte le lundi matin / je / aller faire de la natation.
*→ **Si** la piscine était ouverte le lundi matin, j'irais faire de la natation.*

1. t'arranger pour finir ton rapport vendredi / pouvoir partir en week-end.
2. le soleil revenir après les pluies / il y / avoir beaucoup de champignons dans les bois.
3. la chasse être interdite le dimanche / on / se promener en toute sécurité dans les forêts.
4. les constructeurs automobiles fabriquer des moteurs silencieux / le niveau de pollution sonore diminuer.
5. une crue comme celle de 1910 se reproduire à Paris / certaines stations de métro être inondées.

5 | **À vous !** Imaginez ce qui arriverait dans un scénario catastrophe de réchauffement climatique.

Si les glaces du Groënland fondaient en quelques années, ...

Et si le niveau des océans montait plus vite que prévu, ...

Et si la fin de notre climat tempéré était imminente, ...

III. Hypothèse non réalisée dans le passé

Observez

> **Si** la Bourgogne n'avait pas été une bonne terre à vigne, Dijon et Beaune n'auraient pas été si prospères dès la fin du Moyen Âge.

Indiquez le mode et le temps employés dans la proposition subordonnée introduite par *si* et dans la proposition principale.

Entraînez-vous

6 | Mettez les verbes entre parenthèses au temps qui convient.

1. S'il y (avoir) ...... un détecteur de fumée dans la maison qui a brûlé, ses occupants (pouvoir) ...... échapper aux flammes.

2. Si tu (équiper) ...... ta voiture d'un GPS, tu (ne pas se perdre) ...... en route.

3. Si nous (consulter) ...... la météo marine, nous (ne pas sortir) ...... en mer et nous (éviter) ...... de nous retrouver en pleine tempête.

7 | **À vous !** Liisa est finlandaise, elle a obtenu une bourse pour venir continuer ses études de français à Paris ; son mari l'accompagne car il a obtenu un poste à Paris dans une société multinationale. Mettez-vous à la place de Liisa et répondez aux questions.

1. Qu'auriez-vous fait si vous n'aviez pas obtenu de bourse d'études ?

2. Est-ce que vous auriez pu venir étudier en France s'il n'y avait pas eu une convention interuniversitaire ?

3. Si votre mari n'avait pas pu venir avec vous, seriez-vous quand même venue passer un an en France ?

IV. Autres combinaisons de temps

Observez

- **a. Si** mes parents ont pris le train de 7 h 10, ils doivent déjà être arrivés maintenant.
  b. S'ils n'ont pas pris ce train, ils prendront celui de l'après-midi.

- **Si** la Bourgogne n'avait pas été une bonne terre à vigne, Dijon et Beaune ne seraient pas actuellement si riches.

- **Si** j'avais dix ans de moins, j'aurais pu faire ce trekking au Népal avec vous.

a. Pour chaque phrase, indiquez quels sont les temps employés.

b. Précisez le décalage temporel entre la subordonnée et la principale.

Entraînez-vous

8 | Mettez les verbes entre parenthèses au mode et au temps qui conviennent.

1. Si personne n'a mis Paul au courant de la situation, il ne (savoir) ..... probablement rien.

2. Si je (finir) ..... mon travail avant 18 h, je (aller) ..... au cinéma avec vous ce soir.

3. Si je (se coucher) ..... plus tôt hier soir, je (être) ..... plus en forme aujourd'hui.

4. Si je ne la (connaître) ..... pas, je lui en (vouloir) ..... lorsqu'elle m'a fait faux bond au moment où je comptais sur elle.

5. Si vous (avoir) ..... la rubéole dans votre enfance, vous ne (risquer) ..... rien aujourd'hui.

6. Mes voisins ne doivent pas être loin car s'ils (être) ..... en vacances, ils me (demander) ..... d'aller nourrir leur chat.

7. Si vous (installer) ..... des capteurs solaires sur le toit de votre maison, le chauffage vous (coûter) ..... maintenant beaucoup moins cher qu'avec le gaz.

V. Subordonnées hypothétiques coordonnées

Observez

- Si le développement de l'éthanol était, comme en Suède, favorisé par des mesures fiscales incitatives et si le réseau de distribution se mettait en place, nous aurions une chance d'avoir 10 % de voitures roulant au flex fioul d'ici quelques années.

- Si le développement de l'éthanol est, comme en Suède, favorisé par des mesures fiscales incitatives et que le réseau de distribution se mette en place, nous aurons une chance d'avoir 10 % de voitures roulant au flex fioul d'ici quelques années.

Dans chacune des phrases, comment est construite la deuxième hypothèse coordonnée à la première ? À quel mode est le verbe ?

Entraînez-vous

9 | Mettez les verbes entre parenthèses au mode et au temps qui conviennent, comme dans l'exemple.

Exemple : Cela vaudrait la peine de vivre jusqu'à 120 ans, si on réussissait à prolonger l'existence humaine et { → *si l'on **pouvait** aussi conserver une bonne santé,*
{ → *qu'on **puisse** aussi conserver une bonne santé.*

1. Le candidat aux élections municipales sera élu au premier tour s'il convainc les électeurs et s'il (obtenir) ..... / qu'il (obtenir) ..... plus de 50 % des voix.

2. L'avocat de la défense parviendrait à innocenter son client s'il appelait à la barre le seul témoin à charge et s'il (réussir) ..... / qu'il (réussir) ..... à faire apparaître les incohérences de son discours.

3. Le conseil d'administration prendra sa décision lundi prochain si tous les membres sont réunis et s'ils (avoir) ..... / qu'ils (avoir) ..... le temps d'examiner le dossier.

VI. *Si* (= *quand/chaque fois que*) : valeur temporelle

Observez

- Si un propriétaire de chien est surpris par la police à laisser sur le trottoir les déjections de son animal de compagnie, il risque une amende de 183 €.

- Jacques ne comprenait rien à l'attitude de sa femme. Marthe, plutôt bavarde, ne lui adressait pas la parole. S'il lui demandait : « Qu'as-tu ? » elle répondait : « Rien. »

(Raymond Radiguet, *Le diable au corps*, 1923)

Pour chaque phrase, indiquez le mode et le temps employés dans la proposition subordonnée introduite par *si* et dans la proposition principale. Que remarquez-vous ?

Entraînez-vous

10 **Mettez les verbes entre parenthèses au temps qui convient.**

1. Une installation solaire représente un gros investissement mais si on (obtenir) …… des subventions, le coût des travaux (pouvoir) …… être réduit de 50 %.
2. Si tu (parler) …… une langue difficile comme le japonais, le chinois ou l'arabe, tu (trouver) …… facilement un job de vendeuse dans les magasins fréquentés par les touristes.
3. Quand j'étais étudiante à Paris, le dimanche, s'il (faire) …… beau, je (aller) …… au parc de Saint-Cloud.
4. La résidence universitaire était bruyante. Si je (vouloir) …… être au calme, je (étudier) …… à la bibliothèque.

VII. Autres subordonnées conditionnelles

> Pour « L'expression de l'opposition », *même si*, voir chap. 22, page 185

Observez

Le colloque doit normalement avoir lieu à Lyon vendredi et samedi prochain. Mais le syndicat Sud Rail a lancé un préavis de grève à partir de jeudi soir. Les participants pourront venir à condition qu'il y ait des trains. Au cas où la grève serait très suivie, les organisateurs envisagent de reporter ce colloque à une date ultérieure. Ils vont se renseigner sur les prévisions de circulation et, à supposer qu'il y ait des trains, le colloque pourra être maintenu. Pour peu qu'il y ait un TGV sur trois, les Parisiens pourront toujours venir, les provinciaux aussi dans la mesure où les TER circuleront. Finalement, même s'il y a quelques petites perturbations, le colloque sera maintenu.

a. Soulignez les locutions conjonctives introduisant des subordonnées conditionnelles et indiquez, pour chacune d'elles, quel mode est employé dans la subordonnée.
b. Classez ces locutions conjonctives, selon leur sens, dans le tableau ci-dessous.
c. Classez aussi les locutions : *dans l'hypothèse où* (+ conditionnel), *du moment que* (+ indicatif), *en admettant que* (+ subjonctif), *pourvu que* (+ subjonctif).

hypothèse	éventualité	simple condition	condition nécessaire ou suffisante	condition avec idée de proportion	condition avec idée d'opposition
……………	……………	……………	……………	……………	……………

Entraînez-vous

11 Mettez les verbes entre parenthèses au mode et au temps qui conviennent.

1. Même s'il (faire) …… un temps splendide, je ne sortirai pas car je suis débordée de travail.
2. Pour peu que la crue (se poursuivre) ……, les digues risquent de céder.
3. Il est possible d'employer un jeune pendant les vacances à condition qu'il (avoir) ….. plus de seize ans.
4. Au cas où le candidat des verts (se désister) …… en faveur du candidat socialiste, celui-ci aurait des chances d'être présent au second tour.
5. Dans la mesure où les prix de l'immobilier (se stabiliser) ……, il devient intéressant d'acheter.
6. Même si je (prendre) …… une tisane, je n'aurais pas pu m'endormir tellement j'étais énervée.

12 Complétez les phrases avec la locution conjonctive qui convient au sens et au mode du verbe.

à condition que − à supposer que − au cas où − dans la mesure où − dans l'hypothèse où −
du moment que − pour peu que − pourvu que

1. …… la température descende en dessous de zéro, les géraniums risquent de geler.
2. Cela m'est égal que vous partiez avant l'heure …… le travail est fait.
3. Qu'importe le flacon …… on ait l'ivresse. *(proverbe)*
4. L'accord sera signé …… la direction consente à faire des concessions.
5. Le traité européen ne pourra être ratifié que …… il aura été accepté par tous les pays membres.
6. J'attends le résultat des délibérations : préviens-moi …… tu saurais quelque chose.
7. Nous avons demandé des subventions. …… elles nous soient accordées, nous pourrions commencer les travaux avant l'été. Mais …… elles nous seraient refusées, il nous faudra chercher d'autres sources de financement.

13 **À vous !** On vous propose une chambre en colocation, vous hésitez et formulez votre opinion et vos conditions en utilisant les locutions conjonctives : *à condition que, au cas où, dans la mesure où, du moment que, pourvu que, même si.*

*Exemple : La colocation, c'est intéressant **du moment qu'**on paye moins cher que pour un studio.*
*Cela me conviendrait bien **pourvu que** les autres colocataires soient non fumeurs…*

VIII. Autres moyens d'exprimer la condition

Observez 1

- Si on a un peu de chance, on réussira.
  → Avec un peu de chance, on réussira.
- Si tu ne m'avais pas aidé, je n'aurais pas pu déménager cette armoire.
  → Sans ton aide, je n'aurais pas pu déménager cette armoire.
- S'il est absent, laissez le paquet au gardien !
  → En cas d'absence, laissez le paquet au gardien !
- Tu pourras remporter ce tournoi à condition que tu fasses le maximum.
  → Tu pourras remporter ce tournoi à condition de faire le maximum.

a. Par quoi peut-on remplacer la proposition subordonnée conditionnelle ?
b. Quelle est la différence de construction entre *à condition de* et les autres prépositions (*avec, sans, en cas de*) ?

Entraînez-vous

14 Transformez les propositions conditionnelles en groupes prépositionnels.

Exemple : Si je n'ai pas de règle, je ne peux tracer des lignes droites.
  → Sans règle, je ne peux tracer des lignes droites.

1. S'il y a une coupure d'électricité, on devra s'éclairer à la bougie.
2. Si on prend un vol charter, on n'a pas les mêmes garanties que sur un vol régulier.
3. Hôtesse de l'air, c'est un métier idéal à condition que tu sois célibataire et sans enfants.
4. S'il n'y avait pas d'affiches publicitaires, les quais du métro seraient bien austères.
5. Si on est surpris par un orage, mieux vaut rester dans sa voiture que s'abriter sous un arbre.

15 Mettez en relation un élément de chaque colonne pour reconstituer les phrases.

1. Sans passeport électronique,   •   • **a.** je sais que je peux compter sur mes parents.
2. Avec du courage,   •   • **b.** je serai à l'heure au rendez-vous.
3. En cas de pépin,   •   • **c.** impossible d'entrer aux États-Unis.
4. Tu réussiras   •   • **d.** certains blessés risquent de mourir.
5. Faute d'une intervention rapide des secours,   •   • **e.** on peut surmonter bien des épreuves.
6. À moins d'un empêchement de dernière minute, •   • **f.** à condition de persévérer.

Observez 2

Si vous ne faites pas attention à votre sac, un voleur risque de vous l'arracher.
→ Faites attention à votre sac, **sinon** un voleur risque de vous l'arracher.

De quoi *sinon* est-il l'équivalent ? Où doit-il être placé ?

Entraînez-vous

16 Transformez les phrases construites avec *sinon* en phrases construites avec *si*, ou l'inverse.

*Exemple : Il faut composter son billet de train, **sinon** on risque d'avoir à payer une amende.*
  *→ **Si** on ne composte pas son billet de train, on risque d'avoir à payer une amende.*

1. Si Jeanne n'était pas débordée, elle serait venue au cinéma avec nous.
2. Prends ta carte d'étudiant, sinon les vigiles ne te laisseront pas entrer dans la Sorbonne.
3. Si tu n'arrêtes pas de faire du bruit, les voisins vont se plaindre.
4. J'étais au Japon au moment du décès de Marc, sinon je serais allé aux obsèques.
5. Si Jacques n'avait pas déjà trouvé du travail, cette proposition l'aurait intéressé.
6. Je ne roulais pas trop vite et j'ai freiné à temps, sinon j'aurais renversé le piéton.

Pour la valeur conditionnelle du gérondif, voir chap. 11, page 104

Observez 3

- Autrefois, en prenant la nationale 7, on mettait dix heures pour aller de Paris à Marseille.
- Maintenant, en prenant l'autoroute, on gagne trois heures.

- Autrefois, on prenait la nationale 7, on mettait dix heures pour aller de Paris à Marseille.
- Maintenant, on prend l'autoroute, on gagne trois heures.

- Il y aurait un accident sur cette route, cela bloquerait la circulation.
- Il y aurait eu un accident sur cette route, cela aurait bloqué la circulation.

- Cinq cents mètres de plus, l'avion ratait la piste d'atterrissage.
- Cinq cents mètres de plus, l'avion aurait raté la piste d'atterrissage.

a. Comment est formulée l'hypothèse dans chacun des exemples.
b. Reformulez chacune des phrases avec *si*.

Entraînez-vous

17 Remplacez la proposition conditionnelle par un gérondif comme dans l'exemple.

Exemple : Si j'avais pris mon billet de train plus tôt, je l'aurais payé moins cher.
→ En prenant mon billet de train plus tôt, je l'aurais payé moins cher.

1. Si tu cherchais dans les petites annonces, tu trouverais un appartement.
2. Si nous prenons la route vendredi avant 15 h, nous éviterons les embouteillages.
3. S'il avait regardé sur le site d'Air France, il aurait pu trouver les horaires des vols pour Toulouse.
4. Si vous partez de bonne heure, vous ne souffrirez pas autant de la chaleur.
5. Si j'avais dîné plus tôt hier soir, j'aurais mieux dormi.

18 Transformez en employant deux propositions juxtaposées comme dans l'exemple.

Exemple : S'il y avait une surcharge, cela entraînerait une coupure et toute la ville serait privée d'électricité. → Il y aurait une surcharge, cela entraînerait une coupure...

1. Si l'assemblée était dissoute, il y aurait de nouvelles élections législatives.
2. Si tu avais été là hier soir, tu te serais régalé : on a mangé des cèpes.
3. Si le nouveau témoin était auditionné, cela pourrait apporter des éléments nouveaux.
4. Si Georges suivait bien son traitement, il guérirait plus rapidement.
5. Si on avait rechargé la batterie de l'appareil photo, on ne serait pas en panne maintenant !

19 **À vous !** Continuez les phrases comme dans les exemples.

Exemples : 1. J'habiterais à la campagne, ... → j'aurais un chien / je cultiverais un potager.
2. Un pas de plus, ... → il tombait dans le vide / il serait tombé dans le vide.

1. Les taxis coûteraient moins cher, ...
2. J'aurais le temps, ...
3. Tu te lèverais plus tôt le matin, ...
4. Il aurait fait beau le week-end dernier, ...
5. J'aurais eu le choix, ...
6. Tu aurais été là, ...
7. Dix mètres de plus, ...
8. À deux minutes près, ...

20 Mettez les verbes entre parenthèses au mode et au temps qui conviennent.

1. Si nous pouvions prendre quelques jours de vacances, nous (aimer) ...... aller en Grèce.

2. Au début, si je sortais, je (prendre) ...... toujours mon téléphone portable.

3. Julien et Thibaut auraient fini leurs rangements s'ils (s'y mettre) ...... plus tôt.

4. Nous (arriver / déjà) ...... s'il n'y avait pas eu cet embouteillage sur l'autoroute.

5. À condition que tu (éviter) ...... les aliments trop gras et que tu (faire) ...... davantage d'exercice, ton taux de cholestérol (baisser) ....

6. Dans la mesure où cela vous (être) ...... possible, pourriez-vous me faire parvenir ce texte ?

7. Au cas où les températures (chuter) ...... brutalement, le plan « Grand froid » serait déclenché.

8. « Ils étaient cinéphiles. C'était leur passion première ; ils s'y adonnaient chaque soir ou presque. Ils aimaient les images pour peu qu'elles (être) ...... belles, qu'elles les (entraîner) ...... les (ravir) ......, les (fasciner) .... » (Georges Perec, *Les choses*, 1965)

21 Complétez les petits textes avec la conjonction, la locution ou l'expression conditionnelle qui convient.

à condition que – avec – en descendant – si *(2)* – sinon

1. ...... le guide n'était pas parti devant en reconnaissance, il n'aurait pas glissé dans cette crevasse cachée par la neige. Les sauveteurs devraient pouvoir l'en tirer ...... la situation météo n'empire pas cette nuit. ...... l'obscurité ne gênait pas les recherches, on ne tarderait pas à le localiser. Mais ...... sans précaution, les sauveteurs prendraient trop de risques. En effet, il faut stabiliser les bords de la crevasse ...... on risque un effondrement de la neige. ...... de la patience et de la ténacité, ils vont pouvoir faire descendre un sauveteur équipé pour rechercher le blessé et le remonter.

avec – dans la mesure où – en créant – si *(2)* – sans

2. ...... la multiplication des radars, le nombre d'accidents a baissé. ...... les automobilistes craignent les sanctions, ils réduisent leur vitesse. Mais en ville il y a encore trop d'accidents. ...... un automobiliste roule à 60 km/h, il lui faut huit mètres de plus pour s'arrêter qu'en roulant à 50 km/h. et un piéton renversé n'a aucune chance de survie. ...... davantage de zones protégées où la vitesse est limitée à 30 km/h, on assurerait une meilleure protection aux piétons. Mais ...... une politique d'éducation à la sécurité routière, les résultats seront limités. ...... on installait des caméras au-dessus de certaines rues, cela aurait un effet dissuasif.

22 **À vous !** En utilisant le maximum d'expressions d'hypothèse et de condition, rédigez de petits textes décrivant dans le détail :

1. ce qui se passerait dans un scénario de science-fiction que vous imaginez ;

Exemple : Si nous avions des robots capables d'assumer des tâches complexes ....

2. ce qui se serait passé si tel événement historique n'avait pas eu lieu.

Exemple : Si, en 1815, Napoléon n'avait pas perdu la bataille de Waterloo ....

L'expression de la comparaison

I. Comparatif, superlatif

Observez

La revue « Le consommateur » a testé l'efficacité de 4 crèmes amincissantes. Observez le tableau des résultats de ces tests et lisez leur commentaire :

	parfum	fermeté	hydratation	amincissement
Lipo Zéro	2	3	3	1
Cellustop	5	4	2	2
Ligne Svelte	1	3	5	2
Mincexpress	5	0	2	0

0 : nul
1 : faible
2 : moyen
3 : bon
4 : très bon
5 : excellent

Le parfum de *Lipo Zéro* est plus agréable que celui de *Ligne Svelte*, mais il est moins agréable que celui de *Cellustop*. *Mincexpress* a un parfum aussi agréable que celui de *Cellustop* ; ce sont ces deux dernières crèmes qui ont le parfum le plus agréable. Le parfum de *Ligne Svelte*, en revanche, est le moins agréable de tous.

a. **Relevez les comparatifs et les superlatifs du commentaire et notez leur structure.**
b. **Le complément du superlatif *de tous* est-il obligatoire ?**

Entraînez-vous

I **En vous aidant du tableau de l'Observez ci-dessus, continuez le commentaire sur les crèmes amincissantes en utilisant des comparatifs et des superlatifs.**

1. Fermeté :
Lipo Zéro apporte …… fermeté …… *Cellustop*, mais …… fermeté …… *Ligne Svelte*. C'est *Mincexpress* qui apporte …… fermeté (……).

2. Hydratation :
Lipo Zéro offre une *bonne* hydratation de la peau, mais *Ligne Svelte* apporte une …… hydratation, tandis que *Cellustop* et *Mincexpress* offrent une …… hydratation que leurs concurrentes. Quant à *Ligne Svelte*, c'est de loin celle-ci qui procure …… hydratation.

3. Amincissement :
Aucune des crèmes testées ne présente beaucoup d'effet amincissant, mais on peut noter que *Ligne Svelte* amincit …… *Lipo Zéro*, et …… *Cellustop*. C'est *Mincexpress* qui amincit …… toutes, puisqu'elle n'a tout simplement aucun effet amincissant !

2 **Complétez les phrases avec *bon, meilleur, bien* et *mieux*.**

1. L'équipe de foot de la commune a obtenu de …… scores pendant la saison, mais elle en avait fait de …… l'année dernière.

2. Monsieur Sorin, chef cuisinier à la cantine du lycée Jean Zay, fait …… son travail depuis qu'on lui a augmenté ses crédits. Il travaillait moins …… auparavant, faute de moyens.

3. Olivia est une …… musicienne, mais Cécile joue très …… aussi.

4. Le vin que nous venons de goûter est très bon : il est bien ...... que le précédent.

5. a. Notre directeur est très honnête, c'est un homme .... Il est ...... que son adjoint, qui ne pense qu'à sa carrière.

   b. Notre directeur est un ...... gestionnaire. Il est ...... gestionnaire que son adjoint.

6. Avoir son bac avec une bonne mention, c'est beaucoup ...... que de l'avoir sans mention.

3 | Complétez les phrases avec *pire* et *plus mauvais*.

1. Cacher la vérité, ce n'est pas bien. Mais mentir, c'est ....

2. – Ce thé est meilleur que l'autre.

   – Ah non, je trouve au contraire qu'il est ....

3. Dans cette famille, ils sont tous détestables, mais c'est vraiment le père qui est le ....

4. Je n'ai pas aimé ce film. À mon avis, c'est le ...... film de ce cinéaste.

5. Méfie-toi de Suzy, elle est très médisante : elle m'a raconté les ...... horreurs sur toi.

Observez

1. Il fait froid. Je ne pensais pas qu'il faisait aussi froid. → Il fait froid. Je ne **le** pensais pas. → Il fait plus froid que je (ne) le pensais.	**2.** Il y a du monde. Je m'attendais à ce qu'il y ait autant de monde. → Il y a du monde. Je m'**y** attendais. → Il y a autant de monde que je m'y attendais.	**3.** Le marchand m'a donné peu de tomates. Je voulais plus de tomates. → Le marchand m'a donné peu de tomates. J'**en** voulais beaucoup. → Le marchand m'a donné moins de tomates que je (n') en voulais.

a. Observez les pronoms en gras : quand utilise-t-on le pronom *le* ? le pronom *y* ? le pronom *en* ?

b. Notez les structures comparatives de supériorité, égalité, infériorité.

c. Quand utilise-t-on éventuellement le *ne* explétif ? Quand ne l'utilise-t-on pas ?

> *Pour l'emploi du (ne) explétif, voir chap. 13, page 114*

Entraînez-vous

4 | Transformez les phrases comme dans l'exemple.

Exemple : Ce film a duré longtemps. J'aurais cru qu'il durerait moins longtemps.
   → Ce film a duré plus longtemps que je (ne) l'aurais cru.

1. Cet acteur n'est pas très grand. Il semble être plus grand que cela.
   → ....

2. Pendant son stage, il a beaucoup travaillé. Il ne s'attendait pas à travailler si dur.
   → ....

3. J'ai vu le palais de Versailles. Il est grandiose. Je l'imaginais aussi grandiose.
   → J'ai vu le palais de Versailles. Il est ....

4. Il n'y a pas beaucoup de monde sur cette plage. On pourrait croire qu'il y a plus de monde.
   → ....

5. Les enfants ont mangé beaucoup de bonbons. Ils avaient envie d'en manger beaucoup.
   → ....

6. Nos nouveaux voisins sont sympathiques. Ils n'avaient pas l'air d'être très sympathiques.
   → ....

II. Comparer des situations

Observez

Querelle de voisinage.

Monsieur Dunois, votre platane est une source de nuisances pour nous. Il est **de plus en plus** haut et projette **de plus en plus** d'ombre sur notre jardin, si bien que nous voyons **de moins en moins** le soleil. **Plus** le temps passe et **plus** je perds patience : je vous ai déjà demandé plusieurs fois de tailler votre arbre, mais **plus** j'insiste et **moins** vous agissez, et depuis quelques jours vous faites **plus que jamais** la sourde oreille. Je suis **d'autant plus** en colère **que** vous avez fait venir un jardinier il y a quelques jours : **autant** vous lui avez fait tailler toutes les haies, **autant** vous ne lui avez pas fait toucher au platane. Vous vous moquez de moi ! Si vous ne faites pas quelque chose rapidement, je porte plainte !

a. Soulignez les expressions qui comparent les états successifs d'une même situation.

b. Soulignez les expressions qui comparent deux situations en évolution parallèle.

c. Soulignez l'expression qui compare deux situations liées par une relation de cause à effet.

d. Soulignez l'expression qui compare deux situations liées par une relation d'opposition.

Entraînez-vous

Faites les exercices 5, 6 et 7 à l'aide des données du tableau ci-dessous.

Lisez ces indications sur les habitudes de vie de Julie :

	il y a 1 an	**il y a 6 mois**	**maintenant**
cigarette	5 par jour	15 par jour	1 paquet par jour
sport	3 fois par semaine	1 fois par semaine	1 fois par mois
café	1 café par jour	3 cafés par jour	5 cafés par jour
sommeil	8 heures par nuit	6 heures par nuit	5 heures par nuit

5 Répondez aux questions en utilisant *de plus en plus, de moins en moins, plus/moins que jamais*.

Exemple : — Julie fumait-elle il y a un an ? → — Oui, elle fumait.
— Sa consommation de cigarettes a-t-elle augmenté depuis un an ?
→ — Oui, elle fume de plus en plus.
— Et maintenant, fume-t-elle beaucoup ? → — Oui, elle fume plus que jamais.

Sur le même modèle, posez des questions sur :

1) sa pratique du sport — 2) sa consommation de café — 3) son sommeil.

6 En utilisant *plus/moins... plus/moins, d'autant plus/moins... que* et *d'autant plus/moins que*.

a) Décrivez l'évolution des habitudes de Julie. Comparez :

1. l'évolution de sa consommation de cigarettes et celle de sa pratique du sport :

*Exemple : — **Plus** Julie fume, **moins** elle fait de sport.*
*— Julie fait **d'autant moins** de sport **qu'**elle fume de plus en plus.*
*— Julie fait peu de sport, **d'autant (moins) qu'**elle fume de plus en plus.*

2. L'évolution de sa consommation de café et celle de son sommeil :

....

....

....

b) Décrivez les habitudes actuelles de Julie. Comparez :

1. sa consommation de cigarettes et sa pratique du sport :

*Exemple : — Julie fait **d'autant moins** de sport **qu'**elle fume comme un pompier.*

                — Julie fait peu de sport, ... (.....) ..... elle fume comme un pompier.

2. sa consommation de café et son sommeil :

....

3. sa consommation de café et sa consommation de cigarettes :

....

---

7 | En utilisant *autant... autant* :

a) Comparez les habitudes de Julie il y a un an et ses habitudes actuelles.

1. cigarette :

*Exemple : — Julie fume davantage maintenant qu'il y a un an. **Autant** il y a un an elle ne fumait*
               *que cinq cigarettes par jour, **autant** maintenant elle fume un paquet par jour.*

2. sport : ....

3. café : ....

4. sommeil : ....

b) Quelles habitudes de Julie évoluent de façon opposée ?

1. La cigarette et le sport :

*Exemple : **Autant** elle fume de plus en plus, **autant** elle fait de moins en moins de sport.*

2. Le sport et le café : ....

3. le café et le sommeil : ....

4. la cigarette et le sommeil : ....

---

8 | Reformulez les phrases, comme dans l'exemple, de façon à utiliser *d'autant plus... que, d'autant moins... que et d'autant mieux... que*.

Exemple : Je suis très fatigué. C'est surtout parce que je ne dors pas assez.
        *→ Je suis très fatigué, **d'autant (plus) que** je ne dors pas assez.*
        *→ Je suis **d'autant plus** fatigué **que** je ne dors pas assez.*

1. Il part très peu en vacances. C'est surtout parce qu'il adore son métier.

....

2. Cette plante pousse très vite. C'est surtout parce je m'en occupe bien.

....

3. Cette voiture fonctionne très bien. C'est surtout parce qu'elle est bien entretenue.

....

4. Mon voisin met la radio de plus en plus fort. C'est surtout parce qu'il devient sourd.

....

5. Nolwenn a très bien appris l'espagnol. C'est surtout parce qu'elle a passé deux ans à Madrid.

....

III. Exprimer la ressemblance et la différence

• Comme / Tel que

Observez

- Il travaille comme un forçat.
- Il est malin comme un singe.
- Je suis content d'avoir un ami comme toi.
- J'ai trouvé un studio comme je le souhaitais.
- Ce studio est comme je le souhaitais.

- Je suis content d'avoir un ami tel que toi.
- J'ai trouvé un studio tel que je le souhaitais.
- Cet studio est tel que je le souhaitais

a. De quoi sont suivis *comme* et *tel que* ?

b. Quand peut-on remplacer *comme* par *tel que* ?

c. Quelle différence de niveau de langue y a-t-il entre *comme* et *tel que* ?

Entraînez-vous

9 Complétez les phrases en utilisant *comme* ou *tel que*.

1. Nadine a la larme facile. Quand elle regarde un film triste, elle pleure ...... une Madeleine.
2. Cet élève ne fait aucun effort : il est paresseux ...... une couleuvre.
3. J'ai enfin visité le Mont-Saint-Michel. Il est bien ...... je l'imaginais.
4. Cet homme n'est pas digne de confiance : il ment ...... il respire.
5. Je vais vous montrer des pierres précieuses ...... vous n'en avez jamais vu.
6. Nous n'avons pas pu manger le pain d'hier. Il était dur ...... une pierre.
7. Pour enlever les traces de colle, on peut utiliser un dissolvant ...... l'acétone.
8. Le film d'hier soir avait une fin surprenante. Il ne s'est pas terminé ...... je m'y attendais.
9. Cet écrivain que j'ai eu l'occasion de rencontrer n'est pas ...... les médias le décrivent.

• Comme / Le même que

10 Transformez les phrases comme dans l'exemple.

Exemple : Je voudrais une maison comme la tienne.
*→ Je voudrais **la même** maison **que** toi.*

1. Ma sœur a acheté des rideaux comme ceux de ma mère.
   → ....
2. Mon voisin porte un imperméable comme celui de l'inspecteur Columbo.
   → ....
3. Cette femme a connu un destin comme celui de Lady Diana.
   → ....
4. J'ai un chien comme celui de mon voisin.
   → ....
5. Oscar a des difficultés scolaires comme sa sœur.
   → ....

• *Comme si*

II Transformez les phrases comme dans l'exemple.

Exemple : Blanche fait la tête. Elle a l'air d'être fâchée / on dirait qu'elle est fâchée.
    *→ Blanche fait la tête **comme si** elle était fâchée.*

1. Parfois mon chien me regarde avec des yeux tristes. On dirait qu'il est désolé.
2. Les volets de la maison sont fermés. On a l'impression que ses occupants l'ont abandonnée depuis longtemps.
3. Les enfants ont quitté l'école à toute vitesse. On aurait dit qu'il y avait le feu.
4. Le fils de ma voisine vient d'emménager dans un petit studio. Depuis elle n'arrête pas de se lamenter : on dirait qu'il est parti pour toujours !
5. Il pleut sans discontinuer depuis trois jours. On a l'impression que ça ne va jamais s'arrêter.

• *De même que / Aussi*

12 Transformez les phrases comme dans l'exemple.

Exemple : Georges est ingénieur agronome. Daniel aussi.
    *→ Georges est ingénieur agronome, **de même que** Daniel.*

1. Kenneth parle trois langues. Ilana aussi.
2. J'adore l'opéra italien. L'opéra français aussi.
3. Pendant notre séjour en Bretagne nous sommes allés à Perros Guirec. À Carnac aussi.
4. Les hiboux vivent la nuit. Les chauves-souris aussi.
5. On trouve des peintures rupestres en Dordogne. Dans le Lot aussi.

• *De même que – de même que... de même / Plutôt que de...*

Observez

A	B
Certains mammifères vivent en groupe, de même que les hommes vivent en société.	De même que les hommes vivent en société, de même certains mammifères vivent en groupe.

C
Certains mammifères vivent en groupe plutôt que de vivre de façon isolée. Certains hommes décident de se couper du monde plutôt que de vivre en société.

a. Soulignez les expressions qui indiquent la ressemblance entre deux faits. Quelle structure insiste davantage sur cette ressemblance ?

b. Soulignez les expressions qui indiquent un choix entre deux actions différentes. Les deux verbes de chaque phrase ont-ils le même sujet, ou deux sujets distincts ?

Entraînez-vous

13 a) **Reliez les phrases indiquant des faits similaires par** *de même que* **et** *de même que...* *de même.*

Exemple : Il ne fume pas / Il ne boit pas → *Il ne fume pas,* ***de même qu'****il ne boit pas.*
→ ***De même qu'****il ne fume pas,* ***de même*** *il ne boit pas.*

b) **Reliez et reformulez les phrases indiquant des actions différentes avec** *plutôt que de...*

Exemple : Ils allaient partir en Écosse / Ils sont allés au Pays de Galles.
→ ***Plutôt que de*** *partir en Écosse, ils sont allés au Pays de Galles.*

1. Ils aiment beaucoup la musique baroque. / Ils adorent Mozart.
2. Je pourrais mettre du sucre dans mon café. / J'utilise des sucrettes.
3. Louis est très ordonné. / Aude est extrêmement méticuleuse.
4. J'ai oublié l'heure de notre rendez-vous. / Vous êtes en retard à ma conférence.
5. Mon frère voulait acheter un chat. / Il va prendre un chien.
6. Le double vitrage permet des économies de chauffage. / La circulation à bicyclette permet des économies d'essence.
7. Clémentine pourrait travailler tard le soir. / Elle préfère travailler tôt le matin.
8. Nous devions aller au théâtre. / Nous irons au cinéma.
9. Les objets s'usent. / Le corps se fatigue.
10. Mon grand-père est devenu peintre. / Il devait faire des études de médecine.

Bilan

14 **Complétez le texte avec des comparatifs et des superlatifs :** *(le) plus / (le) moins / aussi / autant, (le) mieux, (le) meilleur, de plus en plus, de moins en moins, de même que, plus... plus, plus... moins, plutôt que, comme, les mêmes... que, autant... autant, telle que, d'autant plus... que, comme si (2).*

Madeleine et Michel ont réuni tous leurs enfants, petits-enfants et arrière-petits-enfants pour célébrer leurs noces d'or. Ils ont choisi pour cela le restaurant ...... grand de la ville parce qu'ils sont ...... nombreux ...... une colonie de vacances. Il y a ...... de petits-enfants ...... d'arrière-petits-enfants, bien sûr, mais ces derniers sont ...... nombreux car ...... les années passent et ...... les petits-enfants de Madeleine et Michel avancent en âge, devenant à leur tour parents.

Dans la grande salle ont été disposées ...... de chaises ...... il y a d'invités, mais ...... le repas de famille s'éternise et ...... il y a de convives autour des tables parce que, depuis longtemps, les enfants ont compris qu'ils profiteraient ...... de leur journée ...... ils exploreraient la piste de danse. Ils s'amusent ...... des petits fous en prenant ...... poses ...... Johnny Halliday, ... ils étaient des stars.

Au bout d'un moment, cependant, ils font vraiment trop de bruit et Michel décide de les rappeler à l'ordre, mais Madeleine a une ...... idée : ...... de les gronder, elle décide de ruser en demandant au maître d'hôtel d'apporter le gâteau ...... tôt ...... prévu. Comme par miracle, tout le monde revient à sa place : ...... la viande et les légumes n'avaient pas suscité l'enthousiasme des enfants, ... les choux à la crème ont un franc succès.

Après le dessert et le champagne, ce sont les adultes qui ont envie de se dégourdir les jambes et qui, ... leurs enfants, s'amusent ...... ils avaient de nouveau 15 ans. Madeleine et Michel ne sont pas près d'oublier leurs 50 ans de mariage : une fête ...... celle-là, c'est ...... beau cadeau que l'on puisse recevoir de sa famille.

La grammaire du texte

POUR SIMPLIFIER, ON VA LUI APPRENDRE EN GLOBALE AVEC TRADUCTION SIMULTANÉE EN SYLLABIQUE !

PANCHO Paru dans *Le Monde* du 18 octobre 2006.

Observez

APPRENDRE À LIRE LE FRANÇAIS

Le français est une langue difficile à lire car beaucoup de sons peuvent s'écrire de différentes manières. D'où l'angoisse des parents dont l'enfant entre au CP (cours préparatoire). Quelle va être la méthode suivie : syllabique ou globale ? Ces deux méthodes sont en effet très différentes. La première préconise l'apprentissage par association de phonèmes : b + a = ba ; pour cela, l'enfant n'a pas besoin de chercher du sens aux mots qu'il lit. Cette étape viendra plus tard.

À l'inverse, la deuxième préconise la mémorisation globale de l'assemblage des phonèmes : ba. L'enfant parvient ainsi à lire rapidement de petits textes. Or, en 2006, le ministre de l'Éducation nationale a relancé le débat sur la méthode globale. Pouvoir lire vite, c'est bien, mais qu'en est-il de l'orthographe ? L'enfant croit savoir lire ; en fait, il devine ce qu'il lit. De plus, toujours selon le ministère, cette méthode serait la cause de nombreux cas de dyslexie (troubles de la lecture).

Autrement dit, il faut en revenir à la bonne vieille méthode syllabique qui a fait ses preuves depuis longtemps.

Aussitôt les syndicats d'enseignants ont réagi. Selon les sondages, seuls 7 % des maîtres utilisent la méthode purement syllabique, 16 % ne l'utilisent pas et 76 % l'utilisent en partie seulement. Finalement, le bon sens prévaut : dans la plupart des cas, c'est la méthode semi-globale qui donne les meilleurs résultats.

a. Soulignez les connecteurs et classez-les dans le tableau.

temps	cause	conséquence	but	opposition	reformulation	addition	conclusion
......	......	......	......	......	......	......	......

b. Faites de même pour ces autres connecteurs : *somme toute – cependant – dans ce but – en d'autres termes – donc – d'abord – c'est pourquoi – alors – en définitive – non seulement… mais…*

Entraînez-vous

1 Reliez les phrases entre elles en employant les connecteurs : *or – par conséquent – toutefois – d'ailleurs – en plus – en fait.*

1. Le conducteur qui a brûlé un feu rouge avait 3 grammes d'alcool dans le sang. •
2. Le Président a dû subir une intervention chirurgicale très lourde. •
3. J'ai adoré cette pièce. Les acteurs jouaient très bien. •
4. Le marché de l'immobilier est toujours en hausse. •
5. Pas question d'aller au foot cet après-midi ! Tu as un contrôle de maths demain. •
6. La petite Lucie avait disparu de la maison et sa mère la cherchait partout. •

- **a.** les décors étaient superbes.
- **b.** rien ne laisse prévoir un ralentissement dans les mois qui viennent.
- **c.** il pleut.
- **d.** elle jouait tranquillement avec sa poupée au fond du jardin.
- **e.** ses jours ne sont pas en danger.
- **f.** il devra comparaître devant le tribunal.

2 Placez les connecteurs proposés, très courants à l'oral, dans les mini dialogues.

après tout – du coup – en fait – en tout cas – finalement – mais... quand même

1. — Et si on allait voir *Le vent se lève*, le film de Ken Loach qui a obtenu la Palme d'or à Cannes en 2006 ?
   — Ah non, tu sais bien que je déteste les films de guerre. Vas-y si tu veux, ... moi, je n'irai pas.
2. — Vous partez où en vacances ?
   — Eh bien, tu vas rire ! Marie voulait aller en Norvège, moi, j'avais envie d'aller au soleil. ...... on va chez mes parents en Auvergne !
3. — Maman, la petite fille m'a pris mon seau et ma pelle.
   — ...... tu peux ...... les lui prêter un peu, non ?
   — Non, c'est à moi.
4. — Tu sais que Bernard raconte à tout le monde que Camille et moi on est fâchés. Hier, je lui ai annoncé qu'on allait se marier en juin. ...... il était bien embarrassé !
5. — Qu'est-ce qu'on offre à grand-père pour ses 80 ans ? J'ai bien réfléchi, mais je n'ai pas d'idée.
   — Et si on lui offrait un Home Cinéma ? ...... mamie serait contente aussi.
6. — Hier, je suis allée chez Julien pour réviser l'examen d'histoire avec lui comme prévu. Mais il n'était pas là. ...... je m'étais trompée de jour.

3 Voici trois points de vue sur l'avenir de Paris.

PARIS, VILLE MUSÉE ?

a) Remplacez chaque connecteur en gras par un connecteur synonyme.

Laurent D. Professeur d'université

Le risque que les Parisiens finissent gardiens de musée n'est pas nul. **D'abord**, à Paris, on a une politique qui privilégie l'habitat sur les activités et l'électeur sur les autres usagers de la ville. **En effet**, les actifs, dont beaucoup viennent de la banlieue, participent à la richesse, **mais** ils n'ont pas le droit de dire leur mot. **De plus**, la politique actuelle de la ville ne permet pas de fixer ces populations modestes qui **pourtant** la font vivre. **Alors** ces familles-là partent.

b) Complétez le texte à l'aide des connecteurs proposés.

bref – d'abord – en outre – mais

Marie Desplechin. Écrivain

Oui, il y a à Paris des quartiers musée. Bon ! ...... on ne va pas les détruire ! Le problème, c'est que ce Paris-là, il faut le partager. ...... il faut mettre des logements sociaux dans de beaux immeubles haussmanniens. Il faut ...... un Grand Paris où on partagerait les impôts, les problèmes de transport, la culture. ......, il faut que Bobigny vienne se promener sur le Pont des Arts.

c) Retrouvez l'ordre des phrases.

Alain Faure. Historien.

Paris n'est pas une ville musée. Pas plus que Rome, Amsterdam ou Venise. On y travaille et on y réside.

1. **Puis** les sensibilités ont changé. Voyez le « sauvetage » du quartier du Marais.
2. Il y a **en revanche** une utilisation de la ville ancienne comme décor de la ville moderne.
3. **Cependant**, dans les années 60-70, on a continué à détruire les quartiers dits populaires.
4. **Depuis** on redécouvre le petit jardin, la vieille cour et ses pavés qu'on achète fort cher.
5. **Mais** l'attachement à ce décor est finalement récent.
6. **Autrement dit**, la muséification de Paris c'est cela : le culte des vieilles pierres et du « village urbain ». Vivez comme au Grand Siècle ou comme Amélie Poulain !
7. **Autrefois**, jusque dans les années 1930, on détruisait tout ce qui était considéré comme insalubre.

D'après *Le Nouvel Observateur Paris / Île-de-France*, juillet 2006.

d) À vous ! Rédigez une synthèse de ces trois points de vue qui présentera les problèmes de la ville de Paris.

4 Retrouvez l'ordre des six paragraphes du texte.

MAÎTRISER L'ÉCRIT POUR MIEUX COMMUNIQUER

De plus en plus de cadres s'inscrivent dans des ateliers d'expression écrite. En effet, plus on progresse dans la hiérarchie, moins la technicité est importante. En revanche, on est de plus en plus jugé sur la qualité de sa communication orale et écrite.
Voici les conseils de Mireille B., formatrice en communication écrite :

1. Par ailleurs, pour capter l'attention de votre lecteur il faut éviter de faire des phrases trop longues. Soyez également vigilants dans le choix des mots qui doivent être simples mais précis.
2. Un dernier conseil : prenez le temps de vous relire !
3. Pour chaque idée, il faut impérativement créer un paragraphe et relier les paragraphes entre eux par des connecteurs logiques comme *car, puisque, néanmoins...*
4. Avant d'exposer vos arguments rappelez en une ligne à votre correspondant le contexte et l'information de votre message. À cet égard, le titre de votre message est très important.
5. De même, soignez votre orthographe ! L'orthographe est une corde sensible, avec une dimension affective très importante.
6. D'abord, il faut avoir les idées claires. Ayez un plan en tête ! Ensuite, prenez quelques minutes de réflexion pour hiérarchiser les informations.

D'après *Challenge*, septembre 2006.

5 | **À vous !** À partir des indications données, rédigez un courriel de 5 à 10 lignes en suivant les conseils de Mireille B.

1. — D'importants travaux vont avoir lieu dans le bâtiment de l'université de langues pour des problèmes de sécurité. Le directeur envoie un mél aux professeurs pour leur indiquer les nouvelles dispositions concernant les salles, les horaires, les laboratoires, etc. Il faut éviter tout désordre... !

2. — La responsable du service après-vente fait état à son chef de disputes continuelles entre ses employés et de plaintes de clients. Il faut que cela cesse !

6 | Lisez attentivement le texte, puis répondez aux questions.

DES CANONS À NEIGE PRÉCIEUX MAIS DANGEREUX.

À première vue, un canon à neige n'a pas vocation à soulever de grands débats. Ces engins, sorte « d'assurance-neige » des stations de sports d'hiver face aux aléas climatiques, ont été utilisés en abondance pour préparer les pistes des JO de Turin. Ils semblent se limiter à une invention astucieuse.

En réalité, les polémiques sont vives. La banalisation de l'enneigement artificiel cristallise en effet les débats sur des questions très sensibles : développement durable, réchauffement climatique, dialectique entre activité économique et préservation de l'environnement...

Dans les massifs montagneux, toute une économie est fondée sur l'exploitation de « l'or blanc ». Or il est maintenant admis que, avec le changement climatique, les stations de moyenne montagne doivent s'attendre, à terme, à une baisse significative de l'enneigement, fatale aux plus fragiles.

Élus, promoteurs et habitants sont donc face à une redoutable question : que faire ? Envisager une reconversion ?

Ou bien persévérer, envers et contre tout, dans le ski qui fait la fortune de la montagne ? Les possibilités de reconversion ne sont pas infinies. C'est pourquoi, faute de pouvoir agir sur la météo, la tentation de la fuite en avant est forte : des canons, toujours plus de canons pour conserver la clientèle.

Mais ces armes sont gourmandes. Leur munition de base, c'est l'électricité, à l'heure où les économies d'énergie redeviennent un impératif. Et surtout l'eau. Or cette ressource, elle aussi se raréfie, peut-être justement à cause du changement climatique. C'est pourquoi les canons à neige sont devenus l'une des cibles des associations environnementales. Celles-ci soulignent que les canons consomment deux à trois fois plus d'eau à l'hectare que le maïs, culture réputée très dépensière en eau.

Les écologistes évoquent aussi des atteintes au paysage liées à la multiplication de gigantesques « retenues collinaires* », voire des risques pour la santé humaine : l'ajout, dans certains cas, d'un additif polluant destiné à accélérer la formation du gel.

De leur côté, les élus mettent en avant les impératifs économiques, les retombées en termes d'emploi et se défendent des accusations de pollution et de gaspillage d'eau. Certains reconnaissent les risques, mais soulignent qu'ils font une utilisation raisonnée des canons. « Nous ne sommes ni fous, ni inconscients... Nous savons que le challenge va être la gestion de l'eau. »

Dimanche 5 février, Serge Lepeltier, ancien ministre UMP de l'écologie, s'est rendu à la station de l'Alpe-d'Huez (Isère) pour dénoncer la multiplication des canons à neige. M. Lepeltier demande au gouvernement un moratoire sur l'implantation des canons à neige et des études d'impact. Il a été mal reçu par le maire de la station qui juge l'initiative de M. Lepeltier « dérisoire ». « S'il veut alerter le gouvernement, il devrait aller à Matignon ou à l'Assemblée Nationale, plutôt qu'en station. »

La guerre des canons ne fait peut-être que commencer.

* lacs ou bassins artificiels permettant de retenir l'eau.

D'après un article de Jean-Louis Andréani paru dans *Le Monde* du 19 février 2006.

a) Recherchez les différents connecteurs présents dans le texte.

b) Quel est le sujet du débat ?

c) Comment l'introduction annonce-t-elle le plan ?

d) Faites la liste des arguments : en faveur des canons à neige / contre leur exploitation.

e) Résumez le texte en moins de 120 mots en utilisant les connecteurs qui conviennent.

7 | **À vous !** a) Rédigez une lettre de motivation en réponse à une offre d'emploi qui vous intéresse.

b) Rédigez un petit texte sur un des thèmes suivants :

— Pour ou contre l'ouverture des grands magasins 24 heures sur 24 ?

— Voyage organisé ou voyage sac au dos ?

— Le sport, l'argent et le dopage. Une fatalité ?

c) Choisissez un livre, un film, un disque que vous avez adoré ou détesté. Présentez vos arguments.

Bilan

8 | Le château de Chambord (XVIᵉ siècle), le plus vaste des châteaux de la Loire. Complétez le texte avec les connecteurs qui conviennent.

à partir de — auparavant — **car** — c'est pourquoi — donc — d'où — ensuite — finalement — mais — mais aussi — même — non seulement — par conséquent — plus tard — puis

Ce merveilleux château est ...... une demeure royale ...... le symbole d'une nouvelle ère artistique.

Il a été construit au cœur d'une forêt riche en gibier ...**car**... les rois étaient des chasseurs passionnés.

...... 1519 le roi François Iᵉʳ lance les travaux de construction, ... il n'y a pas à proprement parler d'architecte. On sait qu'...... François Iᵉʳ avait fait venir le célèbre peintre et inventeur Léonard de Vinci. On peut ...... supposer qu'il lui avait parlé de ce projet et sollicité ses conseils, en particulier pour la construction de l'extraordinaire escalier et de la terrasse.

À Chambord, tout a été créé pour le spectacle de la chasse. ...... la vie se passait dans les hauteurs du château, ... les très nombreux escaliers. La cour et les ambassadeurs y suivaient le déroulement de la chasse et ...... y dînaient. Chacun « campait » de droite et de gauche dans le château. Les ambassadeurs devaient souvent se loger sous la tente ou chez l'habitant. ...... Léonard de Vinci avait songé à créer des « maisons démontables » !

...... le château est habité par Louis XIV (Molière y présenta *Le Bourgeois gentilhomme*), ... par Louis XV, ... il tombe plus ou moins aux mains de divers propriétaires. Il a ...... été acheté par l'État en 1930.

9 | **À vous !** À partir des indications ci-dessous, rédigez, sous forme de texte suivi, la biographie de l'écrivain Eugène Ionesco.

1912 : naissance à Stalina, en Roumanie. Mère française.

1913 : vit en France à Paris et à la campagne.

1925 : retour à Bucarest. Étudiant, professeur de français à l'université de Bucarest.

1938 : Paris. Correcteur dans une maison d'édition.

1950 : première pièce : *La Cantatrice chauve*. Échec. (jouée sans interruption depuis 1957 au théâtre de la Huchette, à Paris)

1951 : *La Leçon*. Critiques violentes. Réputation de dramaturge à sensation.

1952-1962 : les metteurs en scène de l'absurde présentent ses pièces. Les plus grand succès : *Rhinocéros, Le Roi se meurt* (1960 et 1962). Ionesco reste incompris de nombreux spectateurs.

1970 : élection l'Académie française.

10 | **À vous !** Écrivez un texte (lettre, récit) sur un sujet de votre choix en respectant les indications données. Votre texte pourra comprendre le nombre de lignes que vous souhaitez.

Cher (Chère) ......,

Tout d'abord, ...
.... *En fait,* ....
.... *car* ....
....

Puis .... *donc* ....
....
.... *ensuite* ....
.... *De plus,* ....
....

De toute façon, ... *mais* ....
.... *Finalement,* ....
....
....

....

Observez

En Suisse, certaines communes ont pu réduire le volume des ordures ménagères. <u>Cette réduction des déchets</u> a été réalisée par trois moyens : le tri sélectif pour les matières recyclables ; le compostage des déchets **qui** peuvent être compostés et surtout un nouveau système de perception des taxes d'ordures ménagères : avec <u>ce système</u>, chaque foyer paye une taxe proportionnelle à la quantité d'ordures déposée en vue de la collecte. Les sacs poubelle sont distribués par la mairie, **ils** sont calibrés et doivent être étiquetés par chaque utilisateur **qui** a des étiquettes avec un code barre permettant de l'identifier. Ainsi les éboueurs enregistrent <u>le code barre</u> de chaque sac collecté et les gens payent en fonction du nombre de sacs **qu'ils** ont déposés. **C'**est une solution intéressante mais **cela** exige une certaine discipline. Il paraît difficile de *faire de même* en France.

a. À quel nom ou à quelle idée du texte renvoient les pronoms en gras (anaphores pronominales) ?

b. À quel nom, à quelle idée ou à quelle phrase du texte renvoient les groupes nominaux soulignés (anaphores nominales) ?

c. À quoi renvoie le groupe verbal en italique (anaphore verbale) ?

I. L'anaphore pronominale

Reprise totale

Observez

Voir les pronoms personnels, p. 45, les démonstratifs, p. 31, les possessifs, p. 34, et les pronoms relatifs, p. 16

Julie est étudiante en biologie à Caen. Elle vient de terminer la licence qu'elle a obtenue avec la mention « Bien ». Ses parents vivent à la campagne et ont beaucoup de pommiers. Ils portent leurs pommes au pressoir du village et font eux-mêmes leur cidre.

Son copain Marius est originaire de Marseille, ce qui explique son accent méridional. Julie l'a rencontré à la faculté des Sciences. Lui aussi étudie la biologie mais il est déjà en Master. Les étudiants de Master, eux, font un stage en entreprise ; cela leur donne une première expérience professionnelle.

Repérez et classez dans le tableau les différents pronoms qui permettent de renvoyer aux personnes ou aux éléments indiqués dans la première colonne.

Élément repris	Pronom personnel sujet	Pronom personnel complément	Pronom démonstratif	Pronom relatif
Julie				
la licence				
Ses parents				
Son copain Marius				
originaire de Marseille				
Les étudiants de Master				
font un stage en entreprise				

Entraînez-vous

1 Complétez avec les pronoms qui conviennent.

1. Élodie et sa mère sont allées faire les soldes. ...... ont acheté une parka pour Élodie et une robe pour sa mère. La parka est très pratique avec sa doublure polaire ...... on peut enlever en été.

2. En sortant du cinéma, j'ai rencontré des amis ...... je n'avais pas vus depuis quelques années. ...... avaient beaucoup changé et j'ai eu du mal à ...... reconnaître. Je ...... ai demandé .... ils avaient fait depuis que .... étions perdus de vue.

3. Léa vient de s'installer avec son copain Daniel. En vivant avec ......, elle se rend compte que ...... a tendance à ne rien faire : c'est .... fait la cuisine, la vaisselle et la lessive. Alors elle ...... demande de faire les courses, de passer l'aspirateur et de repasser ......-...... ses chemises. Il n'y a pas de raison qu'...... fasse tout !

4. Si tu vois Jacques, peux-tu ...... dire de ...... rendre le livre ...... je lui ai prêté s'il a fini de ...... lire.

5. Désormais tous les membres du personnel en contrat à durée indéterminée bénéficieront d'une prime de fin d'année. ...... concerne les trois-quarts des salariés.

Reprise partielle

Observez

> On fête les 70 ans de grand-mère. Regardez les gâteaux qui sont sur la table. Certains ont été faits par les petits-enfants. D'autres ont été achetés chez le pâtissier. Moi j'en ai fait un : le gâteau aux noix. Lequel voulez-vous ? Préférez-vous ceux qui sont à la crème, ceux qui sont aux fruits ou le mien ? J'en ai goûté deux aux fruits, le premier était délicieux.

Repérez et classez dans le tableau les différents pronoms qui permettent de renvoyer à une partie de l'ensemble évoqué par le groupe nominal *les gâteaux*.

Pronom possessif	Pronom interrogatif	Pronom démonstratif (+ pronom relatif)	Pronom indéfini	Numéral
....	....	....	....	....

Entraînez-vous

2 Complétez avec les éléments de reprise qui conviennent.

1. Chez le bouquiniste de la Place Paul Painlevé, j'ai vu un livre rare parce qu'il est épuisé chez l'éditeur. À ma grande surprise, il lui en restait quatre exemplaires, j'en ai acheté ...... et j'ai signalé à des amis l'existence des .... pour le cas où cela les intéresserait.

2. — Tu as vu les deux pantalons que je viens d'essayer. ...... me va le mieux ? ...... ou ...... ?
   — Je préfère ...... que tu as essayé, il te va mieux que le second.

3. Je t'envoie mes photos de notre excursion à Beaune. Quand tu auras le temps, envoie-moi ....

4. — Passe-moi le journal qui est sur la table, s'il te plaît !
   — Quel journal ? Il y en a ......, il y a *Le Monde*, *Courrier international*...
   — *Le Monde*.
   — ...... ? ...... d'aujourd'hui ou ...... d'hier ?
   — *Le Monde* d'aujourd'hui. Merci.

5. Vu nos dates de vacances, nous avons le choix entre trois destinations, dis-moi .... tu préfères : l'Inde, le Cambodge ou le Mexique.

Reprise du même nom avec un autre déterminant

Observez

Le conseil municipal de la ville a émis un avis favorable à la construction d'un monument dédié aux victimes des crues. Le monument devra être construit pour le dixième anniversaire de la grande crue de 1998. Un concours de projets d'architecture va être ouvert pour la réalisation de ce monument. Le maire veut quelque chose de beau et d'original pour que la ville puisse être fière de son monument.

Avec quels déterminants sont construits les différents groupes nominaux qui renvoient au groupe nominal *un monument* de la première phrase ?

Entraînez-vous

3 | Mettez le déterminant qui convient devant les noms.

1. L'an dernier, j'ai planté un cerisier et un prunier. ...... prunier a poussé plus vite que ...... cerisier.
2. Ma voisine venait d'installer une antenne parabolique. Mais la tornade a arraché ...... antenne.
3. Au jardin du Luxembourg, il y a un très grand ginko dont les branches s'étendent jusqu'aux grilles. ...... ginko donne des noix, c'est donc un ginko femelle.
4. Je viens de changer d'horaires de travail. ...... nouveaux horaires me conviennent mieux.
5. Il y a beaucoup d'étudiants étrangers à Orléans. ...... étudiants qui se sont inscrits hier étaient chinois.
6. Une étudiante paraissait un peu perdue car elle comprenait à peine le français. ...... étudiante venait de Shanghaï.

Reprise avec un autre nom

Observez

1. **Georges Brassens** est né à Sète en 1921. Ce chanteur et compositeur a écrit beaucoup de chansons poétiques et non conformistes qui ont fait son succès.
2. **Un escroc à la carte bleue** vient d'être arrêté. Le malfaiteur fabriquait de fausses cartes qu'il utilisait chez les commerçants.
3. Nous avions planté **un beau tulipier de Virginie**. Mais à cause d'une longue période de froid cet hiver, l'arbre a gelé.

Pour chaque groupe nominal en gras, précisez comment est faite la reprise.

Entraînez-vous

4 | Complétez avec le nom qui convient.

1. Ma voisine a un chat qui est très gourmand. L'autre jour, le ...... s'est glissé chez la concierge par la fenêtre entrouverte et a mangé le gâteau qui était sur la table de la cuisine !
2. Modigliani est mort à Paris en 1920 à l'âge de 36 ans. Ce ...... italien de l'école de Paris a vécu à Montmartre et a peint des figures de femmes très stylisées.

3. J'ai lu une biographie romancée de Byron. Ce …… était passionnant.

4. Le Gers est dans le sud-ouest de la France, proche des Pyrénées. Ce …… est surtout rural et relativement peu peuplé.

5. Une toile de Dali a été volée chez un collectionneur. Le …… avait une très grande valeur.

5 | **À vous !** **Écrivez un paragraphe sur un écrivain ou un artiste de votre pays, sur un champion olympique ou sur un événement marquant. Dans la deuxième phrase, utilisez une anaphore nominale comme dans les phrases de l'Observez.**

Reprise avec un nom qui résume une phrase

Observez

• Le garage Peugeot de Saint-Florentin a brûlé dans la nuit de samedi à dimanche. Lundi, **cet incendie** a fait la une du journal l'*Yonne républicaine*.	• Le gouvernement a supprimé le remboursement par la Sécurité Sociale d'une centaine de médicaments. **Une telle mesure** pénalise les personnes à faibles revenus.	• Pour la quatrième année consécutive, en 2005, les automobilistes français ont consommé moins de carburant. **Cette baisse de la consommation** est due à l'envolée des prix du pétrole…

a. Pour chaque petit texte, précisez ce qui est repris par l'anaphore nominale en gras.

b. Comment sont construites ces différentes anaphores nominales.

Entraînez-vous

6 | **Complétez avec l'anaphore nominale qui convient.**

*Exemple : Le ministre des Finances a annoncé que l'impôt sur le revenu serait revu à la baisse. Mais, selon les analystes, cette **diminution** sera minime.*

1. Les tenanciers de bars-tabac ont manifesté contre l'interdiction de fumer dans les bars. Mais leurs clients ne se sont pas joints à la …… .

2. Un avion de ligne, ayant eu une panne de réacteur, a dû atterrir en urgence. Heureusement le …… s'est bien passé et personne n'a été blessé.

3. Le président de l'association de quartier est brutalement décédé la semaine dernière. Sa …… affecte tous les habitants du quartier qui le connaissaient et l'appréciaient.

4. Une société d'investissements a racheté un immeuble vétuste de la rue Albert pour en faire un immeuble de bureaux. Cette …… immobilière devrait leur rapporter gros.

7 | **À vous !** **Terminez les paragraphes en utilisant une anaphore nominale qui résume la première phrase.**

Exemple : Une jeune mère célibataire âgée de dix-neuf ans a abandonné son bébé de quatorze mois.
*→ Elle a tenté d'expliquer **son acte** par son incapacité à assumer seule la charge de son enfant.*

1. Les représentants des syndicats et du patronat se sont réunis hier soir…

2. Deux policiers ont été agressés par une bande de jeunes adolescents cagoulés…

3. Une collégienne de 13 ans a disparu depuis mercredi dernier…

4. Alors qu'il roulait sur l'autoroute A6, un minibus a perdu son chargement sur la chaussée…

5. La candidate a exposé ce qu'elle ferait si elle était élue…

III. L'anaphore verbale

Observez

Quelques universités ont remplacé la session de rattrapage de septembre par une session en juin. D'autres pourraient **faire de même** car les étudiants se présentent plus facilement en juin qu'en septembre pour repasser leurs examens. Cela implique d'avancer le début de l'année universitaire, ce qu'**a fait** l'université d'Orléans en fixant la rentrée au 1er septembre. Les autres pourraient **le faire** aussi.

Précisez ce qui est repris par chaque anaphore verbale en gras.

Entraînez-vous

8 Complétez les phrases en utilisant *faire / le faire / faire de même / en faire autant / faire pareil.*

*Exemple : Le compostage des déchets est une bonne solution quand on a un jardin. Mais pour les gens qui vivent en appartement dans les villes, il est difficile de **faire de même.***

1. Il commence à faire froid. Nos voisins ont déjà allumé leur chauffage. Nous devrions ....
2. Tu ne devrais pas jeter ce papier par terre. Si tout le monde ......, la rue ressemblerait à une poubelle !
3. Claire voudrait installer une lampe mais elle ne sait pas comment ....
4. Nous allons repeindre notre cuisine mais j'attends le départ des enfants en vacances pour ....
5. Les entreprises du secteur public appliquent déjà la parité homme femme dans les salaires en application du principe « À travail égal, salaire égal ». Les entreprises du secteur privé pourraient ....

Bilan

9 Complétez les phrases avec l'anaphore qui convient.

1. Dimanche au marché aux Puces, j'ai vu une armoire en merisier ...... me plaît beaucoup et ...... le prix est abordable. Mais je me demande si ce ...... n'est pas trop encombrant pour ma chambre.
2. Le gouvernement veut créer différentes structures de crèches pour accueillir les tout-petits. Cette ...... permettra de mieux répondre à la demande d'accueil des enfants de moins de trois ans.
3. Le responsable du magasin n'était pas là hier. Son ...... a été remarquée par les clients.
4. Paul voit bien les défauts des autres mais il ne voit pas ....
5. J'hésite entre trois modèles de robots ménagers. Je me demande quel est ...... qui sera le plus pratique.
6. La mairie a décidé que les autobus urbains rouleraient au gaz. Cette ...... a été bien accueillie car ils seront ainsi moins polluants.
7. La société Datexis a investi dans le secteur des nouvelles technologies. Cet ...... a des chances d'être rentable.
8. De jeunes adolescents ont tagué les murs du collège. ...... a choqué tout le monde.
9. J'ai demandé à mon fils de sortir les poubelles mais il oublie toujours de ....
10. Mes voisins ont taillé leur haie. Cela me rappelle qu'il faudrait que je ....

10 **À vous !** Rédigez un petit texte sur le sujet de votre choix en utilisant les différents types d'anaphores.

INDEX

TABLE DE RENVOIS

Retrouvez toutes les règles de grammaire essentielles, expliquées de manière simple avec de nombreux exemples dans la *Nouvelle Grammaire du Français, cours de Civilisation Française de la Sorbonne (NGF)*.

LES

CORRIGÉS

SOMMAIRE

Chapitre 1

Le nom et l'adjectif

Observez *page 6*

a. *un, l'* : articles / *mon* : possessif / *cet* : démonstratif / *certains* : indéfini – **b.** l. 1 : sujet, l. 2 : complément d'objet direct, l. 3 : complément de lieu, l. 4 : complément de nom, l. 5 : complément d'objet indirect – **c.** portable, nouvel (nouveau) à côté d'ordinateur, léger relié par le verbe être à ordinateur – **d.** *le sien* : possessif, *celui* : démonstratif, *ils* : personnel, *chacun* : indéfini, *que* : relatif, *les leurs* : possessif

Observez *page 7*

a. et **b.** *règlement* (1) : ensemble de règles – *réglage* : action de régler un appareil – *régularité* : caractère de ce qui est régulier – *règlement* (2) : action de régler un compte

1 **a) Verbes :** le recrutement, le licenciement, l'investissement, l'aboutissement, le renouvellement, le percement, l'hébergement – la démolition, la réaction, la guérison, la vision, la trahison, l'apparition, la connexion, l'acquisition, la persuasion, la prévention, l'annexion, la pollution, la révision, la réception, la médiatisation – la brûlure, la cassure, la peinture, la rupture, la morsure, la reliure, la couverture, la coupure – le bricolage, le barrage, le chômage, le sondage, l'emballage, le massage, le recyclage, le jardinage, l'espionnage – la traversée, la plongée, la flambée, l'arrivée, la montée, la pensée, l'avancée, la tombée – la tolérance, la naissance, l'assistance, la confiance, l'espérance, la descendance, la résistance, la croissance – le baladeur, l'interrupteur, l'aspirateur, l'ordinateur, le batteur, le conteneur – la tondeuse, la perceuse, la shampouineuse, l'agrafeuse, la ponceuse, la veilleuse, la couveuse

Adjectifs : la vigilance, la clairvoyance, l'urgence, la compétence, la réticence, la divergence, l'arrogance – la solitude, la certitude, l'habitude, l'exactitude, la lassitude, la promptitude, l'hébétude, la longitude – la curiosité, l'émotivité, la capacité, l'étrangeté, la ponctualité, l'unanimité, la liberté, la convivialité – la jalousie, la drôlerie, la folie, l'étourderie, la fourberie, la courtoisie, la coquetterie – le socialisme, le réalisme, le romantisme, le naturalisme, l'existentialisme

Noms : le village, le feuillage, le grillage, le rivage, l'esclavage – la messagerie – la fromagerie, la billetterie, l'infirmerie, la teinturerie, la déchetterie, la plomberie – le capitalisme, l'impressionnisme, le cubisme, le bouddhisme, le banditisme, le perfectionnisme

b) 1. machine électronique / prescriptions du médecin – 2. arrêt / bouton pour couper le courant – 3. s'oppose à la largeur / s'oppose à la latitude – 4. s'oppose à la montée / les enfants, petits-enfants, etc. – 5. soirée / petite lampe allumée la nuit

2 1. un local à vélos / la localisation d'un lieu grâce au GPS / une localité de 3 000 hab. – 2. le format d'un livre / une formule de politesse / la formulation d'une question / un formulaire d'inscription – 3. la grille d'une prison / le grillage d'une clôture / une grillade bien cuite – 4. les échelons d'une échelle / une cage d'escalier / l'escalator d'un grand magasin / faire de l'escalade – 5. un terrain de football / un territoire occupé / un produit du terroir / une terrasse de café

Observez *page 9*

syllabe – chute – propriété – zoo – nom – jupe – mètre – phobie

3 1c – 2a – 3e – 4b – 5f – 6d

5 1. l'ancre – 2. le bal – 3. le chêne – 4. un champ – 5. le chœur – 6. le col – 7. une file – 8. le foie / la foi – 9. le cygne – 10. le golfe – 11. le moral

6 1. longues – 2. verts – 3. fou – 4. humaines – 5. rendu – 6. comptant – 7. ouverte

7 **a)** une sensation de bien-être, de confort, de douleur, d'étouffement, de tristesse, de vertige – un sentiment de bonheur, de douleur, de gratitude, de mépris, de tristesse – **b)** un contrat à durée indéterminée, d'assurance, de mariage, d'entretien, de stage, de travail – un mois de congé, de stage, de travail, d'hospitalisation

8 1. travail à la chaîne – 2. vente aux enchères – 3. passage pour piétons – 4. service après-vente – 5. bière pression – 6. entrée en matière – 7. hôtel cinq étoiles – 8. arme à double tranchant – 9. crayon feutre – 10. cartes à jouer – 11. vélo tout terrain – 12. fermeture éclair

9 1. en scène – 2. en place – 3. en valeur – 4. en garde – 5. à jour – 6. en service – 7. au point – 8. en cause

Observez *page 11*

Adjectifs non dérivés : premier, petite – **Adjectifs dérivés :** européen, originale, transportable, différente, brillante – **Adjectif précédé d'un préfixe :** archiconnu

10 **Noms :** un homme barbu – une femme célibataire – un centre culturel – un projet illusoire – un journal local – une teinte lumineuse – un air maladif – une rue piétonnière / piétonne – un climat pluvieux – un chant religieux / **Verbes :** une solution acceptable – un terrain constructible – un exercice faisable – un maquillage flatteur – un travail hâtif – une réponse précise

11 1. super-sympa – 2. sous-développé – 3. extra-fins – 4. antibrouillards – 5. biodégradable – 6. non-polluants

12 1. maritime – 2. ininterrompu – 3. ombragé – 4. suicidaire – 5. parisien – 6. marin – 7. blessants – 8. cyclable – 9. hospitalier – 10. mensuelle

13 super-énervé – vivable – contrarié – tolérant – respectueux – satisfait

14 franche – favorite – handicapée – gentille – européenne – sanguine – ambitieuse – méprisante – marine – confuse – rigolote – civile – bénigne – partielle – moelleuse – nutritive – banale – bretonne – conservatrice

Observez *page 12*

Toujours avant le nom : jolie, bonne – **Toujours après le nom :** piétonnes, strasbourgeois, basse, bleue, jaunes, compliqués, décoratifs – **Avant ou après le nom :** pittoresques

15 1. son ancienne amie / Il possède des meubles anciens. – 2. ma pauvre tante / Il y a beaucoup de gens pauvres dans ce quartier. – 3. sa propre ville / Les enfants n'ont pas toujours les mains propres. – 4. les enfants seuls / Elle a une seule idée : gagner le match. – 5. un vrai problème / C'est une histoire vraie.

16 a) 1. une délicieuse crème chocolatée – 2. un gros bouquet de fleurs sauvages – 3. une légère fumée bleue – 4. une vieille route défoncée – 5. une nouvelle boisson vitaminée – 6. une faible lueur blafarde
b) 1. un jeune peintre peu connu mais talentueux – 2. une petite moto rapide mais dangereuse – 3. un joli film original et amusant – 4. de grands yeux bleus et mélancoliques – 5. de nouvelles pistes de ski superbes mais très difficiles

17 1. Léger et robuste, le lampadaire Tano diffuse une lumière chaleureuse [...] Sa silhouette élégante [...] ameublement contemporain. – 2. Découvrez les extraordinaires trésors artistiques [...], les témoignages authentiques [...] les nombreuses villes [...] – 3. Le nouveau logiciel [...] un excellent traitement [...]

Grâce à ses options étendues [...] Un achat pratique et simple à faire [...]

18 1. à – 2. au – 3. d' – 4. de – 5. à – 6. au – 7. au – 8. de

19 Je suis désolé d'avoir oublié de vous téléphoner. / Je suis désolé de cet oubli. – Nous sommes enchantés d'avoir séjourné dans cet hôtel. / Nous sommes enchantés de notre séjour en Corse. – Le directeur est furieux d'être dérangé tout le temps. / Nous sommes furieux de ce dérangement imprévu. – Ils sont stupéfaits de s'être faits voler leur voiture. / Je suis stupéfait de votre attitude impolie.

20 Ce travail est ennuyeux à faire. / C'est ennuyeux de faire toujours le même travail. – Le dimanche à 21 heures il y a une émission sur la mer passionnante à regarder. / Je trouve passionnant d'observer les oiseaux. – Je connais une recette de soupe au pistou facile à faire. / C'est facile de faire cette recette en suivant bien les indications. – Ce dessin animé est amusant à regarder. / Les enfants trouvent que les dessins animés sont amusants à regarder. – Le Musée du Louvre est très intéressant à visiter. / C'est intéressant de visiter les musées modernes.

21 [...] nul en tout [...] bon pour sa santé [...] fâchés contre sa prof [...] doué pour la musique [...] faible en maths [...] calé en musique [...] inquiets pour votre fils [...] favorable à [...] riche en [...].

22 a) durable / porteurs / intéressants / fiables / internationales / implacable – b) qui dure / qui sont porteurs du / auxquelles on peut se fier – c) utopique / agricole / commercial – d) grande-surface

23 un accessoire de voiture / une remarque accessoire – un texte court / un court de tennis – un documentaire sur la Bretagne / un travail documentaire – un intérieur joliment décoré / la politique intérieure – un général de l'Armée de Terre / en règle générale – le générique d'un film / un médicament générique – un travail manuel / un manuel de mathématiques – le standard téléphonique d'un hôtel / un modèle de vêtement standard

24 1. le travail à temps partiel / un jugement partial – 2. la vie réelle / un point de vue réaliste / un projet réalisable – 3. un sommeil paisible – l'utilisation pacifique de l'énergie nucléaire – 4. une cour ombragée / un caractère ombrageux

25 une vieille chanson française – un beau livre illustré – un vaste paysage de montagne – une belle plante verte – un célèbre restaurant gastronomique – une rutilante voiture de course

Chapitre 2

L'expansion du nom : la proposition subordonnée relative

Observez *page 16*

a. que je n'ai pas connues / où je n'ai pas vécu / qui fond / que l'homme n'effraie pas / que je n'aime pas / dont la particularité était [...] – **b.** que (antécédent *les femmes*) / où (antécédent *les temps*) / qui (antécédent *la neige*) / que (antécédent *les animaux purs*) / que (antécédent *femmes*) – **c.** oui : lequel, laquelle, lesquels, lesquelles, quoi – **d.** La proposition relative précise le sens de l'antécédent, apporte une explication, sert à décrire.

1 | **1.** [...] une petite table basse qui ira très bien [...]. – **2.** [...] une librairie où on trouve [...]. – **3.** [...] des chaussures à la mode que tous ses copains portent. – **4.** [...] la petite souris en peluche Diddl dont toutes ses amies raffolent. – **5.** [...] un nouveau magazine sportif dont le titre est [...]. – **6.** [...] un samedi où j'avais [...].

2 | **1.** où, que – **2.** que – **3.** dont – **4.** dont – **5.** d'où

3 | dont – qu' – où – qui – dont – où, dont – dont – que – qui

Observez *page 17*

a. ce qui, ce à quoi, ce en quoi – **b.** *ce* reprend les phrases qui précèdent.

6 | **1.** ce qui – **2.** ce dont – **3.** ce que, ce qui – **4.** ce sur quoi – **5.** ce contre quoi

7 | ce à quoi – ce qu' – ce qui – ce à quoi

8 | sans quoi – après quoi – grâce à quoi – faute de quoi – moyennant quoi

Observez *page 19*

a. un phénomène sans lequel, la révolution industrielle grâce à laquelle, un phénomène avec lequel, un problème auquel – **b.** L'antécédent n'est pas une personne et le pronom relatif est précédé d'une préposition.

9 | **1.** avec qui – **2.** auquel – **3.** au fond duquel – **4.** grâce à laquelle – **5.** auxquels – **6.** sur lequel

Observez *page 20*

a. que sa beauté, sa blondeur et le mystère [...] avaient fait surnommer la Lorelei / qui livraient des repas tout préparés / qui, chaque matin, apportaient des monceaux de lys, d'arums et de tubéreuses. –

b. *qu'acheta plus tard Madame Moreau / qui l'entourait.* Ces propositions relatives sont déterminatives. Elles permettent de préciser le sens des antécédents. – **c.** *qu'acheta...* : informer / *que sa beauté...* : expliquer / *qui l'entourait* : déterminer / *qui livraient..., qui apportaient...* : décrire

11 | **1.** Un avion qui transportait 150 passagers s'est écrasé à l'atterrissage. – **2.** Un jeune écrivain dont le nom est inconnu du grand public a reçu le Prix Goncourt. – **3.** Le restaurant sur le vieux port à Marseille que des copains nous avaient indiqué était complet. – **4.** La petite salle à côté de chez moi où seuls les habitants du quartier allaient de temps en temps va fermer ses portes. – **5.** Jean-Michel pour qui j'avais voté a été élu président du club de foot du lycée.

13 | d'où part le sentier qui [...], un casse-croûte [...] qui consistera [...], que vous pourrez remplir [...], une heure à laquelle [...], des crampons grâce auxquels [...], de gros rochers entre lesquels [...] depuis lequel [...] le sommet du Dôme de Miage qui n'est [...], la vue que l'on a [...], l'appareil photo que vous [...].

Chapitre 3

Les articles

Observez *page 22*

a. articles *un / une / des* (= « article indéfini ») et *du / de la* (= « article partitif ») – **b.** article *le / la / les* (= « article défini ») – **c.** L'article indéfini est utilisé avec des noms comptables, l'article partitif avec des noms non comptables. **Articles de sens indéfini, objet(s) comptable(s) :** *un / une / des* – **objet(s) non comptable(s) :** *du / de la* – **Articles de sens défini :** *le / la / les*

1 | **1.** de la, des, la, les – **2.** un, une, de la, le, la, la – **3.** un, du, de la, le, la, de le → du – **4.** des, une, du, la, les, le

Observez *page 23*

nouveaux : une voiture, des passagers, un champ de blé, du carburant – **dont on a déjà parlé :** les passagers, le camion, le carburant – **connus par expérience :** la route, le conducteur, la chaussée

2 | des – des – un – une – des – de l' – les – un – le – de l' – l' – les – le – l' – les – les – l' – du – du – du – la – une

3 | un – une – un – des – de l' – de la – un – une – L' – les – l' – la – la – l' – la – un – l' – l' – la – le – une – de l' – Les – les

Observez *page 24*

a. Le fils veut minimiser ses bêtises : il veut faire croire qu'il a pris une bouteille mais qu'il y en avait d'autres, qu'il a pris quelques gâteaux mais pas tous, qu'il a cassé quelques verres (pas tous) et un plat parmi d'autres plats en porcelaine. − Le père au contraire montre la réalité : son fils a bu la seule bouteille de vin et cassé le seul plat en porcelaine de Limoges qu'il possédait, a mangé tous les gâteaux et cassé tous les verres de la maison. − **b.** un / une / des = un / une / des parmi d'autres ; le / la / les = le / la seul(e), tous les

4 le hall, le guichet, le vestiaire : le seul hall, le seul guichet, le seul vestiaire de la piscine − l'employé : il y a un seul employé au guichet − une cabine : une cabine parmi d'autres, il y a d'autres cabines dans le vestiaire − la clé : la seule clé du casier, il n'y a qu'une clé par casier. − la − une − à le → au − les − les − les − les (= tous les enfants) / des (= certains enfants parmi d'autres, pas tous) − le − des − un − des − des.

5 **A.** le − le − les − le − une − des − le − un ; **B. 1.** le, la − **2.** le, une − **3.** le, l', la − **4.** un, le − **5.** les, des, des − **6.** les, les, les, les, la − **7.** les, des, les

Observez *page 26*

a. tou(te)s les : *les abeilles* / **n'importe quel(le) :** une abeille, un chimpanzé / **la catégorie, l'espèce :** l'homme, l'animal − **b.** un / une, le / la / les

8 **1.** Les éléphants, c'est rancunier. − **2.** Un enfant, ça a besoin d'affection. − **3.** Le jus d'orange, c'est plein de vitamines. − **4.** Un chêne, ça vit 200 ans. − **5.** L'argent, ça ne tombe pas du ciel. − **6.** Les hommes, ça fume plus que les femmes.

9 **1.** les chiens, ça / un chien, ça − **2.** les maisons − **3.** les orques / l'orque − un orque − **4.** une fille, c'est / les filles, c'est

Observez *page 27*

a. de + un/une → d'un/d'une − de + des → de (pas d'article) − de + du/de la → de (pas d'article) − de + le/la/les → du, de la, des (contraction de la préposition *de* et de l'article défini).
b. Il n'y a pas d'article quand le nom après *de* précise une certaine catégorie de chapeau : un chapeau de soleil, un chapeau de cow-boy, un chapeau de pluie, etc. − Il y a un article quand le nom après *de* désigne la personne à qui appartient le chapeau : le chapeau du cow-boy dans le film *Little Big Man*.

II [...] Gilles s'occupe de chevaux [...] Gilles se plaint des grosses voitures [...] Gilles rêve de vacances [...] Gilles parle du cinéma [...] Gilles ne se sert que de papier recyclé.

12 Ce château est entouré de fossés remplis d'eau. [...] suivies d'une bibliothèque, du grand salon et des appartements privés. Les murs sont couverts de tableaux. [...] rempli de vaisselle [...] de nombreux fauteuils recouverts de tapisserie ou de cuir. [...] toutes sortes de renseignements [...].

13 **A.** [...] la robe de la mariée [...] − [...] je n'aime pas les robes de mariée [...]. Je préfère les robes de star [...]. − **B.** [...] le programme du spectacle [...] des programmes de spectacles [...] une affiche du concert [...].

Observez *page 28*

a. L'article indéfini et l'article partitif sont modifiés par la négation : *un / une / des, du /de la* → *pas de.* − **b.** L'article défini : *le / la / les* → *pas le / la / les* − **c.** Les articles ne sont pas modifiés par la négation : *un* chat → *pas un* chat, *du* violon → *pas du* violon, parce qu'on ne nie pas l'objet du verbe, on nie seulement une de ses caractéristiques : il y a bien un objet direct « chat », mais pas un, trois ; il y a bien un objet direct « instrument de musique », mais ce n'est pas un violoncelle, c'est un violon.

14 − [...] je n'ai pas gardé le studio. − [...] je n'ai pas de maison [...] − Je n'ai pas une maison, mais un appartement [...] − Je n'ai pas acheté de yacht, d'ailleurs je n'aime pas la mer, et je n'ai jamais ouvert de compte [...] !

Observez *page 29*

Quand le nom est complété par un adjectif (ex. : une liberté *incroyable*) ou par un complément du nom (ex. : un bruit *d'enfer*).

15 **1.** de la colère, une grande colère / une colère terrible / une colère noire − **2.** du soleil, un soleil écrasant / un soleil de plomb − **3.** de la tendresse, une grande tendresse − **4.** de l'admiration, une grande / immense admiration / une admiration sans bornes − **5.** de la patience, une patience incroyable / extraordinaire / une patience d'ange

16 une − un − du − de la − des − une − du − de la − de l' − les − la − l' − le − le − la − un − un

17 une − à le → au − la − une − les − une − l' − la − de le → du − une − les − de l' − de la − l' − une coupe de champagne − un sachet de cacahuètes − la − de le → du − la − les − les − le − de la − des − des − une − le

Chapitre 4

Les démonstratifs et les possessifs

Observez *page 31*

a. devant un mot commençant par une voyelle ou par un h muet — **b.** non, il sert aussi à situer, à reprendre, à souligner — **c.** *-ci, -là,* une préposition, un pronom relatif, un participe présent ou passé

1 | ces — celles-ci — celles-là — celles-là — ce — cet — ce — celles-ci — celles — ce — celui

2 | **1.** hiver — **2.** handicap — **3.** hobby — **4.** haut fonctionnaire — **5.** héros

3 | ce soir (situer) — ce journal, cette revue (montrer) — cet article (reprendre) — cet écrivain (reprendre) — ce bouquin (souligner) — cet entretien (reprendre)

4 | Cette affiche — j'ai déjà vu ce — formidable cet acteur — cet après-midi — ce soir

5 | **1.** celui de, celui de / celui qui est à, celui qui est à / celui situé à, celui situé à — **2.** celui qui, celui qui — **3.** celui avec, celui sans / celui qui a un, celui qui n'a pas d' / celui ayant, celui n'ayant pas d' — **4.** celui-ci, celui-là — **5.** celui avec, celui avec / celui qui a, celui qui a — **6.** celui qui est, celui qui est / celui situé, celui situé — **7.** celui dont, celui qui vaut

Observez *page 33*

a. Comme sujet, on utilise en général *ce* ou *c'* devant le verbe *être* et *cela* ou *ça* devant le verbe *être* au passé composé et les autres verbes. — **b.** Dans le premier texte, les différentes utilisations du pronom neutre appartiennent à la langue courante, voire familière ; dans le second, à la langue soutenue.

6 | **1.** cela, c' — **2.** ça, c', ça — **3.** c', cela, ce — **4.** c', cela, ça — **5.** ça, cela, c', cela

7 | **1.** et avec ça — **2.** cela dit — **3.** sur ce — **4.** qu'à cela ne tienne — **5.** et ce

Observez *page 34*

a. devant un nom masculin, devant un nom féminin commençant par une voyelle ou devant un nom masculin ou féminin commençant par un *h* muet — **b.** avec *son* et *sa* le possesseur et la chose possédée sont singulier, avec *leur* le possesseur est pluriel et la chose possédée singulier ; avec *ses*, le possesseur est singulier et la chose possédée pluriel ; avec *leurs* le possesseur et la chose possédée sont pluriel.

10 | mon — ma — mes — vos — votre — ma — mon — notre — notre — ma — mes — les siennes — votre — le sien — le leur — le vôtre — le mien — votre — vos — votre

11 | humeur — haine — hausse — habileté — hésitation

12 | **1.** [...] que ses parents sont moins tolérants que les siens. — **2.** [...] que leur solution est meilleure que la nôtre. — **3.** [...] que son erreur est moins grave que la leur. — **4.** [...] que leurs explications sont moins claires que la leur. — **5.** [...] que leurs idées sont plus originales que les siennes.

13 | **1.** nos voisins — **2.** vos vacances — **3.** ton (votre) ordinateur — **4.** leurs devoirs — **5.** votre (leur) fille

15 | ça — c' — ça — ces — ci — ce — vos — cet — son — ma — le sien — mes — le leur — son — nos — c' — leurs — les vôtres — les miens — leur — ses — ceux — mon — celui — ses — son — cette — votre — à + le → au vôtre

Chapitre 5

Les indéfinis

Observez *page 37*

a. Le pronom *ils* désigne les voyageurs. — **b.** Les pronoms indéfinis soulignés, comme *ils*, désignent les voyageurs, mais en indiquant un certain nombre de ces voyageurs : un petit nombre, ou un grand nombre, ou la totalité des voyageurs. — **c. quantité nulle :** aucun / **petit nombre :** quelques-uns, plusieurs, certains, peu (d'entre eux) / **grand nombre :** beaucoup / **totalité :** chacun d'eux, tous

Observez *page 37*

a. On utilise *quelques* avec les noms comptables, *un peu de* avec les noms non comptables et *peu de* avec les deux. — **b.** *peu de* a un sens restrictif ; *un peu de* et *quelques* ont un sens positif.

1 | **1. a)** Il y a peu de place pour ranger ses affaires. **b)** Il y a un peu de place pour [...] — **2. a)** Il y a peu de serveurs. **b)** Il y a quelques serveurs. — **3. a)** Il y a peu de chaises longues et peu de parasols [...] **b)** Il y a quelques chaises longues et quelques parasols [...] — **4. a)** Il y a peu de musique [...] — **b)** Il y a un peu de musique [...] — **5. a)** Il y a peu d'activités [...] **b)** Il y a quelques activités [...]

Observez *page 38*

a. Une information concernant la <u>quantité</u> (– combien ? – quatre ou cinq). – **b.** Une information <u>qualitative</u> (– quel type d'étudiants ? – des Brésiliens et des Chinois).

2 | **1.** quelques-uns – **2.** certains – **3.** certains, quelques – **4.** quelques, certains

Observez *page 39*

a. *plusieurs* s'oppose à *un seul* : *plusieurs* signifie « plus qu'un ». – **b.** *quelques-unes* s'oppose à *aucun* (ou *pas de*) et à *beaucoup* ; *quelques-uns* signifie « pas aucun, mais pas beaucoup non plus ».

3 | **1.** plusieurs – **2.** quelques-uns – **3.** quelques – **4.** plusieurs, plusieurs – **5.** quelques

Observez *page 39*

a. divers / différentes / les uns ... d'autres / certains ... d'autres – **b.** le même / la même

4 | **1.** [...] les uns veulent se reposer, d'autres veulent aller au musée, certains veulent faire des achats. – Le guide a laissé certains d'entre eux / en a laissé certains se reposer, il en a emmené d'autres au musée et il a envoyé certains d'entre eux / en a envoyé certains faire des achats. – **2.** Certains font de l'anglais, d'autres étudient l'allemand. – On prépare certains d'entre eux / on en prépare certains à l'examen d'anglais, on en prépare d'autres aux épreuves d'allemand. – **3.** Certaines ont un lecteur de CD, d'autres ont un lève-vitre électrique. – Nous en équipons certaines d'un lecteur de CD, nous en équipons d'autres d'un lève-vitre électrique. – **4.** Les mêmes coûtaient deux fois moins cher au supermarché. – Elle aurait trouvé les mêmes deux fois moins cher au supermarché.

Observez *page 41*

a. 1. J'ai acheté d'autres tee-shirts. – **2.** J'ai eu besoin d'autres tee-shirts. – **b. 3.** J'ai acheté les autres tee-shirts. – **4.** J'ai eu besoin des (de les) autres tee-shirts.

6 | **1.** des autres – **2.** d'autres – **3.** des autres. – **4.** d'autres – **5.** des autres

Observez *page 42*

a. déterminant : <u>toutes</u> les ménagères, <u>toute</u> la marchandise, <u>tout</u> votre temps / **pronom neutre** : <u>tout</u> y est vendu / **pronom de rappel** : <u>tous</u> coûtent, elles <u>toutes</u> / **adverbe** : ce <u>tout</u> petit magasin –

b. Le pronom neutre *tout* désigne la totalité d'un ensemble de choses non définies : il signifie « toutes les choses ». Le pronom de rappel désigne la totalité des objets ou des personnes dont on a parlé avant (ex. : « Regardez les jouets : tous coûtent... » → *tous* désigne la totalité des jouets. – **c.** *tout* adverbe signifie « très » (ex. : « tout petit » = « très petit »).

7 | **1.** Ils sont tous magnifiques. – **2.** Il les connaît tous. – **3.** Elle pense qu'ils sont tous uniques. – **4.** Il les trouve tous exceptionnels. – **5.** D'après elle, ils sont tous géniaux.

8 | tout – tous – toutes – tous – toute – tous – tout – toute – toute – tout

Observez *page 43*

contraire de *tous les / toutes les* : *aucun(e)* – contraire de *tout* : *rien*

9 | **3.** rien – **4.** aucun – **5.** [...] aucune secrétaire n'est bilingue. – **6.** [...] nous n'acceptons aucune carte bancaire. – **7.** [...] je n'ai rien entendu.

Observez *page 43*

a. personne : quelqu'un (+ n'importe qui) / **chose** : quelque chose, n'importe quoi (pronom), n'importe quel (déterminant) – **circonstance** : quelque part, n'importe où, n'importe comment, n'importe quand – **b.** Les expressions de Mylène sont neutres alors que celles d'Inès ont un ton péjoratif.

10 | quelque part – n'importe où – n'importe quoi – quelqu'un – n'importe qui – n'importe comment – quelque chose – n'importe quoi

11 | aucune – tous les – quelques-uns – certaines – quelques – la plupart des – peu d' – certains

12 | quelques – beaucoup – aucun – certains – plusieurs – peu – la plupart – un peu – aucun – tous – rien

Chapitre 6
Les pronoms personnels

Observez *page 45*

a. 1. Je, m'en, j'y / **2.** Lui, vous / **3.** Le, vous, je, l' – **b. 1.** y → consacrer du temps **aux jeux vidéo** / **3.** Le → féliciter F. Gilson de figurer..., l' → faire exprès **de figurer**...

Observez *page 46*

a. 1. moi (coordination par *et*), eux (phrase comparative), moi (après *c'est*), lui (opposition) / **2.** lui, soi (après une préposition) — **b.** *lui* remplace Hubert, *soi* renvoie à *on*

1 | **1.** moi, toi — **2.** soi, soi — **3.** moi, nous, vous — **4.** toi, elle — **5.** lui

Observez *page 46*

a. En : 1. Mangez beaucoup d'oranges : COD précédé d'une expression de quantité / **2.** ont besoin d'oranges : complément indirect (inanimé) avec la préposition *de*. — **b. Y : 1.** Jetez dans la poubelle : complément de lieu / **2.** Contribuer à la propreté : complément indirect avec la préposition *à*.

2 | Nous y habitons depuis trois ans. / — Il y en a de toutes les sortes et [...] / — Elle en est ravie ; elle s'est fait plein de copains. / — Marie y va à 9 h et en sort à 16 h 30. / — Oui, elle y participe. Le mardi, elle fait [...] le mercredi, elle va [...] / — On n'en est pas très loin [...].

Observez *page 47*

a. un complément d'objet direct — **b.** un article défini, un déterminant possessif ou démonstratif — **c.** le fils et celui des voisins — **d.** les = *ces* chocolats, en = *des* chocolats

3 | **1.** n'en, les — **2.** l', n'en, la — **3.** en, se, se — **4.** le, j'en — **5.** le, n'en

Observez *page 48*

a. se = à lui-même, lui = au sportif du ballon → compléments indirects — **b.** Un entraîneur fixe aux premiers des objectifs et ils se donnent [...]. Les seconds [...] applaudissent les premiers, leur crient [...].

4 | se — en / la — en — en — leur — les — se — l' — leur — les — l'

Observez *page 49*

a. le = comment je suis devenue écrivaine / le = qu'elle m'influençait / le = traduit — **b.** dans la dernière

5 | 2e — 3f — 4a — 5b — 6c

Observez *page 50*

a. y = à ce qu'il ait un accident / en = que les enfants difficiles sont de plus en plus nombreux. — **b.** s'attendre **à** qqch, se rendre compte **de** qqch

7 | **1.** en, n'y, le — **2.** le, n'en — **3.** y — **4.** J'en — **5.** y — **6.** s'en

Observez *page 51*

a. 1. on m'a dit / j'ai oublié le nom de la directrice = l' / **2.** Dites-leur d'apporter un pique-nique = le / **3.** On ne peut pas empêcher Félix de sortir avec ses copains = en — **b.** dans la phrase 2, emploi de *le* par analogie avec la construction de *dire* (phrase 1) : dire qqch à qqn, dans la phrase 3, *en* à cause de la préposition de.

8 | **1.** l' — **2.** l' — **3.** en — **4.** le — **5.** l'en — **6.** le

Observez *page 51*

a. *en* et *y* sont toujours en 2e position. — **b.** *le, la, les* sont en 2e position sauf avec *lui* et *leur*. — **c.** À l'impératif affirmatif, pronoms après le verbe : *en* en 2e position, *le, la, les* toujours en 1er. À l'impératif négatif, pronoms devant le verbe.

9 | nous les — nous en — le lui — me l' — se l'

10 | **1.** me la / la-lui / s'en / te la — **2.** m'en / lui-en — **3.** les lui / vous les — **4.** leur en / le leur

Observez *page 53*

Verbe + infinitif : pronoms compléments devant l'infinitif, sauf avec *faire, laisser, écouter, entendre, voir, regarder...*

11 | **1.** Tu viens de me le donner, [...] — **2.** Tu m'y feras penser. — **3.** Il s'écoute parler lui-même. — **4.** Je ne l'avais vue jouer dans aucun autre film. — **5.** Tu ne veux plus le voir.

Observez *page 54*

a. leur, à eux — **b.** verbes pronominaux, penser, tenir, faire appel, etc.

13 | **1.** s'est bien habitué à elle / s'y est adapté — **2.** fais appel à lui / lui passe un coup de fil — **3.** s'y est mis / tient à elle / lui plaît / s'est attachée à lui

Observez *page 55*

a. *de* + nom inanimé → *en* — **b.** *de* + nom de personne → *de* pronom tonique

15 | **1.** [...] allez faire de lui ? — **2.** [...] va en faire ? — **3.** Elle s'est séparée de lui [...] — **4.** [...] j'en avais envie depuis / [...] j'avais envie d'en faire [...]

Observez *page 55*

le désigne une personne — *ça* les programmes proposés par la télévision en général — *l' (la)* une émission précise

16 | **1.** je l'ai attendu [...] — **2.** [...] attendent ça — **3.** tu les aimes [...] — **4.** on appelle ça [...] — **5.** il la bichonne [...]

17 | 2e — 3g — 4b — 5h — 6a — 7i — 8f — 9d

18 | eux — le — les — en — l' — leur — s' — les — y — y — s'

Chapitre 7
Les constructions verbales

Observez *page 58*

a. mode indicatif : est née (passé composé) / était (imparfait) / avaient déménagé (plus-que-parfait) / a, étudie, vit (présent) / fera, retournera, épousera (futur) / aura terminé (futur antérieur) − **b.** A : au passé, B : au présent, C : au futur − **c.** L'indicatif envisage un fait de façon objective. − **d.** l. 1 : subjonctif, l. 2 : conditionnel, l. 3 : impératif − **e.** A : temps simples / B : temps composés qui servent à exprimer l'antériorité − **f.** Le subjonctif envisage le fait de façon subjective ; le conditionnel présente le fait comme possible ou comme irréel ; l'impératif exprime l'ordre. − **g.** l. 1 : infinitif, l. 2 : participe. Ce sont des modes impersonnels ; les autres modes ont des terminaisons qui varient selon les personnes.

Observez *page 59*

Verbe sans complément : avançaient − **à un seul complément :** ont pris la parole, suivaient l'événement, ont fait la paix − **à deux compléments :** ont posé quelques questions à Zidane et Matterazi

Observez *page 59*

a. ressemble à son père / a les mêmes yeux [...] / rêve de devenir pilote de ligne / s'intéresse aux avions − **b.** a les mêmes yeux [...] − **c.** par des prépositions (*à, de*)

1 **a)** se soustraire à, renoncer à, répond / répondra à, s'adresse / s'adressera au, cherche / cherchera à − **b)** réfléchi aux, prendre contact avec, compte sur, m'occupe de, nous chargeons de, s'agit d'

2 **1.** de − **2.** de − **3.** de − **4.** à − **5.** de − **6.** de, à − **7.** à − **8.** de

3 **1.** [...] de son erreur. − **2.** [...] à l'efficacité de ce nouveau médicament. − **3.** [...] l'absence du principal accusé. − **4.** [...] de l'appel pressant lancé par l'Abbé Pierre en faveur des sans-abri pendant l'hiver 1954.

4 **a)** **1.** à quelqu'un − **2.** de lit − **3.** à rien − **4.** de leurs relations − **b)** **1.** la reprise du travail − **2.** son fils de 21 ans qui s'ennuyait terriblement − **3.** de réaliser cette année le voyage dont nous avons toujours rêvé − **4.** la projection de ce soir serait annulée − **c)** **1.** le voile de la mariée − **2.** à cette guitare − **3.** de sa mère − **d)** **1.** le début du film − **2.** d'eau potable − **3.** à ces derniers − **e)** **1.** beaucoup de choses − **2.** à leurs enfants − **3.** de mes collègues

Observez *page 61*

Il a rappelé à ses élus l'engagement (rappeler qqch à qqn) − Il a remercié les uns de leur soutien (remercier qqn de qqch) − a incité les autres à plus de retenue (inciter qqn à qqch)

5 **1.** Depuis 30 ans, ce professeur enseigne le français à des élèves de la banlieue parisienne. − **2.** Tous les participants à ce colloque ont reçu des organisateurs une pochette pour ranger leurs documents. − **3.** Les secouristes attendent l'autorisation de leur supérieur hiérarchique pour se rendre sur les lieux de la catastrophe. − **4.** Le guide vient de recommander aux touristes dont il est responsable la prudence au cours de leurs déplacements dans la ville. − **5.** Mon frère a l'intention de consacrer beaucoup de temps à la préparation de ce concours. − **6.** Le maire a promis aux jeunes de la ville une aide financière pour passer le permis de conduire.

6 **a)** de, de, de, de, à, à, de, à, à − **b) accuser qqn de qqch :** convaincre, remercier, féliciter, charger / **inciter qqn à qqch :** inviter, encourager, obliger

7 **1.** Les médecins conseillent aux jeunes qui passent un concours de ne jamais étudier la veille pour être détendus. − **2.** Dans certains pays, la loi impose à tous les citoyens d'être bilingues. − **3.** Véronique reproche à son mari de regarder un peu trop la télévision quand il est à la maison. − **4.** Les employés du magasin vont se plaindre à leur délégué syndical de leurs nouveaux horaires de travail. − **5.** La diététicienne a recommandé à mon mari de consommer des poissons gras riches en oméga 3. − **6.** Nous avons proposé à notre voisine qui vit seule de passer la soirée du 31 décembre avec nous.

Observez *page 62*

a. Ils sont reliés au nom ou pronom qu'ils qualifient par les verbes « semblait, était, est reparti ». − **b.** Il a déclaré que le festival était ouvert.

8 très grands − délicieux − immangeables − brûlant − très fatigués

9 **a)** Non, elle est revenue / Très bien. Elle est revenue ravie. − **b)** Non, elle ne vit plus. / Non, elle vit seule. − **c)** Non, je reste à la maison. / Un peu mieux, mais elle reste encore fragile.

Observez *page 63*

Situation 1 : une personne intervient dans l'action, Sylvie qui fait ses robes. − **Situation 2 :** deux personnes interviennent dans l'action, Léa et la couturière qui fait les robes de Léa ; on ajoute un intervenant en employant la périphrase *faire* + infinitif : *elle fait faire ses robes.*

11 | **1.** fait faire − **2.** s'est fait maquiller − **3.** a fait réparer − **4.** se font masser

12 | **1.** Qu'est-ce qui te fait rougir ? − **2.** Qu'est-ce qui les fait rire ? − **3.** Qu'est-ce qui l'a fait réagir ainsi ? − **4.** Qu'est-ce qui lui a fait dire ça ? − **5.** Qu'est-ce qui vous a fait changer d'avis ? − **6.** Qu'est-ce qui vous a fait déménager ?

13 | **1.** Le directeur du centre équestre fait nettoyer tous les jours les boxes des chevaux par le garçon d'écurie. − **2.** Le professeur des écoles fait recopier aux élèves le résumé de la leçon. − **3.** Le patron fait travailler les serveurs jusqu'à la fermeture du restaurant.

Observez *page 64*

a. Situation 1 : une personne intervient dans l'action, Martine qui a laissé ses clés. − **Situation 2** : deux personnes interviennent dans l'action, Martine et ses enfants qui regardent la télé et qui grignotent ; on ajoute un intervenant en employant la périphrase *laisser* + infinitif : *elle les laisse regarder la télé...* − **b.** autoriser à / permettre de − **c.** *Laisser* a son sens plein dans la situation 1 ; il est employé comme semi-auxiliaire dans la 2.

15 | **1.** Le maître nageur ne laisse pas les enfants nager sous les plongeoirs. − **2.** Les surveillants ne laissent pas les étudiants sortir pendant la première heure [...] − **3.** L'entraîneur laisse ses joueurs se détendre pendant les pauses mais il ne les laisse pas s'éloigner [...] − **4.** Depuis qu'elle est enceinte, son médecin laisse Marine faire un peu d'exercice, du yoga par exemple, mais il ne la laisse pas boire de l'alcool ni fumer [...] − **5.** Le chef de chantier laisse les ouvriers chanter pendant qu'ils travaillent mais il ne les laisse pas téléphoner [...]

16 | **1.** laissent entrer − laisse [...] approcher − laisse [...] photographier [...] filmer − **2.** laissait [...] faire − laissait [...] dire − **3.** laisser pleurer

17 | **1.** verbe plein − **2.** semi-auxiliaire − **3.** semi-auxiliaire

Observez *page 66*

a. Elle peut courir le 100 m [...] − **b.** la permission, la possibilité et la politesse

18 | **capacité :** 3, 6 − **possibilité :** 4, 5 − **permission :** 1 − **politesse :** 2

19 | savait − pouvoir − pouvoir − pu − pu − savent

Observez *page 67*

a. Tu dois faire au moins un stage [...] − **b.** la probabilité et la prévision (événement prévu)

20 | **obligation :** il devra présenter [...], il devait passer [...], il a dû attendre [...] − **probabilité :** il a dû être pris [...] − **événement prévu :** il devait arriver [...]

21 | **1.** Oui, b. / Non, a. − **2.** Oui, a. / Non, mais b. − **3.** Oui, b. / Non, mais a.

Observez *page 68*

a. il se passe, il faut que, il fait frais, il est évident. Ce sont des verbes employés à la 3e personne du singulier. Le sujet *il* ne représente rien. − **b.** Il faut que − **c.** Il se passe, il fait − **d.** C'est évident.

22 | Jeudi, il fera un temps nuageux et instable [...] il pleuvra un peu [...]. Il y aura des passages nuageux [...]. Partout ailleurs, il y aura beaucoup de soleil. Il gèlera encore fréquemment le matin tôt, puis il fera plus froid l'après-midi. Il soufflera une faible bise [...] et il soufflera un mistral modéré en rafales [...].

Observez *page 69*

Le verbe *manquer* à la forme personnelle a pour sujet *deux élèves*. À la forme impersonnelle le sujet est *il*. Le sujet réel *six élèves* est placé après le verbe.

25 | **1.** il s'agit d' − **2.** il en sera de même − **3.** il est temps que − **4.** il n'y avait pas de quoi − **5.** il est question de − **6.** il faut

27 | **1.** il a été fait lecture − **2.** il a été répondu aux questions − **3.** il a été fait des recommandations sur − **4.** il a été décidé d' − **5.** il a été proposé de

28 | **1.** à manger [...] − **2.** inquiet [...] − **3.** de mon père − **4.** à la réputation [...] − **5.** aux élèves [...]

29 | va − laissera − peut − peut − j'ai dû − suis fait

30 | s'agit − est évident − arrive − faut − a été dit

Chapitre 8

Les trois formes du verbe : actif, passif, pronominal

Observez *page 71*

Forme active : prend, consultent, surveillant, rembourser, ai utilisé − **Forme passive :** est appelé, suis accueilli, ait été composé − **Forme pronominale :** s'asseoir, se libère, s'inscrivent, m'avance

Observez *page 71*

a. *a été présenté, avait été recommandé, a été élu, est très apprécié* : ils sont formés avec l'auxiliaire *être* associé au participe passé. — **b.** par un ancien responsable du parti, de tous les jeunes loups de sa formation politique. — **c.** Le complément d'agent n'est pas toujours exprimé (*il a été présenté, il a été élu*). Quand il est exprimé, il l'est par les prépositions *par* ou *de*.

1 était habilitée — ont été sollicitées — sont invités — avait été indiqué — sera réunie

2 **1.** Oui, l'appartement [...] vient d'être cambriolé. — **2.** Oui [...] le rôle de Rafi est bien interprété par Uma Thurman. — **3.** Oui [...] c'est bien un téléphone portable qui m'a été offert. — **4.** Oui, ils ont été avertis [...]. — **5.** Oui, les résultats des élections vont être publiés [...].

3 **1.** Les nouvelles mesures [...] qui avaient été critiquées par quelques voix ont déjà été validées [...]. Elles seront adoptées [...]. — **2.** Les nouvelles technologies [...] qui avaient été testées par d'éminents chercheurs n'ont pas encore été brevetées. [...] elles seront commercialisées [...]. — **3.** Ce chien qui avait été abandonné par ses maîtres a été [...] recueilli par une fondation. Il sera examiné par les services [...]. — **4.** Le nouveau virus qui avait été annoncé [...] n'a pas été maîtrisé [...]. Sera-t-il arrêté [...] ?

Observez *page 72*

Avec *de* : description de la photo ; avec *par* : rôle actif des enfants et petits-enfants.

4 **1.** par, de — **2.** de, par — **3.** par, de — **4.** par — **5.** d'

Observez *page 73*

La 1re phrase insiste sur *inauguration*, la 2e sur *crèche* et la 3e sur *le maire de Marseille* (l'agent du verbe).

5 **1.** Le stade a été évacué [...]. / On a évacué le stade [...]. — **2.** [...] le nouveau chef de clinique va être nommé. / [...] on va nommer le nouveau chef de clinique. — **3.** Des tracts sont distribués par les étudiants [...]. / Les étudiants distribuent des tracts [...]. — **4.** De nouveaux immeubles seront construits [...]. / On construira de nouveaux immeubles [...]. — **5.** Marguerite Yourcenar a été reçue à l'Académie française [...]. / On a reçu Marguerite Yourcenar [...].

Observez *page 74*

a. s'acharne, s'achèteront, s'apprécient, se concerter, s'abstient, bougez-vous, méfiez-vous — **b.** C'est un verbe accompagné du pronom personnel réfléchi (*me, te, se, nous, vous*). — **c.** s'acharne, s'achèteront, s'abstient, méfiez-vous — **d.** s'apprécient, se concerter, bougez-vous

7 **1.** Soutenons-nous [...]. — **2.** Ne nous pressons pas [...]. — **3.** Asseyez-vous [...] pour vous reposer. — **4.** Ne vous inquiétez pas [...] — **5.** Fais-toi naturaliser [...] garde bien ta nationalité [...]. — **6.** Ne te crois pas [...].

8 tu adorais te promener [...], Sidonie adorait se promener [...], mes parents et moi adorions nous promener [...], tes enfants et toi adoriez vous promener [...], tous les enfants sans exception adoraient se promener [...]

9 **1.** se saura — **2.** s'arrose — **3.** se trouve — **4.** se dispute

Observez *page 75*

1, 6 — 2, 3 — 4 — 5

11 se sont levés — s'était couchée — s'était arrêté — se sont regardés — se sont embrassés — se sont dit — se sont téléphoné — s'était sentie — s'est reproché

Observez *page 77*

La phrase 2, contrairement à la phrase 1, insiste avec *laisser* sur la passivité du sujet.

13 **1.** Cet homme illustre s'est fait rattraper [...]. — **2.** Cet aveugle se fait (se laisse) guider [...]. — **3.** Les comédiens [...] se sont fait applaudir [...]. — **4.** [...] M. Jacques Imbert s'est fait élire [...]. — **5.** [...] il se fera virer [...]. — **6.** L'enfant s'est laissé soigner [...].

Observez *page 77*

À la forme active, ce verbe signifie « éprouver un sentiment de pitié », alors qu'à la forme pronominale, il veut dire « exprimer son mécontentement ».

Observez *page 78*

À la forme active, le verbe signifie « installer qqn », à la forme pronominale l'action d'installer porte sur le sujet lui-même, la forme *être* + participe passé met l'accent sur le fait que l'action de s'installer est terminée.

17 **1.** Il s'est métamorphosé. / [...] tout le monde a été surpris par la décision du conseil de discipline. — **2.** [...] il se lit avec une grande facilité. / C'est vrai qu'il a été écrit pour un jeune public. — **3.** [...] Il se marie déjà ! / [...] il a été séduit par une jeune asiatique. — **4.** [...] Il s'est distingué nettement des autres. / [...] ces deux sportifs sont suivis par un entraîneur de renom.

Chapitre 9

L'indicatif

Observez *page 79*

Description : est chargé, va, est, est, semble — **Habitude :** monte, vient, regarde — **Présent actuel :** sommes — **Présent qui a commencé dans le passé :** découvre

1 sont situées — forment — compte — se métamorphose — apparaissent — disparaissent — bénéficie — fait — pleut — est habitée — abritent

3 **1.** vis, habitons — **2.** date, a — **3.** prenons, mettons — **4.** fait — **5.** allons — **6.** exprime, conversent / 1C — 2E — 3B — 4A — 5D — 6F

4 longent — sont — sont — se promènent — prennent — font — pique-niquent — jouent — déjeunent

Observez *page 80*

Ces verbes au présent renvoient à une époque passée.

6 Il fait ses études au lycée du Havre. Il arrive à Paris en 1859. Il s'inscrit dans un atelier de peinture parisien. Il rencontre Renoir, Sisley et Manet. Il passe l'été 1869 à Bougival. En 1871, il fait un séjour à Londres. De 1872 à 1878, à Argenteuil, il peint en plein air. Il joue le rôle de chef du mouvement impressionniste. En 1883, il s'installe à Giverny. À la fin de sa vie, il compose les séries de Nymphéas.

8 **Présent actuel :** admirent, est (aujourd'hui), confie — **Présent de narration :** est, reçoit, craint, commence, sait, a, tente, aboutit, parvient, se tourne, finit, sort, trace, dessine, entreprend, se trouve, répond, appelle, se rendent, est enfoncée, est plongé — **Présent d'habitude :** disparaissent, est signalée, traite

Observez *page 82*

Les verbes à l'imparfait ont une valeur de description (manifestaient — il y avait — surveillait — se tenaient) ou de commentaire (pouvaient) d'actions en cours d'accomplissement dans le passé.

10 était — confiait — recrutaient — étaient réquisitionnés — fallait — embauchait — retrouvait — remplissait — dépêchait — prélevait — revenait — distribuait

Observez *page 82*

est né / a dirigé (faits accomplis dans le passé) — est devenu (fait qui s'est répété dans le passé) — a écrit (fait accompli qui a des prolongements dans le présent)

12 **1.** a observé — **2.** avons passé — **3.** est tombé, ont été bloquées, ont dû — **4.** j'ai achetée — **5.** s'y sont connectés / 1C — 2A — 3E — 4B — 5D

13 **1.** a trop bu — **2.** je suis déjà allée — **3.** a complètement terminé — **4.** j'ai toujours pensé — **5.** n'est pas encore arrivé

14 avez vu — j'ai aperçu — sont sortis — sont montés — a démarré — ont disparu — s'est passé — n'ai pas eu

Observez *page 83*

Les verbes au passé composé (j'ai croisé — je l'ai vu) correspondent à des actions de premier plan dans le récit, alors que les verbes à l'imparfait correspondent à des actions d'arrière-plan (je remontais — lui le descendait — nous étions — prenaient).

15 célébrait — faisait — suis allé(e) — pouvaient — étaient habillés — dansaient — lisait — j'ai pris — voyait — se succédaient — s'appelaient — j'ai pu — j'ai visité — était — appartenaient

Observez *page 84*

Les verbes au passé simple (devint — prit — mourut) correspondent à des actions de premier plan, alors que les verbes à l'imparfait correspondent à des actions d'arrière-plan (était — avait). Dans la langue orale, le passé composé serait employé à la place du passé simple.

17 bus (boire) — remarquai (remarquer) — me couchai (se coucher) — tombai (tomber) — fus tiré (tirer) au passif avec auxiliaire *être* — eus (avoir) — allumai (allumer) — allai (aller) — soulevai (soulever) — coula (couler) — compris (comprendre) — ressentis (ressentir) — dus (devoir) — tombai (tomber) — me redressai (se redresser) — me rassis (se rasseoir)

18 **Passé simple en *-a* :** remarquai, me couchai, tombai, allumai, allai, soulevai, coula, tombai, me redressai — **en *-i* :** prit, compris, ressentis, me rassis — **en *-u* :** mourut, bus, fus, eus — **en *-in* :** devint

Observez *page 85*

a. *vient d'arrêter* : semi-auxiliaire *venir* conjugué au présent + préposition *de* + infinitif / *venaient de mourir* : semi-auxiliaire *venir* conjugué à l'imparfait + préposition *de* + infinitif — **b.** *vient d'arrêter* : le passé récent est à situer par rapport à un repère présent. / *venaient de mourir* : le passé récent est à situer par rapport à un repère passé.

19 **1.** vient de rentrer — **2.** venait de partir — **3.** vient de se terminer — **4.** venait de fermer — **5.** venons de voir

Observez *page 86*

a. Le plus-que-parfait marque l'antériorité par rapport au passé simple et à l'imparfait. — **b.** Dans un récit oral, le plus-que-parfait marquerait l'antériorité par rapport au passé composé. À l'oral, on emploie le passé composé à la place du passé simple.

21 | 2e — 3a — 4b — 5d

Observez *page 87*

a. recommenceront, chanteront, donnera, sera habillé, sera [...] décorée — Ce temps est envisagé à partir du repère du présent. — **b.** Dans le dernier paragraphe, les deux futurs sont à la forme passive.

23 | viendrons — amènerons — resteras — logeras — pourras — auras — irons — emmènerons — prévoiras — mangera — fera

Observez *page 88*

a. *je vais aller* : semi-auxiliaire *aller* conjugué au présent + infinitif / *j'allais sortir* : semi-auxiliaire *aller* conjugué à l'imparfait + infinitif — **b.** *je vais aller* : le futur proche est à situer par rapport à un repère présent. / *j'allais sortir* : le futur proche est à situer par rapport à un repère passé.

25 | **1.** il va neiger — **2.** vont commencer — **3.** allait arriver — **4.** je vais suivre — **5.** nous allions nous mettre en route

26 | **1.** tu ne vas pas téléphoner, tu téléphoneras — **2.** on ne va pas y aller, il va pleuvoir, on ira — **3.** je vais partir, je vais m'inscrire, je vais passer / je passerai, ils seront validés

Observez *page 89*

L'action évoquée par la forme verbale de futur antérieur *aura fini* doit être accomplie avant celle évoquée par le verbe au futur simple *pourra*.

27 | mettrez — seront — plongerez — auront refroidi — pourrez — couperez — retirerez — préparerez — aurez fait — ajouterez — aurez écrasés — laisserez — arroserez — remplirez

Observez *page 89*

a. **Conditionnel présent :** n'utiliserait pas, emprunterait, commenceraient — **Conditionnel passé :** aurait obtenu — **b.** Les verbes au conditionnel présent situent l'action dans l'avenir par rapport au repère passé des verbes introducteurs au passé composé *a décidé* et *a annoncé*. — Le verbe au conditionnel passé exprime l'antériorité par rapport à ceux au conditionnel présent.

29 | **1.** tarderaient — **2.** réussirait — **3.** aurait obtenu, prendrait — **4.** aurait retrouvées — **5.** retourneriez

30 | **1.** [...] lorsqu'elle aurait fait les travaux nécessaires, une partie des voies de la petite ceinture pourrait être rouverte [...]. — **2.** [...] j'ai décidé que j'irais au cinéma. Je me demandais quel film aller voir, un vieux film [...] ou un film qui venait de sortir. [...] j'ai choisi un film récent dont le sujet me plaisait et qui, je l'espérais, ne me décevrait pas. — **3.** [...] dès qu'il aurait obtenu un CDI, il trouverait [...].

31 | a étudié — a détruit — a privé — vivait — a diminué — fait — va empirer — disparaîtront — faudrait

32 | était — soutenaient — baignaient — a présentés — s'appelait — C'était — a dit — avait — avait pêchée — ai dit — trouvais — a appris — venait — s'entend — riait — j'ai pensé — j'allais me marier

33 | s'étirait — drapait — semblait — se dressait — avait eue — régnait — déchira — s'ouvrit — se dirigea — fermaient — s'immobilisa — sortirent — tendit — avez découvert — répondit — guidait — J'ai pris — je suis allé — faisait — Je me hâtais — il pleuvait — j'ai distingué — il s'agissait

Chapitre 10

Valeurs comparées : indicatif, conditionnel, subjonctif, impératif

Observez *page 92*

a. Mode du verbe en gras : indicatif / Mode des autres verbes : conditionnel. — **b.** Sens du conditionnel : irréel. Sens de l'indicatif : réel.

1 | **Désir, souhait :** j'aimerais (1) — **Expression de l'irréel :** serais (4), aurait (6), donnerait (7) — **Atténuation, politesse :** auriez-vous (3) — **Information non confirmée :** aurait (2), serait (8) — **Futur dans le passé :** ferait (5)

Observez *page 93*

a. Phrases 1 et 3 : indicatif / Phrases 2 et 4 : conditionnel — **b.** Phrase 1 : événement certain dans le présent / Phrase 2 : événement à confirmer dans le présent / Phrase 3 : événement certain dans le passé / Phrase 4 : événement à confirmer dans le passé

2 | **1.** rassemblerait — **2.** ne concerneraient que — **3.** ne serait pas mort, aurait été aperçu — **4.** aurait téléphoné, n'aurait appelé que

Observez *page 93*

a. [...] je lui écrirais : le verbe est au conditionnel présent. – **b.** [...] vous auriez pu (reproche), j'aurais vraiment dû (regret) : verbes au conditionnel passé.

4 nous aurions pique-niqué, maman serait allée chercher les clés, nous nous serions installés, nous nous serions baignés, il y aurait eu un beau ciel bleu, l'air aurait été chaud, le soleil aurait doré notre peau.

Observez *page 94*

Non. Dans le premier cas, le verbe *dire* sert à rapporter des paroles (mode indicatif dans la proposition subordonnée), dans le second il permet d'exprimer un ordre (mode subjonctif dans la proposition subordonnée).

6 **1 a.** saisir avec son intelligence / indicatif – **2 a.** penser / indicatif – **2 b.** supposer / subjonctif – **3 a.** dire / indicatif – **3 b.** faire comprendre / subjonctif

Observez *page 95*

a. mode indicatif – **b.** mode subjonctif

7 **1.** Bien que ce roman soit très long, je l'ai dévoré [...]. / J'ai dévoré ce roman [...] parce que l'intrigue était palpitante. – **2.** Bien que Luc n'ait aucun diplôme, il a réussi à trouver un travail [...]. / Luc a eu des difficultés à trouver du travail parce qu'il n'a aucun diplôme. – **3.** En été, l'appartement est étouffant parce qu'il est au dernier étage [...]. / En été, l'appartement est étouffant bien qu'on ait fait mettre un isolant [...]. – **4.** Bien qu'il n'ait pas pris de calmant, le malade souffre moins. / Le malade souffre moins parce qu'il a pris un calmant.

Observez *page 96*

a. mode subjonctif – **b.** Elle exprime le but.

Observez *page 96*

Dans la phrase A, le locuteur ne sait pas s'il trouvera cette secrétaire (subjonctif), dans la phrase B, on sait que la secrétaire existe (indicatif). Dans la phrase C, le subjonctif se justifie par la restriction « ne... que ».

9 **a)** est, soit, fasse, ait – **b) 1.** voit, comprenne – **2.** ait réalisé – **3.** va très bien, plaise vraiment

Observez *page 97*

a. La 1re est à l'indicatif, la 2e au conditionnel et la 3e au subjonctif. – **b.** La 1re exprime la certitude, la 2e l'irréel et la 3e le but.

II **1.** plaira beaucoup à son fils, aurait voulu avoir – **2.** ne convient pas, conviendrait – **3.** se rencontrent et échangent, soit, pourrait

Observez *page 98*

a. Elles expriment l'ordre. – **b.** *range* : impératif / *fasse* : subjonctif / *rangeras* : indicatif – **c.** que

12 **a)** Vous prendrez [...] tournerez [...] ferez [...] traverserez [...] – **b)** Respirez [...] Fermez [...] Baissez [...] Sentez [...] ouvrez [...] regardez [...].

13 Qu'il aille voir le DRH. – Qu'il dise qu'il vient de ma part. – Qu'il remplisse très soigneusement le dossier qui lui sera remis. – Qu'il attende avec patience la réponse.

14 Je cherche un homme qui vive tendrement avec moi [...] qui lave lui-même ses chaussettes [...] sache recoudre ses boutons [...] organise son linge [...] se contente souvent de nourriture frugale [...] fasse la vaisselle [...]. – J'ai trouvé un homme qui vit tendrement avec moi [...] qui lave lui-même ses chaussettes [...] sait recoudre ses boutons [...] organise son linge [...] se contente souvent de nourriture frugale [...] fait la vaisselle [...].

Chapitre 11
Les participes et les formes en -*ant*

Observez *page 100*

a. Participe présent : désirant / Formes composées du participe passé : Étant née, ayant augmenté / Formes de participe passé passif : ayant été scolarisée, ayant été hospitalisée – **b.** Désirant a pour sujet *je* qui est aussi le sujet du verbe principal *offre*. / *Étant née* et *ayant été scolarisée* ont pour sujet *je* qui est aussi le sujet du verbe principal *suis*. / *Ayant été hospitalisée* a pour sujet *je* qui est aussi le sujet du verbe principal *j'ai raté*. / *Ayant augmenté* a pour sujet *mon loyer et mes charges*, sujet différent de celui du verbe principal *je cherche* : dans ce cas « *Mon loyer et mes charges ayant augmenté* » est une proposition participiale. – **c.** *Étant née* peut être simplifié en *née* ; *ayant été scolarisée* en *scolarisée* ; *ayant été hospitalisée* en *hospitalisée*. – **d.** Non, on ne peut pas simplifier les formes composées de participes passés conjugués avec *avoir*.

1 **1.** Diplômés de Sciences Po [...] – **2.** Ayant gagné au loto [...] – **3.** Licencié [...] – **4.** Blessée [...] – **5.** Ayant pu dormir [...]

2 **1.** Sachant qu'il y a [...] – **2.** Voyant qu'il pleuvait [...] – **3.** Notre fille est venue avec nous croyant qu'elle trouverait [...] – **4.** Ayant échangé notre appartement [...] – **5.** Notre fille vivant avec nous [...]

3 1. L'essence étant devenue [...] – 2. L'eau du lac étant [...] – 3. Les taux d'intérêt des emprunts ayant augmenté [...] – 4. Ayant raté son train [...]

4 1. Bien qu'ayant atteint [...] – 2. Bien que vivant [...] – 3. Bien que travaillant [...] – 4. Bien qu'ayant passé [...]

5 1. Aussitôt / Sitôt né [...] – 2. Sitôt descendus [...] – 3. Sitôt entrée [...] – 4. Une fois l'incendie maîtrisé [...] – 5. Une fois leur mère sortie [...] – 6. Une fois la décrue amorcée [...]

Observez *page 101*

a. Le participe passé est un adjectif dans la phrase A. – **b.** a déployé, a pris, a déployées – **c.** ses ailes, son envol / que, les (mis pour *les ailes*) / Il y a accord du participe passé lorsque le complément d'objet direct est placé avant le verbe (phrase C).

7 1. laissé, laissées, laissées – 2. entendu, jouée, entendue, écoutés – 3. admiré, tiré, commencé, levé, massés, levée, tirées

Observez *page 102*

Lorsqu'il est employé avec l'auxiliaire *être*, le participe s'accorde avec le sujet.

8 1. montée, restées – 2. allé(e)s – 3. arrivés, interdite

Observez *page 102*

a. La forme *sortant* (phrase 1) peut être remplacée par la relative *qui sortait*. – **b.** La forme *en sortant* (phrase 2) indique une circonstance de l'action, c'est un gérondif.

9 1. cherchant, En cherchant – 2. En parlant, Parlant – 3. qu'en prenant, Prenant

Observez *page 103*

Phrase 1 : *changeant* est un participe présent qui reste donc invariable. – Phrase 2 : *changeante* est un adjectif verbal qui, comme un adjectif, s'accorde avec le nom qu'il qualifie.

10 1. gênant, gênante – 2. Stimulant, stimulante – 3. suffisante, suffisant

Observez *page 104*

a. *Étudiant* : participe présent / *étudiant* : nom / *en étudiant* : gérondif / *étudiante* : adjectif verbal – **b.** Le participe présent reste invariable et on pourrait le remplacer par une subordonnée relative : *Paul qui étudie la botanique...* / Le nom peut avoir les différentes fonctions du nom, ici *étudiant* est attribut du sujet *il*. / Le gérondif se reconnaît à la présence de *en*,

le sujet du gérondif doit toujours être le même que celui du verbe principal. / L'adjectif verbal est comme un adjectif, il s'accorde avec le nom qu'il qualifie.

11 **Participe présent :** 1 d. passant – **Gérondif :** 1 a. en prenant – 2 c. en tranchant – **Adjectif verbal :** 1 c. commerçante, passante / 2 a. tranchants – **Nom :** 1 b. passants / 2 b. le tranchant

12 1 S – 2 Cause – 3 Cond. – 4 Cause / Cond. – 5 M – 6 S – 7 Cond. – 8 M / Cause

15 voulant – En descendant – Parvenu – Ayant pu – Choquée – craignant – enregistré – en téléphonant

16 en me dressant – enseveli – cachée – serrées – perdant – perdu – allant – me débattant – râlant – voyant – retrouvant – tiré

Chapitre 12
L'infinitif

Observez *page 106*

a. l'impératif. – **b.** La négation se place avant l'infinitif. Les adverbes longs (2 syllabes et plus) se placent le plus souvent après l'infinitif, les adverbes courts (1 syllabe) le plus souvent avant. – **c.** 1) infinitif simple, ex. : aller, faire, chanter / sens : présent ou simultanéité avec une autre action 2) infinitif composé, ex. : être allé, avoir fait, avoir chanté / sens : passé ou antériorité par rapport à une autre action.

1 découper – ne pas faire – couper grossièrement – faire chauffer – bien faire dorer – y ajouter – laisser cuire – mettre – laisser chauffer – ne pas faire bouillir – ajouter – saler et poivrer – faire cuire doucement – laver – les couper finement – les faire revenir – les ajouter

Observez *page 106*

a. *voyager au bout du monde* est le sujet du verbe. – **b.** Après le verbe, l'infinitif est précédé de la préposition *de*. – **c.** la seconde

2 1. Cela prend plusieurs années de préparer une thèse. – 2. Ça ne me plaît pas de me lever tôt. – 3. Ce n'est pas bien de mentir. – 4. C'est difficile de travailler la nuit. – 5. Ça me détend de regarder la télévision. – 6. C'est interdit de fumer dans les lieux publics.

Observez *page 107*

a. **infinitifs simples :** faire, voir, être, réussir, avoir, changer – **infinitifs composés :** avoir eu, avoir fait, avoir négligé.

b. j'étais sûr d'avoir fait (antériorité) — j'essayais d'être (simultanéité) — je voulais réussir (postériorité) — tu regretteras d'avoir négligé tes études (antériorité) — tu ne seras pas heureux d'avoir un travail inintéressant (simultanéité) — tu auras envie de changer de métier (postériorité)

3 | **1.** faire, participer, d'avoir remporté — **2.** d'avoir rencontré, inviter, d'avoir trouvé — **3.** préparer, inscrire, avoir accompli

Observez *page 108*

a. Les verbes de perception : voir, entendre, etc. —
b. On peut garder l'ordre sujet-verbe ou l'inverser : verbe-sujet, ex. : je vois la pluie tomber / je vois tomber la pluie. L'ordre inversé est très fréquent.

4 | [...] Elle vit les chauves-souris voler / voler les chauves-souris [...] elle entendait la porte grincer épouvantablement / grincer la porte épouvantablement. [...] Elle regarda un instant les flammes danser / danser les flammes. [...] elle entendit un hurlement résonner / résonner un hurlement [...] elle sentit des sueurs froides couler / couler des sueurs froides le long de son dos et ses jambes se dérober / se dérober ses jambes sous elle. [...] elle entendit une voix chuchoter / chuchoter une voix [...] elle vit un homme étrange [...] s'approcher d'elle avec un sourire bizarre / s'approcher d'elle un homme étrange [...] avec un sourire bizarre.

5 | Je l'ai vue s'arrêter [...] Je l'ai regardée nourrir les pigeons [...] J'ai vu un homme jeune s'approcher d'elle et prendre son porte-monnaie [...] J'ai senti la vieille dame hésiter. [...] Ensuite, je l'ai entendue crier « au voleur » et je l'ai vue se débattre. J'ai vu le voleur s'enfuir avec son porte-monnaie et disparaître au coin de la rue.

6 | **1.** David projette d'emménager dans un nouvel appartement dans une semaine. — **2.** Il est content d'avoir trouvé un studio en ville. — **3.** C'est important pour lui d'acquérir son indépendance. — **4.** Il se demande comment transporter ses meubles. — **5.** Heureusement, samedi prochain tous ses amis l'aideront à déménager. — **6.** Ça lui fait plaisir d'avoir des amis si fidèles.

Chapitre 13
La phrase négative

Observez *page 110*

a. tu ne dis rien, tu ne manges pas, il n'y a pas, je n'ai pas eu, ce n'est pas, je n'ai aucune envie, tu ne sors plus, tu ne nous as jamais parlé, ne pas tenir, nous n'avons qu'une fille — **b.** Elles sont composées de deux termes. — **c.** négations totales : *ne... rien, ne... pas, ne... aucune, ne... jamais, ne... plus*. Négation qui exprime une restriction : *ne... que*. — **d.** La 2e partie de la négation est placée devant le participe passé. — **e.** « ne ».

1 | **1.** ne vous occupez pas — **2.** n'a-t-il pas informé, ne les a-t-il pas reçus — **3.** vous n'auriez pas dû — **4.** ne lui en parlez pas — **5.** ne le lui dites pas

2 | Je suis désolée de ne pas avoir répondu [...] Je regrette de n'avoir pas pu aller [...] Je crains de ne pas pouvoir me joindre [...] J'ai peur de ne pas pouvoir revenir [...] Je vous promets de ne pas rater [...]

3 | Elle n'est ni grande, ni petite. — Elle n'a ni frère ni sœur. — Elle n'a pas de mari ni d'enfants. — Elle ne fait pas de natation ni de gymnastique. — Elle ne va ni au cinéma ni au concert. — Elle ne va ni à la mer ni à la montagne.

4 | **1.** Non, ni l'un ni l'autre. — **2.** Non, ni lui, ni moi. — **3.** Non, pas le jeudi, ni le matin ni l'après-midi. — **4.** Ni bien ni mal.

5 | **1.** Non, je n'en ai reçu aucune. — **2.** Non, il n'est rien arrivé de grave. — **3.** Non, personne ne m'a conseillé. — **4.** Non, aucune langue ne s'apprend facilement. — **5.** Non, il n'y en a plus nulle part.

6 | — Non, il y en a encore très peu, mais la profession commence à se féminiser. / — Non, je ne suis jamais allée dans une école, mais... / — Non, je ne travaille plus avec lui, mais... / — Non, je ne l'étais pas encore, mais... / — Non, je n'ai plus le temps, mais... / — Non, je n'y ai jamais travaillé, mais... / — Non, elles ne le sont pas régulièrement, mais... / — Non, je n'ai jamais regretté mon choix, car...

8 | **1.** [...] il ne mange rien. — **2.** [...] il n'y a plus rien [...]. — **3.** [...] qu'il ne valait plus rien. — **4.** [...] elle n'entend plus rien [...]. — **5.** [...] ça ne me dit plus rien.

9 | **1.** On ne voit jamais personne [...] — **2.** Il n'a jamais rien dit [...] — **3.** Nous n'allons jamais [...] — **4.** Cet auteur n'a plus rien écrit [...] — **5.** Il n'y a plus aucune raison [...] — **6.** Il n'y a plus personne.

Observez *page 113*

Il n'y avait que l'autorité parentale exprime une restriction. *Vous n'avez qu'à réagir* exprime un reproche ou un conseil.

10 | Il n'a que 10 ans. [...] il n'y a pas que lui. [...] tu n'as qu'à ne pas te laisser faire et l'inscrire [...] il n'y a qu'à.

II | **1.** [...] il ne fait que 1 degré. – **2.** [...] tu n'as qu'à changer de chaîne. – **3.** [...] il n'a écrit que des romans. – **4.** [...] vous n'avez qu'à visiter le Musée d'Orsay. – **5.** [...] il n'y avait qu'une cinquantaine de spectateurs.

Observez *page 114*

a. Le premier *ne* n'a pas de valeur négative. – **b.** Le *ne* explétif n'est pas obligatoire. Il appartient à la langue soutenue.

12 | phrases 1 – 3 – 4 – 6 – 8

13 | **1.** [...] sans avoir prévenu leurs parents. – **2.** [...] sans garantie. – **3.** [...] sans lui. – **4.** [...] sans avoir mangé ni bu. – **5.** [...] sans rien y comprendre.

Observez *page 115*

On emploie un préfixe devant un nom, un adjectif, un verbe.

15 | **1.** imprononçable – **2.** illisible – **3.** malhonnê-teté – **4.** inachevé – **5.** mésentente/malentendu – **6.** inadmissible – **7.** malsain

16 | désarmer – désaxer – décharger – déséqui-librer – inhabituel – immangeable – immoral – déranger – irréfléchi – irresponsable – invisible

17 | non-fumeur – non-violentes – sans-abri – sans-emplois – antinucléaire – non-figuratif – anti-conformiste – anti-âge

Observez *page 116*

a. *assez bien !* – **b.** Pour modérer une opinion. Cet emploi est très fréquent.

18 | **1.** c'est stupide. – **2.** c'est très cher – **3.** ça sent bon ici – **4.** il est timide – **5.** sont mauvais – **6.** j'aime bien

20 | **1.** Pas possible ! – **2.** Ne t'en fais pas ! – **3.** Non, ça ne m'arrange pas – **4.** Non, pas du tout ! – **5.** Ça ne va pas la tête ! – **6.** Non, il n'y a pas de souci. – **7.** N'ayez pas peur !

Chapitre 14
La phrase interrogative et la phrase exclamative

Observez *page 118*

a. pour obtenir une information, pour la vérifier, pour solliciter un service, pour atténuer un ordre ou par habitude – **b.** aux questions directes (*Il est bien dix-huit heures, n'est-ce pas ? – Tu n'as pas de*

montre ? – *Tu veux bien m'excuser ? – Est-ce que c'est si grave ? – On n'en a pas parlé hier soir ?*) – **c.** quand le verbe principal est à la forme négative (si la question se termine par *n'est-ce pas ?* on répond par *oui* – **d.** non

1 | 2 B – 3 D – 4 E – 5 A – 6 C

2 | **1.** Tu as pensé à acheter du pain ? – **2.** Vous n'avez pas aimé ce plat ? – **3.** Vous n'aimez pas le café ? – **4.** Voulez-vous m'accompagner au musée Gustave Moreau ? – **5.** Tu as téléphoné pour prendre rendez-vous ? – **6.** Tu n'as pas encore posé la question à ton père ?

Observez *page 119*

a. qu' (que) – **b.** qui – **c.** un verbe – **d.** un sujet

3 | **2.** Qui est-ce qui – **3.** Qu'est-ce qui – **4.** Qui est-ce que – **5.** Qu'est-ce que – **6.** Qui est-ce qui – **7.** Qu'est-ce qui – **8.** Qui est-ce que / 2 g – 3 h – 4 f – 5 b – 6 a – 7 d – 8 c

Observez *page 120*

a. *quel* est un adjectif interrogatif qui accompagne un nom, *lequel* est un pronom interrogatif qui remplace un nom – **b.** *duquel = de + lequel, auquel = à + lequel* – **c.** où, quand, pourquoi, comment, lequel, à quel endroit, etc. – **d.** oui, par exemple : *Comment choisir ?*

4 | **1.** Quand / À quelle heure – **2.** Pourquoi / Pour quelle raison – **3.** Qu' / Quel cadeau – **4.** Qui / Quelles personnes – **5.** Où / Dans quelle région – **6.** Lequel / Quel roman

5 | **1.** Quels, lequel, quelles – **2.** quel, lequel, Quels, lesquels – **3.** quelle, lequel – **4.** lequel, Quel – **5.** quelles, laquelle – **6.** lesquels, Duquel, auquel

Observez *page 121*

a. familier, courant, soutenu, courant, courant, courant, soutenu, soutenu – **b.** Quand on pose la question sans *est-ce que*. – **c.** Quand le sujet est un nom, on doit répéter le nom à l'aide d'un pronom, après le verbe.

7 | **1.** Est-ce que je peux vous aider ? / Puis-je vous aider ? – **2.** Il va accepter ? / Va-t-il accepter ? – **3.** Vous avez réussi ? / Est-ce que vous avez réussi ? – **4.** Est-ce que tu le savais ? / Le savais-tu ? – **5.** Vous le lui aviez dit ? / Le lui aviez-vous dit ? – **6.** Vous vous en êtes souvenu ? / Est-ce que vous vous en êtes souvenu ?

8 | **1.** Cette recette est-elle facile à réaliser ? – **2.** Le mois de juin compte-t-il 30 ou 31 jours ? – **3.** Ces fruits, d'où viennent-ils ? – **4.** Vos vacances se sont-elles bien passées ? – **5.** À quelle heure le repas est-il prévu ? – **6.** Dans quelle direction ces personnes sont-elles parties ?

Observez *page 122*

a. ... tellement de... !, Quel... !, Que de... !, Qu'est-ce que... !, Comme... !, ... si... !, Pourvu que... ! – **b. + adjectif** : si / **+ nom** : tellement de, quel, que de / **+ phrase** : qu'est-ce que, comme, pourvu que – **c.** pourvu que

9 **1.** Quel confort ! – Comme / Ce que / Qu'est-ce que cette voiture est confortable ! – **2.** Quelle beauté ! – Comme / Ce que / Qu'est-ce que ces fleurs sont belles ! – **3.** Quelle générosité ! – Comme / Ce que / Qu'est-ce que Pierre est généreux ! – **4.** Quel talent ! – Comme / Ce que / Qu'est-ce que Claudia joue bien de la guitare ! – **5.** Quelle horreur ! – Comme / Ce que / Qu'est-ce que ces tableaux sont laids !

10 **1.** tant de / tellement de / de tels – **2.** un tel, si – **3.** tant / tellement, si / tellement – **4.** tant / tellement – si / tellement – **5.** si / tellement, tant de / tellement de / de telles – **6.** une telle, tellement / un tel

11 **1.** Si – **2.** pourvu qu' – **3.** Si – **4.** Pourvu qu' – **5.** Si – **6.** Pourvu qu'

12 **1.** Bof ! – **2.** Tant pis ! – **3.** Ça alors ! – **4.** Aïe ! – **5.** hélas ! – **6.** Au secours ! – **7.** Super ! – **8.** Attention ! – **9.** ça y est ! – **10.** Mince !

14 **1.** Qui est-ce qui t'en a parlé ? – **2.** À votre avis, n'est-ce pas déjà trop tard ? – **3.** Alors, vous en pensez quoi de ce film ? – **4.** Combien de frères et sœurs est-ce que vous avez ? – **5.** À partir de quelle heure la piscine est-elle ouverte ? – **6.** Ces conseils vous ont-ils été utiles ? – **7.** Combien de fois cette question vous a-t-elle été posée ?

15 Que désirez-vous ? Combien de temps souhaitez-vous partir ? – Seriez-vous intéressée par un séjour à l'étranger ? – Vous connaissez Bali ? – Quel est votre budget ? – qu'en dîtes-vous ? – Voulez-vous que nous fassions la réservation ? – Comment allez-vous régler ? – Vous n'avez pas de carte bleue ?

16 **1.** Quel talent ! – Comme / Ce qu' / Qu'est-ce qu'il est beau ! – **2.** Quelle catastrophe ! – Que de victimes ! – Il y a tant de / tellement de victimes ! – Si seulement l'accident avait pu être évité ! – **3.** Quel temps ! – Que de brouillard ! – Il y a un tel brouillard ! – Pourvu que la pluie cesse ! – **4.** Quelle foule ! – Que de monde ! – Pourvu qu'elles soient entendues ! Si seulement ils pouvaient obtenir satisfaction ! – **5.** Quelle rigolade ! – Comme / Ce qu' /

Qu'est-ce qu'il était marrant ! – Il était si / tellement marrant ! – **6.** Que de raisons d'être pessimiste ! – Les prévisions sont si / tellement alarmantes ! – Pourvu que la situation s'améliore ! – Si seulement on découvrait un vaccin !

Chapitre 15
La mise en relief

Observez *page 125*

a. Dans un contexte familier, publicitaire, dans une analyse, à tous les niveaux de langue. – **b. 1.** C'est du bon boulot. **2.** Vos dons sont primordiaux, vos donations sont fondamentales, vos legs sont notre avenir. **3.** Le sentiment de la lumière, l'intelligence morale de votre sujet ne s'apprennent pas. – c. Elle souligne le contraste entre l'infiniment petit des technologies et leur importance énorme.

Observez *page 126*

a. et **b.** *l'imprévu des voyages* / *le Pérou et la Chine* / *un pays* : déplacement en tête du groupe de mots, virgule, reprise par *ça, les,* et *le.* – *je* : repris par *moi-même* placé entre virgules – *l'ennui*, virgule, reprise par *c'est... que...*

1 **a) 1.** lui-même – **2.** elles-mêmes – **3.** eux-mêmes – **b) 1.** Ses produits, il en achète certains [...] – **2.** Les autres, il les fait venir [...] – **3.** Ses plats, il n'hésite pas à les parfumer [...] – **4.** Sa pintade [...], je vous la recommande. – **5.** La qualité des vins, Cédric y tient [...] – **6.** Ses clients, il aime [...] avec eux. – **c) 1.** Inventer de nouvelles recettes, ça plaît [...] – **2.** Mélanger [...], il aime ça. – **3.** Des légumes frais, il n'utilise que ça. – **4.** Retrouver les goûts du terroir, c'est [...] – **5.** Le fromage, il adore ça. – **6.** [...] un bon repas, ce doit être [...]

3 **1.** Le résultat, c'est que [...] – **2.** [...] l'essentiel, c'est d'[...] – **3.** [...] le mieux, c'est que [...] – **4.** L'avantage, c'est que [...] l'inconvénient, c'est que [...] – **5.** [...] le plus rapide, c'est de [...] – **6.** L'incroyable, c'est qu'il [...]

Observez *page 128*

a. le soleil – **b.** le soleil sujet → *c'est... qui...*, le soleil COD → *c'est... que...*

5 **1.** C'est Boris Vian qui l'a écrit. – **2.** C'est le musée du quai Branly qu'il a construit. – **3.** C'est Sir Alexander Fleming qui l'a découverte. – **4.** C'est Camille Claudel qu'il a aimée. – **5.** C'est J. Kosma qui l'a mis en musique.

Observez *page 129*

chez toi / la semaine dernière / en surfant sur Internet. Emploi de *c'est... que...*

7 **1.** C'est d'un prêtre [...] qu'elle aurait [...] — **2.** C'est en appliquant [...] la méthode briarde qu'elle obtient [...] — **3.** C'est à Camembert [...] que la fille de Marie Harel [...] exploite [...] — **4.** C'est depuis que Marie Paynel l'offrit [...] que le camembert [...] — **5.** C'est en 1890 que la boîte [...] — **6.** C'est grâce à cette boîte que le camembert [...]

Observez *page 130*

a. La danse la passionne. Elle veut devenir danseuse. — **b.** ..., *c'est ce qui... / Ce qui..., c'est, — ..., c'est ce que... / Ce que..., c'est...*

9 **1.** Le TGV, c'est ce qui est le plus rapide. — **2.** La démission [...], c'est ce qu'ils veulent. — **3.** Un voyage au Mexique, c'est ce que j'aimerais le mieux. — **4.** Les relations [...], c'est ce qui l'a aidée [...]. — **5.** Du bonheur, c'est ce qu'on peut leur souhaiter [...].

10 **1.** Ce qui m'a frappé, c'est... / Ce que j'ai trouvé [...], c'est. — **2.** Ce qui l'intéresserait, c'est... / Ce qu'elle ne veut [...] pas faire, c'est... — **3.** Ce qui nous a attiré [...], c'est... / Ce que nous n'aimons pas, c'est... — **4.** Ce que j'apprécie, c'est... / Ce qui m'inquiète, c'est... — **5.** Chez une femme [...], ce qui retient [...] mon attention, c'est... / Ce que je veux trouver [...], c'est...

12 c' — lui — le — moi — Lui — Ça — Eux — ça

13 **1.** Oublier [...], c'est ce qui [...]. — **2.** Ce qui est très sympathique, ce sont les rencontres [...]. — **3.** Le patrimoine [...], c'est ce que beaucoup [...]. — **4.** [...], ce qui est très à la mode, c'est la marche [...]. — **5.** [...], ce que veulent les randonneurs, c'est se détendre [...]. — **6.** Ce qu'ils demandent, c'est un [...].

14 La Sainte-Victoire, Cézanne nous la montre [...] C'est dans ce chaos d'énormes blocs de pierre qu'il apprend [...] Les grands arbres du parc, on les retrouve [...] C'est là qu'il cacha [...] C'est le tableau de ce dernier *Maisons à l'Estaque* qui [...] mais le clou des célébrations, c'est [...].

Chapitre 16
Les propositions complétives introduites par *que*

Observez *page 134*

opinion : il me semble, je pense, c'est le sentiment / **constatation :** il n'en reste pas moins vrai, je me

rends compte / **certitude :** j'avais la certitude, était convaincue / **déclaration :** j'ajoute, dire

1 **1.** pensent (opinion) — **2.** a montré (constatation), était dû / a prétendu (déclaration), avait agi — **3.** sont conscientes (certitude), ne pourra pas — **4.** m'a raconté (déclaration), s'était introduit / dire (déclaration) / a affirmé (déclaration), n'avait rien vu ni rien entendu

2 **1.** qu'il est innocent — **2.** qu'il avait été imprudent — **3.** que le prix de l'essence augmentera — **4.** que l'état du malade s'était très nettement amélioré — **5.** que le soleil sera de retour — **6.** que tous les employés bénéficieraient d'une augmentation

Observez *page 136*

a. ayez fait, soit, faille, soyez immobilisé, puisse, fassiez, disparaisse, augmentiez, reveniez — **b.** *croire* et *penser* — **c.** Le subjonctif présent exprime la simultanéité par rapport au verbe principal ; le subjonctif passé exprime l'antériorité par rapport au verbe principal. — **d.** Non, c'est le subjonctif présent qui exprime le futur. — **e.** **conseil :** il sera préférable que / **doute :** je ne crois pas que, je doute que / **jugement :** pensez-vous que / **nécessité :** il faudra que / **possibilité :** il est possible que / **sentiment :** c'est malheureux que, je crains que / **volonté :** je souhaite que

5 **1.** Il serait préférable / Il serait judicieux / Il vaudrait mieux — **2.** Je doute / Je ne pense pas / Cela m'étonnerait — **3.** Il est inadmissible / Je trouve scandaleux / J'ai du mal à croire — **4.** Il faut / Il est nécessaire / Il est indispensable — **5.** Il est possible / Il se peut / Il arrive — **6.** Ils veulent / Ils souhaitent / Ils aimeraient

6 aies retrouvé — soyons restées — saches — aies perdu — aies trouvé — attendes — aille — apparaisse — ait — réagisse — nous voyions — passiez

7 **1.** que le procès soit révisé — **2.** ce que je sois présente à Sydney [...] — **3.** que le nombre [...] ait augmenté — **4.** ce qu'il fasse un tel froid — **5.** ce que les salaires soient augmentés — **6.** ce que la partie soit très disputée

Observez *page 137*

a. Le verbe *douter* est logiquement suivi du subjonctif alors que le verbe *se douter* qui signifie *croire* est suivi de l'indicatif. — **b.** Parce que la subordonnée est placée en tête de phrase. / Tout le monde s'accorde à reconnaître que l'écrivain José Sarramago a beaucoup de talent. / La nouvelle phrase est à l'indicatif.

9 | 2. non – 3. non – 4. non – 5. oui – 6. non – 7. oui

10 | 1. soit – 2. allait te faire, ferait – 3. allaient être, seraient – 4. vous fassiez – 5. ait été – 6. puisse

11 | 1. Je doute que tout le monde réussisse. – 2. C'est évident qu'il est urgent de réagir. – 3. Je suis persuadé qu'elle finira première [...]. – 4. Je suis surpris qu'elle ne soit pas venue. – 5. J'étais sûre qu'il ne m'en tiendrait pas rigueur. – 6. Je déplore qu'il n'ait fait aucun effort [...]

Observez *page 139*

a. oui – **b.** Oui, quand le verbe introducteur est suivi de l'indicatif et a le même sujet que le verbe subordonné (*nous étions sûrs que nous gagnerions*).

12 | 1. Je sens que j'ai / je crains d'avoir – 2. Il se plaint d'avoir / ça m'étonnerait bien qu'il ait – 3. Nous sommes désolés d'être / nos amis sont désolés que nous soyons – 4. Elle est très fière d'avoir été reçue / ils sont très fiers qu'elle ait été reçue – 5. On les avait autorisés à photographier / il avait refusé qu'ils photographient.

13 | d'organiser – pense avoir – il ne tient pas à être ovationné par les peintres – a reconnu avoir été influencé – il est important de travailler

14 | 1. Il y a vingt ans personne ne prévoyait qu'Internet se développerait autant. – 2. Ça m'arrangerait que quelqu'un puisse venir me chercher à l'aéroport. – 3. Nos voisins regrettent que leur fils unique soit parti / parte s'installer en Australie. – 4. Il est interdit de se garer dans cette rue les jours de marché. – 5. Après des années, ma sœur est ravie d'avoir retrouvé hier sa meilleure amie d'enfance. – 6. Je ne suis pas persuadé que cette personne ait dit la vérité lors de son récent procès. – 7. Une fois arrivée à son travail, elle s'est souvenue qu'elle n'avait pas fermé à clé la porte de son appartement. – 8. C'est incroyable qu'il ne soit plus permis de fumer dans les pubs irlandais !

15 | sait/pense – ont l'impression/croient – supposent/imaginent – suffit/faut simplement – déclarera /dira – estime/imagine – redoutent/craignent – est clair/est évident

16 | **Aurélie :** puisse, travaille, fasse, dise, doive – **Michèle :** j'ai, fais, aille, dépose, ait, y ait, faille – **Jean-Luc :** n'y a pas, mette, puisse, fais, sont, ait créé, y ait

Chapitre 17
Le discours rapporté

Observez *page 142*

a. Ils subissent des transformations (je → il, mon → son, suppression du point). **b.** la conjonction « que ». **c.** le mot de coordination « et » ; c'est la conjonction « que » qui est répétée.

1 | 1. La gardienne dit qu'elle était bien dans sa loge [...] mais qu'elle n'a rien entendu. – 2. Mon voisin m'explique que le plombier doit venir [...] chez lui et que si cela ne me dérange pas, il me laissera sa clé car il doit partir [...]. – 3. Le garagiste certifie que ma voiture peut encore rouler [...] à condition que je fasse quelques réparations et que sinon elle va me lâcher [...]. – 4. Coralie raconte à sa mère que pendant le week-end, Félix et elle ont [...] changé la disposition [...] dans leur appartement et que cela leur donne [...].

Observez *page 143*

a. phrase 1 / Dans les autres phrases. – **b.** demande, savoir, dis, indiquez, ignorons ; le mot *si* ; les mots *combien, quelle, lequel, où.*

2 | 1. Ils se demandent si cette décision [...]. – 2. Ils cherchent à savoir s'il s'agit [...]. – 3. Ils veulent savoir quand entrera en [...]. – 4. Ils ne savent pas où ils pourraient avoir [...].

Observez *page 143*

a. Une personne : phrases 3, 4 et 5 b / une chose : phrases 1, 2, 5 a. – **b.** sujet : phrases 1, 3 ; complément d'objet direct ou indirect : phrases 2, 4, 5

3 | **a)** Le vigile me demande ce que je désire, qui je veux voir, avec qui j'ai un rendez-vous, qui m'envoie chercher des documents ici. – **b)** Étienne nous demande de quoi parle ce film, ce qui nous a paru le plus intéressant, ce que nous en pensons finalement.

Observez *page 144*

a. colonne 2 : mode indicatif / colonne 3 : mode infinitif. – **b.** Quand le sujet de la proposition principale et celui de la proposition subordonnée sont les mêmes.

4 | 1. [...] quand réaliser leur projet [...] / quand ils vont réaliser leur projet [...] – 2. [...] cherche que faire pour remercier les bénévoles [...] / ce qu'il pourrait faire pour remercier les bénévoles [...]. – 3. [...] combien de SMS Lionel va encore lui envoyer [...] tout est fini entre eux. – 4. [...] comment inciter les jeunes parents [...] / comment nous allons inciter les jeunes parents [...]

Observez *page 145*

Le mode impératif est remplacé par le mode infinitif dans le discours indirect.

5 1. [...] Je vous prie de lui laisser [...]. – **2.** Je te conseille de revenir [...]. – **3.** Il nous interdit de toucher à [...]. – **4.** On nous invite à avancer [...]. – **5.** Elle lui suggère d'essayer d'obtenir [...].

Observez *page 145*

a. écrivaient (imparfait), ajoutaient (imparfait), terminaient en disant (imparfait) – **b.** Les temps des verbes (passé composé → plus-que-parfait, futur → conditionnel), les expressions de temps (hier → la veille, aujourd'hui → ce jour-là, demain → le lendemain, après-demain → le surlendemain).

6 1. [...] que la société cherchait à développer [...]. – **2.** [...] que le montant des exportations avait déjà augmenté de 2 % l'année précédente. – **3.** [...] que Renault venait de conclure [...]. – **4.** [...] qu'il allait se rendre [...] quelques semaines plus tard. – **5.** [...] que la production [...] commencerait dès qu'on aurait reçu [...], peut-être dès l'année suivante.

Observez *page 146*

Ces modes et temps ne subissent pas de transformations.

7 Caroline m'a écrit que ça lui avait vraiment fait plaisir que je sois là [...], qu'elle regrettait [...] qu'oncle André n'ait pas pu m'accompagner. Elle ajoutait qu'il aurait été très content [...], qu'elles étaient [...]. Elle me remerciait [...] de les avoir gâtés, Tony et elle, en leur offrant un très joli service [...] qui leur permettrait de recevoir [...]. Elle terminait en me disant qu'elle aimerait bien qu'oncle André et moi soyons parmi les premiers à nous en servir et que Tony se joignait à elle pour nous embrasser tous les deux.

Observez *page 147*

Il ne change pas parce que « aujourd'hui » n'est pas encore terminé.

8 1. [...] notre guide nous a dit que demain nous partirions à l'aube, parce qu'il y aurait [...]. – **2.** [...] j'ai pu lire [...] que ce matin la banque était fermée [...]. – **3.** La météo a annoncé ce matin qu'aujourd'hui il ferait très froid [...].

9 **a)** Il se demandait quel était le chemin qui menait à la vérité [...] Il rencontra une femme qui lui demanda si le voyage était agréable, si tout allait bien et ce qu'il faisait là. Il répondit qu'il cherchait le chemin de la vérité. [...] elle lui conseilla d'aller voir le caïman, d'aller trouver aussi le chameau, puis le chien qui le guideraient. – **b)** **Le caïman** répondit que rien n'était plus facile, que quand il faisait chaud, il s'allongeait sur le sable, la gueule ouverte, que les insectes, les oiseaux venaient se mettre [...] et qu'alors, il fermait sa gueule et qu'il les mangeait. Il ajouta qu'il fallait qu'il soit patient, car la patience est un chemin d'or. – **Le chameau** lui dit de regarder sa vie. Il lui expliqua qu'on le faisait marcher [...], qu'il pouvait rester [...] et qu'il ne disait rien. Il lui conseilla d'accepter les choses qu'il ne pouvait pas changer. – **Le chien** lui répondit que d'abord, il n'avait pas que ça à faire et qu'il avait faim [...] Le chien conta son aventure à Diata et lui conseilla de se faire des amis, que c'était la règle d'or.

10 [...] il faudrait savoir où s'installer [...] elle ne sait comment retrouver du travail là-bas [...] Elle se demande, [...] pourquoi quitter son travail, pourquoi ne pas vivre à Nantes tout en travaillant à Paris.

Chapitre 18
L'expression de la cause

Observez *page 150*

cause : 1 – conséquence : 7 – but : 5 – temps : 2 – concession : 4 – condition : 3 – comparaison : 6

Observez *page 151*

a. en raison de, n'ayant pas été, comme, en effet, car, faute de, ce n'est pas que – **b.** avec un nom généralement précédé d'un article – **c.** avec un sujet, un verbe et éventuellement un complément

Observez *page 151*

a. à cause de, à force de, du fait de, faute de, en raison de, grâce à, sous prétexte de – **b. aspect positif :** grâce à / **aspect souvent négatif :** à cause de, en raison de / **manque ou absence :** faute de / **répétition ou quantité :** à force de / **constatation :** du fait de / **contestation :** sous prétexte de

1 1. en raison de – **2.** sous prétexte de – **3.** étant donné – **4.** à cause de – **5.** à force de – **6.** grâce à – **7.** faute de

2 1. pour avoir mis – **2.** pour avoir exposé – **3.** Pour ne pas avoir attaché – **4.** pour en avoir abusé – **5.** pour avoir assassiné – **6.** Pour ne pas avoir respecté

3 2. de sommeil – **3.** pour inventaire – **4.** pour bonne conduite – **5.** de soif – **6.** pour raison de santé – **7.** de peur – **8.** par souci de perfection

Observez *page 153*

a. Puisque, ce n'est pas parce que... mais parce que, étant donné que, Comme, sous prétexte que, ce n'est pas que / l'indicatif – **b.** *ce n'est pas parce que... mais* et *ce n'est pas que... mais* – la seconde – **c.** comme

5 | **1.** puisque – **2.** comme – **3.** ce n'est pas que – **4.** sous prétexte que – **5.** ce n'est pas parce que – **6.** vu que

6 | **1.** parce que, d'autant plus... que – **2.** comme, d'autant... que – **3.** du fait que, d'autant moins... que – **4.** étant donné que, d'autant plus... que – **5.** car, d'autant moins... que – **6.** dans la mesure où, d'autant plus... que

Observez *page 155*

a. souhaitant, arrivés, en effet, tellement – **b.** en effet – **c.** tellement

8 | **1.** tant / tellement il faut d'endurance – **2.** tant / tellement le taux de natalité croît rapidement – **3.** tant / tellement il est impatient – **4.** tant / tellement il est bien conçu – **5.** tant / tellement il est devenu cher – **6.** tant / tellement elle est timide

9 | **1.** À son retour [...], fatiguée par le décalage horaire [...] – **2.** [...] sachant que j'adore ce groupe – **3.** Surpris par la puissance du tir [...] – **4.** [...] me doutant qu'il allait pleuvoir, [...] – **5.** Ayant vécu [...] et étant très douée pour les langues, [...]

10 | **1.** Conformément à la loi, cet employé devrait bientôt partir à la retraite *puisqu'*il a atteint la limite d'âge. – **2.** *Vu* le succès de cette exposition, il faut compter environ une heure d'attente avant de pouvoir entrer. – **3.** Cette année, le Beaujolais promet d'être excellent. *En effet*, l'ensoleillement a été exceptionnel dans la région. – **4.** Je ne sais pas quelle destination choisir pour mes vacances, *tellement* il y a de promotions intéressantes. – **5.** Un des principaux cadres de l'entreprise a été récemment licencié *pour* avoir commis une faute professionnelle. – **6.** *Étant* claustrophobe, mon mari ne prend jamais l'ascenseur

11 | à force de – grâce à – en effet – comme – à cause de – faute de – par – pour – d'autant plus... que

Chapitre 19
L'expression de la conséquence

Observez *page 157*

a. par conséquent, c'est pourquoi, aussi, de sorte que, en conséquence, si bien que, ainsi, alors – **b.** alors, aussi – **c.** par conséquent, ainsi – **d.** aussi, ainsi

1 | **1.** c'est la raison pour laquelle – **2.** c'est pourquoi – **3.** si bien que – **4.** de sorte que – **5.** c'est pour cela que – **6.** de façon que / 1 e – 2 a – 3 f – 4 c – 5 b – 6 d

2 | **1.** Il faut *donc* [...] – **2.** *Comme* ça tu pourras [...] – **3.** *Aussi* le lui a-t-on [...] – **4.** *Alors* on est allé [...] – **5.** Vous les éplucherez *ainsi* plus facilement. – **6.** *Par conséquent,* la façon dont [...]

Observez *page 158*

a. tellement ... que / si ... que / tant de ... que / au point que / assez ... pour / assez ... pour que / un tel ... que – **b.** si/tellement + adjectif / adverbe + que / assez/trop + adjectif / adverbe + *pour* (*que*) / verbe + *tant/tellement* + *que* / verbe + *assez/trop* + *pour* (*que*) / *tant de* / *tellement de* + nom + *que* / *un tel* nom + *que* – **c.** assez/trop ... pour que / quand le sujet de la subordonnée est le même que celui de la principale

4 | **1.** [...] il a beaucoup plu, donc on n'a pas pu [...] – **2.** [...] est très douée pour [...], donc on dirait que [...] – **3.** [...] écrivent excessivement mal, il est donc parfois [...] – **4.** [...] de nombreuses langues, elle devrait donc trouver [...] – **5.** [...] un indescriptible désordre dans [...], donc il ne retrouve [...] – **6.** [...] de graves insomnies, il leur est donc impossible de [...]

5 | **1.** Florence est si / tellement menteuse [...] – Florence ment si / tellement souvent [...] – Florence dit tant de / tellement de / de tels mensonges [...] – **2.** Mon fils [...] a tant d' / tellement d' / un tel intérêt pour les Pokémons [...] / Mon fils [...] s'intéresse si vivement aux Pokémons [...] / Mon fils [...] est si / tellement intéressé par les Pokémons [...] – **3.** Les statues [...] intriguent si fortement les chercheurs qu'ils se posent [...] – Les statues [...] sont si / tellement mystérieuses que les chercheurs se posent [...] – Les statues [...] présentent un tel mystère que les chercheurs se posent [...].

6 | **1.** tant / tellement ... qu' – **2.** une telle ... que – **3.** si / tellement ... qu' – **4.** trop de ... pour qu' – **5.** tant de / tellement de / de tels ... qu' – **6.** assez ... pour

8 | **1.** [...] est trop belle pour la laisser [...] – **2.** [...] est assez persuasif pour que les jurés soient [...] – **3.** [...] est trop têtu pour qu'on le fasse [...] – **4.** [...] assez de talent pour que nous vous offrions [...] – **5.** [...] présente trop de gravité pour que le gouvernement ne les prenne pas [...]

9 | si ... que – donc – trop ... pour – si bien que – d'où – une telle ... que – aussi

Chapitre 20

L'expression du but

Observez *page 162*

Types de constructions : « *pour que* (conjonction) + subjonctif », « *pour* (préposition) + infinitif », « *pour* (préposition) + nom ».

Observez *page 162*

a. 1. et **2.** Un objectif à atteindre (*pour que, afin que*), un résultat qu'on cherche à éviter (*de peur que, de crainte que*), une certaine façon d'agir pour atteindre le but visé (*de façon (à ce) que, de sorte que, de manière (à ce) que*). — **b.** Niveau soutenu — **c.** Subjonctif — **d.** non / oui

1 **1.** Il est parti [...] de peur que (de crainte que) son directeur (n') arrive [...]. — **2.** Pour que la vie soit plus agréable [...], participez aux conseils [...]. — **3.** Vous placerez [...] de façon à ce qu'on puisse circuler [...]. — **4.** Une salle [...] va être construite [...] pour (afin) que les enfants s'initient [...]. — **5.** Il faut classer [...] de manière à ce qu'on puisse s'y retrouver. — **6.** Le plombier a vérifié la réparation [...] de peur que (de crainte que) la soudure soit mal faite. — **7.** Le médecin a parlé [...] de (telle) sorte que le malade ne l'entende pas.

Observez *page 163*

a. Quand le sujet est le même dans les propositions principale et subordonnée. — **b.** pour, en vue de, de peur (crainte) de — **c.** afin de, de façon à, de manière à, dans le but de, dans l'intention de

2 **1.** [...] pour qu'ils fassent un bon choix. — **2.** [...] pour ne pas mécontenter la clientèle / de peur de mécontenter la clientèle. — **3.** [...] pour qu'ils puissent faire leurs courses [...]. — **4.** [...] de peur qu'ils réclament leurs parents. — **5.** [...] dans le but d'attirer ceux qui ne peuvent faire leurs courses [...]. — **6.** [...] de manière à ce que les clients soient obligés de passer [...]. — **7.** [...] de manière à attirer la clientèle.

3 **1.** [...] en vue d'une sensibilisation des jeunes sur les dangers [...]. — **2.** [...] pour la revalorisation du patrimoine culturel [...] ? — **3.** Pour plus d'efficacité, [...] — **4.** [...] de peur d'une défaite de l'équipe.

Observez *page 164*

phrase(s) : 2 – 3 et 4 – 1

5 **1.** Ø – **2.** Ø – **3.** pour – **4.** Ø – **5.** pour, Ø

6 **a) 1.** [...] a été modifié de telle manière que chacun a eu [...] (*conséquence*). – **2.** [...] va être modifié de manière à ce que chacun ait [...] (*but*). – **b) 1.** [...] Achète plusieurs paquets [...] de sorte que nous en ayons encore [...] (*but*). – **2.** [...] Ma sœur a bien fait d'acheter plusieurs paquets [...] de sorte que nous en avons eu encore [...] (*conséquence*). – **c) 1.** [...] parler très fort de sorte que tout le monde l'entendait (*conséquence*). – **2.** [...] parler très fort de sorte que tout le monde l'entende (*but*).

Chapitre 21

L'expression du temps

Observez *page 166*

a. et **b.** durée calculée à partir d'une date : de 1969 à 1980, à partir de 1981, jusqu'à la fin de ses jours – **durée exprimée directement** : en quelques années, pendant 35 ans, depuis 3 ans – **moment calculé à partir d'une durée** : il y a 3 ans, dans quelques mois – **moment exprimé directement** : en 1970

1 *N.B. Les réponses sont calculées en prenant l'année 2007 comme référence.*
1. 1966, 41 ans – **2.** 1970, 4 ans – **3.** 1981, 23 ans, 1981 à 2004 – **4.** 3 ans, 2004 – **5.** 2004, 3 ans

Observez *page 167*

a. Présent (= moment où le journaliste parle)

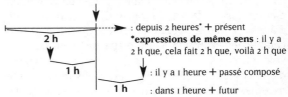

b. Par rapport au moment présent, c'est-à-dire le moment où le journaliste parle. — **c.** Dans les expressions *dans la soirée* et *dans la matinée*. Ici on désigne un moment à l'intérieur d'un intervalle de temps (un moment entre le début et la fin de la soirée, un moment entre le début et la fin de la matinée), et ce moment est indépendant du présent : il peut être passé (ex. : *je t'ai appelé hier dans la soirée*) ou futur (ex. : *je t'appellerai demain dans la matinée*). — **d.** ...les paparazzis l'attendaient depuis 2 heures... — ...où son avion avait atterri une heure plus tôt/une heure auparavant. — Certaines sources affirmaient qu'il ne faisait qu'une escale et repartirait une heure plus tard...— Cette information nous était parvenue la veille dans la soirée et avait été corroborée par d'autres sources ce jour-là dans la matinée.

2 depuis – cela fait/il y a/voilà 2 heures et demie qu' – il y a – dans – dans – depuis – dans – cela fait/il y a/voilà quelque temps qu'.

Observez *page168*

a. moment : phrase 1 – durée : phrase 2

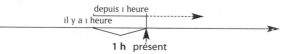

b. sens passé : phrase 1 – résultat présent d'une action passée : phrase 2

3 **1b.** est partie – **2a.** est revenue – **2b.** est – **2c.** est revenue – **3a.** a habité – **3b.** habite – **3c.** a déménagé – **4a.** a terminé – **4b.** a terminé – **4c.** travaille

4 *NB : Les réponses sont calculées en prenant l'année 2007 comme référence.*
Il est arrivé il y a 10 ans. – Il parle français depuis 9 ans. – Il vit à Paris depuis 7 ans. – Il a trouvé son premier emploi il y a 6 ans. – Il a change de travail depuis 5 ans. – Il a rencontré Jade il y a 4 ans. – Markus et Jade ont emménagé dans un appartement depuis 3 ans. – Il nagent dans le bonheur depuis 3 ans.

Observez *page 169*

a. pendant – **b.** en.

5 **1.** en, pendant – **2.** pendant, en – **3.** en, pendant – **4.** en, pendant

Observez *page 169*

a. pendant – **b.** pour.

7 **1.** pour, pour, pour – **2.** pendant, pendant – **3.** pour, pour, pour, pour – **4.** pendant, pendant, pour, pendant

Observez *page 170*

a. oui / non – **b.** depuis / à partir de, dès – **c.**

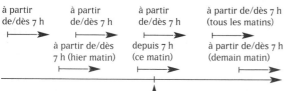

8 **1a.** à partir de, dès – **1b.** depuis – **2a.** depuis – **2b.** à partir de, dès – **3a.** à partir de, dès – **3b.** depuis

9 depuis – dès – à partir de – à partir de – depuis – à partir de – dès

Observez *page 171*

a. durée dont on ne précise pas **la fin** : phrases 1 et 2 / **moment** : 3 et 4 – **b.** à et *à partir de* sont neutres tandis que *dès* signifie que la durée ou le moment exprimés ont lieu <u>tôt</u>, ex. : *Je posterai cette lettre dès 8 h* « Je posterai cette lettre tôt : à 8 h ». –
c.

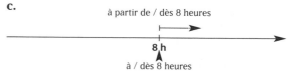

10 **1.** possible – **2.** possible – **3.** impossible – **4.** impossible, impossible – **5.** impossible, possible

11 **1.** possible, impossible – **2.** impossible – **3.** possible – **4.** possible, impossible

Observez *page 172*

a. depuis que, avant que, pendant que – **b.** subordonnée introduite par *depuis que* suivie de l'indicatif / subordonnée introduite par *pendant que* suivie de l'indicatif / subordonnée introduite par *avant que* suivie du subjonctif

12 **a)** proférait, était admis, encadraient, avait, est, se préparaient, allait, défilaient, revenait, se développera – **b)** **simultanéité simple :** lorsque, alors que / tandis que, au moment où, dès que ; **simultanéité + durée :** tant que / aussi longtemps que, pendant que ; **+ progression :** (au fur et) à mesure que ; **+ répétition :** chaque fois que / toutes les fois que ; **+ point de départ :** depuis que, maintenant que

13 **1.** [...] en juillet au moment où l'Etna est entré en éruption. – **2.** [...] depuis que je le prends, je ne souffre presque plus. – **3.** En effet, au fur et à mesure que le prix du baril de pétrole monte, les coûts industriels augmentent. – **4.** [...] au cinéma pendant que moi, j'étais de garde [...] – **5.** Chaque fois que nous y allons, il y a [...]

Observez *page 174*

a. et elle fredonnait en même temps / quand elle a entendu [...] – **b.** Il n'est pas obligatoire / non

15 **1.** [...] en jouant [...]. – **2.** [...] tout en continuant ses études [...] – **3.** En entrant dans [...] – **4.** En apercevant une [...] – **5.** On s'instruit tout en s'amusant. – **6.** [...] tout en protégeant l'environnement.

Observez *page 175*

Avant que introduit un fait envisagé comme possible dans l'avenir, *après que* un fait réalisé.

Observez *page 175*

a. Ce sont des temps composés. – **b.** Chaque temps composé est formé avec un auxiliaire au même temps que le verbe principal.

16 **a)** Une fois que vous aurez sorti [...] / Après que vous aurez mis [...] / Dès que vous aurez fini [...] et que vous aurez pris [...]. – **b)** Une fois qu'il avait sorti [...] / Après qu'il avait mis [...] / Dès qu'il avait fini [...] et qu'il avait pris [...].

17 **1.** [...] dès que ses jambes se seront consolidées, elle recommencera [...]. – **2.** Une fois qu'il a rebouché [...] et égalisé [...], le peintre passe la première [...] – **3.** Aussitôt qu'elle aura obtenu [...] et qu'elle aura réuni [...], elle partira. – **4.** Il faut le consommer [...] après qu'on l'a mis [...].

Observez *page 177*

a. Le sujet de l'infinitif et celui de la proposition principale doivent être le même. – **b.** L'infinitif passé exprime l'antériorité.

19 – Après avoir suivi le député [...], Isabelle D... l'interroge sur [...] / – *mardi* : impossible / – Après nous les avoir présentées au cours de leur formation, Jean-Baptiste G... les a filmées [...] – *jeudi* : impossible

21 **1.** Une fois que le TGV Est sera mis en service, [...] – **2.** Une fois que le coup de foudre est passé, [...] – **3.** Sitôt que le rapport demandé par le ministère de la Santé [...] aura été (*ou* sera) publié, [...] – **4.** Aussitôt que le décompte [...] a été vérifié, [...]

22 **1.** a, l'a vu – **2.** l'a entraînée, suit – **3.** était, a changé – **4.** n'aura pas voté, aura – **5.** dépasse, ont été prises

Observez *page 179*

a. en attendant que / jusqu'à ce que / avant que. La réalisation des faits est possible dans l'avenir → emploi du subjonctif – **b.** non : *avant que* + subjonctif devient *avant de* + infinitif, lorsque le sujet est le même dans les propositions principale et subordonnée. – **c.** Non. Il peut être supprimé.

23 **1.** [...] avant que l'orage (n')éclate. – **2.** Grace Kelly était actrice avant de devenir Princesse [...]. – **3.** [...] en attendant de pouvoir créer [...]. – **4.** [...] en attendant que leur vol soit annoncé. – **5.** Avant que le premier sous-marin nucléaire [...] porte le nom de Nautilus, le submersible [...] portait déjà ce nom. – **6.** [...] les Andes avant de se répandre [...]. – **7.** [...] différentes variétés de riz jusqu'à ce qu'ils obtiennent [...]

25 dès (à) – pour – dans – cela fait [...] qu' – pendant – depuis – il y a – à – en – dès – depuis – dans à partir de

26 Avant que – dès – jusqu'à ce qu' – À partir de – Au moment où – avant de – Une fois – après – quand – tant que – tandis que

Chapitre 22
L'expression de l'opposition et de la concession

Observez *page 181*

a. tandis que – **b.** bien que / pourtant

Observez *page 181*

a. l'indicatif – **b.** l. 2/3 tandis que, l. 4 bien que

1 **1.** Les sommets sont élevés [...] tandis que ce sont de petites montagnes [...]. – **2.** Les Méridionaux sont généralement expansifs alors que les Nordiques sont plus réservés. – **3.** Albertine est fine et élancée [...] alors que Richard [...] tient plus de sa mère. – **4.** Le niveau de vie est généralement élevé [...] tandis qu'il est très faible [...].

2 **1.** Anne est [...] tandis que son mari est un littéraire. – **2.** Christophe aime voyager [...] alors que sa femme préfère [...] – **3.** [...] Anne rejoindra [...] tandis que, les années précédentes, elle restait [...] – **4.** Les enfants ne manifestent aucun goût [...] alors que leurs parents au même âge aimaient beaucoup ça. – **5.** Ils se contentent [...] alors qu'en sport, ils sont [...].

4 **1.** Reste donc calme au lieu de te mettre [...] – **2.** Tu devrais [...] au lieu de t'habiller toujours en noir. – **3.** Vous devriez [...] au lieu de vous plaindre [...] – **4.** Assieds-toi sur [...] au lieu de t'asseoir sur ce [...] – **5.** Au lieu d'aller chez mes beaux-parents, nous avons loué [...].

Observez *page 183*

a. le subjonctif – **b.** quoique – **c.** bien qu'*il soit* amputé

5 – Non, bien que le ministre [...] ait accordé des allègements fiscaux, le chômage a peu baissé. – Oui, bien que la mondialisation effraie et qu'on la rende responsable [...], le gouvernement fait bien [...] – Non, bien que la relance [...] soit l'un [...], il n'a pas donné de véritable [...] – [...] bien qu'on ait déjà prolongé [...], il sera nécessaire [...]

Observez *page 184*

a. Leur place est très variable. – **b.** C'est impossible.

6 **1.** Les tomates cultivées en serre sont belles et appétissantes mais elles n'ont tout de même pas le même goût que celles qui mûrissent au soleil. – **2.** Hélène a bien reçu ma carte postale de Mexico, pourtant je m'étais trompé de code postal. – **3.** Albéric était un pianiste brillant, cependant il n'a pas réussi à faire la carrière internationale à laquelle on pouvait s'attendre. – **4.** Ce documentaire sur la vie du général de Gaulle présente des images d'archives exceptionnelles, il aurait néanmoins gagné à être plus synthétique. – **5.** Les deux chefs de gouvernement ne sont pas parvenus à un accord définitif, toutefois, ils en ont dégagé les grandes lignes.

Observez *page 184*

a. Bien qu'ils soient des professionnels [...], bien qu'ils aient chanté [...] – **b.** Elles ont beau être des professionnelles chevronnées, elles ont beau avoir chanté (*ou* ont eu beau chanter) [...]. *Beau* ne varie pas.

7 | **1.** Les partis politiques ont beau se fixer des quotas [...], les pourcentages ne sont [...] – **2.** Les femmes ont beau être en minorité [...], elles y jouent un rôle [...] – **3.** [...] les femmes ont beau être souvent cantonnées [...], elles réussissent très bien dans [...] – **4.** [...] la situation a beau avoir évolué (*ou* a eu beau évoluer), une discrimination [...] se maintient. – **5.** Les filles et les garçons ont beau avoir [...], la promotion [...] est moins rapide.

Observez *page 185*

Paragraphe 1. / Paragraphe 2.

9 | **1.** [...] même si la popularité de [...] a beaucoup baissé dans les sondages, il ne va pas modifier [...] – **2.** Même si notre nouveau directeur bouscule [...] et qu'il dérange, je [...] – **3.** [...] même si une évolution [...] se dessine [...] – **4.** [...], même s'il m'intéresse, [...].

10 | **1.** En dépit de la conjoncture [...], notre entreprise a réussi [...] – **2.** La pratique du dopage persiste malgré les contrôles auxquels les sportifs doivent [...] – **3.** [...] en dépit des mesures préventives recommandées par les autorités sanitaires. – **4.** [...] reste fragile malgré les nombreuses restaurations dont elle a fait l'objet.

Observez *page 186*

a. *bien qu'il ait l'air d'un jouet* – **b.** non

11 | **1.** [...] tout en restant à un prix [...]. – **2.** [...], tout en reconnaissant les nombreux avantages [...] – **3.** [...], tout en étant ouvert à la concertation, [...] – **4.** [...] tout en sachant qu'une telle protection [...].

Observez *page 187*

N'importe quel type d'activité est utile. – La construction porte sur un nom.

12 | **1.** Quel que soit votre âge, [...] – **2.** [...], quelles que soient leurs tendances [...]. – **3.** Quelle que soit la couleur de votre peau [...] – **4.** Quelles que soient les qualités [...] – **5.** Quel que soit le montant de leur salaire [...] – **6.** Quelle que soit la valeur [...].

13 | **1.** quoi qu'il arrive – **2.** Où qu'elle soit – **3.** quoi qu'il en pense – **4.** quoi que vous fassiez – **5.** quoi qu'on en dise – **6.** d'où qu'ils viennent

Observez *page 188*

a. **1.** [...] mais la faune sous-marine ne sera pas dérangée **2.** [...] mais on ne dérangera pas la faune sous-marine. – **b.** *sans que* + subjonctif, *sans* + infinitif, quand le sujet est le même dans les propositions principale et subordonnée.

14 | **1.** Il l'a obtenu avec mention sans avoir jamais rien fait ? – **2.** Il a traversé sans regarder ni à droite ni à gauche ? – **3.** Sans que rien puisse laisser deviner son identité ? – **4.** [...] sans que personne t'y ait encouragé ? – **5.** [...] sans vraiment le vouloir ?

Observez *page 189*

a. **1.** Certes il rend hommage [...] mais il se raconte aussi lui-même. **2.** C'est vrai que certains voyageurs se contentent [...], mais d'autres contournent [...] – **b.** le plus soutenu : *certes... mais...* / le plus familier : *il n'empêche que...*

15 | **a)** **1.** Certes 1,8 million d'espèces [...] mais il en reste encore beaucoup [...] – **2.** Certes la production d'articles [...] reste encore peu développée [...], mais elle est en pleine expansion [...].

Observez *page 190*

une idée de restriction

17 | **1.** [...] encore que rien ne puisse l'arrêter. – **2.** [...] encore qu'il ait souvent de bonnes raisons [...] – **3.** [...] encore qu'elle la fasse très bien [...] – **4.** [...] encore qu'il soit nécessaire d'en avoir [...] – **5.** [...] encore que certains aient critiqué [...]

Observez *page 191*

a. *sauf si* – **b.** Non. Il peut être supprimé.

18 | **1.** [...] à moins qu'elle (ne) change d'avis [...] – **2.** [...] à moins qu'il (n')y ait eu des indiscrétions – **3.** [...] à moins qu'il pleuve et que l'herbe soit trop humide. – **4.** [...] à moins qu'elle n'obtienne pas les subventions [...]. – **5.** [...] à moins que vous (ne) préfériez [...].

19 | **1.** à moins d'avoir 15 ans – **2.** à moins d'être milliardaire – **3.** À moins d'un miracle – **4.** à moins d'avoir des relations – **5.** à moins d'avoir un bon entraînement − **6.** à moins d'une augmentation de salaire [...]

20 | **1.** [...] aisance. Pourtant, il ne [...] − **2.** [...] aisance, par contre il est [...] − **3.** [...] matinal. Moi, par contre, je [...] − **4.** C'est pourtant interdit ! − **5.** [...] bateau. Par contre, sa femme [...]

21 | alors que − même si − Contrairement à − bien qu' − En revanche − malgré − Si − sans qu' − que − mais

Chapitre 23
L'expression de l'hypothèse et de la condition

Observez *page 193*

a. et **b.** Si le prix du pétrole *continue* à augmenter, il *faudra* trouver des moyens [...] : hypothèse portant sur le futur / [...] si on *généralisait* (indicatif imparfait) l'E85 [...], on *pourrait* réduire la facture pétrolière et en plus on *polluerait* moins (conditionnel présent) : hypothèse réalisable, mais non réalisée dans le présent / Si les précédents gouvernements [...] *avaient autorisé* (indicatif plus-que-parfait) ce carburant [...] les constructeurs automobiles *auraient produit* (conditionnel passé) des véhicules [...] : hypothèse non réalisée dans le passé / et nous *aurions* (conditionnel présent) aujourd'hui un réseau de distribution [...] : hypothèse non réalisée dans le présent.

Observez *page 193*

a. 1. impératif, indicatif futur / **2.** indicatif futur proche / **3.** subjonctif présent − **b.** Oui, ces hypothèses peuvent se réaliser.

1 | **1.** j'arriverai, gagnerons, j'irai, prendrai, sera, commencez − **2.** on ne va pas manger, on va aller − **3.** se détende, fasse, prenne

Observez *page 194*

a. 1 / 4 / 3 / 2 − **b.** Le subjonctif est employé dans la relative qui caractérise un antécédent hypothétique.

2 | **1.** auraient, étaient − **2.** se répandaient, serions − **3.** limitions, triions, pourrions

3 | **1.** inventait, produise, préserverait − **2.** trouvions, ait, prendrions − **3.** parvenaient voudraient, soit

4 | **1.** Si tu t'arrangeais pour finir ton rapport vendredi, nous pourrions partir en week-end. − **2.** Si le soleil revenait après les pluies, il y aurait beaucoup

de champignons dans les bois. − **3.** Si la chasse était interdite le dimanche, on se promènerait en toute sécurité dans les forêts. − **4.** Si les constructeurs automobiles fabriquaient des moteurs silencieux, le niveau de pollution sonore diminuerait. − **5.** Si une crue comme celle de 1910 se reproduisait à Paris, certaines stations de métro seraient inondées.

Observez *page 195*

Indicatif plus-que-parfait dans la subordonnée introduite par *si*, conditionnel passé dans la proposition principale.

6 | **1.** avait eu, auraient pu − **2.** avais équipé, ne te serais pas perdu − **3.** avions consulté, ne serions pas sortis, aurions évité

Observez *page 195*

a. et **b.** Indicatif passé composé dans la subordonnée introduite par *si*, indicatif présent dans la prop. principale : antériorité de la subordonnée par rapport à la principale au présent actuel − Indicatif passé composé dans la subordonnée introduite par *si*, indicatif futur dans la prop. principale : antériorité de la subordonnée, postériorité de la principale − Indicatif plus-que-parfait dans la subordonnée introduite par *si*, conditionnel présent dans la prop. principale : antériorité de la subordonnée par rapport à la principale au conditionnel présent − Indicatif imparfait dans la subordonnée introduite par *si*, conditionnel passé dans la prop. principale : antériorité de la prop. principale par rapport à l'hypothèse non réalisée dans le présent.

8 | **1.** sait − **2.** j'ai fini, j'irai − **3.** m'étais couchée, serais − **4.** connaissais, aurait voulu − **5.** avez eu, risquez − **6.** étaient, m'auraient demandé − **7.** aviez installé, coûterait

Observez *page 196*

1re phrase : la 2e hypothèse coordonnée est introduite par *si* et le verbe est à l'imparfait. − 2e phrase : la 2e hypothèse coordonnée est intro-duite par *que* et le verbe est au mode subjonctif.

9 | **1.** s'il obtient / qu'il obtienne − **2.** s'il réussissait / qu'il réussisse − **3.** s'ils ont eu / qu'ils aient eu

Observez *page 197*

1re phrase : indicatif présent dans la subordonnée introduite par *si*, indicatif présent dans la prop. principale. − 2e phrase : indicatif imparfait dans la subordonnée introduite par *si*, indicatif imparfait dans la prop. principale. − C'est le même mode et le même temps qui est employé dans les deux propositions.

10 1. obtient, peut – 2. parles, trouves – 3. faisait, j'allais – 4. voulais, j'étudiais

Observez *page 197*

a. *à condition que* + subjonctif / *au cas où* + conditionnel / *à supposer que* + subjonctif / *pour peu que* + subjonctif / *dans la mesure où* + indicatif / *même si* + indicatif – **b.** et **c. Hypothèse :** à supposer que, dans l'hypothèse où, en admettant que / **Éventualité :** au cas où / **Simple condition :** à condition que / **Condition nécessaire ou suffisante :** pour peu que, du moment que, pourvu que / **Condition avec idée de proportion :** dans la mesure où / **Condition avec idée d'opposition :** même si

11 1. fait – 2. se poursuive – 3. ait – 4. se désisterait – 5. se stabilisent – 6. j'avais pris

12 1. Pour peu que – 2. du moment que – 3. pourvu qu' – 4. à condition que – 5. dans la mesure où – 6. au cas où – 7. à supposer qu', dans l'hypothèse où

Observez 1 *page 198*

a. On peut remplacer la proposition subordonnée conditionnelle par un groupe prépositionnel. – **b.** *À condition de* est suivi de l'infinitif alors que les autres prépositions sont suivies d'un groupe nominal.

14 1. En cas de coupure d'électricité [...] – 2. Avec un vol charter [...] – 3. [...] à condition d'être célibataire [...]. – 4. Sans affiches publicitaires [...] – 5. En cas d'orage [...]

15 1 c – 2 e – 3 a – 4 f – 5 d – 6 b

Observez 2 *page 198*

Sinon est l'équivalent de *si... ne... pas* portant sur la prop. précédente. Il doit être placé au début de la seconde prop.

16 1. Jeanne est débordée, sinon elle serait venue [...]. – 2. Si tu ne prends pas ta carte [...], les vigiles ne te laisseront pas entrer [...] – 3. Arrête de faire du bruit, sinon les voisins vont se plaindre. – 4. Si je n'avais pas été au Japon [...], je serais allé [...]. – 5. Jacques avait déjà trouvé [...], sinon cette proposition l'aurait intéressé. – 6. Si j'avais roulé trop vite et si je n'avais pas freiné à temps, j'aurais renversé le piéton.

Observez 3 *page 200*

a. 1re colonne : l'hypothèse est formulée avec un gérondif. – 2e colonne : juxtaposition de deux prop. au même temps de l'indicatif (sens de *quand/chaque fois que* : valeur temporelle). – 3e colonne : juxtaposition de deux prop. au conditionnel. – 4e colonne : juxta-

position d'un groupe nominal et d'une prop. à l'imparfait (1re phrase) ou au conditionnel (2e). – **b.** Autrefois, si/quand on prenait la nationale [...]. – Maintenant, si/quand on prend l'autoroute, [...]. – S'il y avait [...], cela bloquerait [...]. / S'il y avait eu [...], cela aurait bloqué [...]. – S'il avait fait [...], l'avion ratait [...] / S'il avait fait [...], l'avion aurait raté [...].

17 1. En cherchant dans [...] – 2. En prenant la route [...] – 3. En regardant sur le site [...] – 4. En partant de bonne heure [...] – 5. En dînant plus tôt [...]

18 1. L'assemblée serait dissoute [...] – 2. Tu aurais été là [...] – 3. Le nouveau témoin serait auditionné [...] – 4. Georges suivrait bien [...] – 5. On aurait rechargé la batterie [...]

20 1. aimerions – 2. prenais – 3. s'y étaient mis – 4. serions déjà arrivés – 5. évites, fasses, baisserait – 6. est – 7. chuteraient – 8. soient, entraînent, ravissent, fascinent

21 1. Si – à condition que – Si – en descendant – sinon – Avec – 2. Avec – Dans la mesure où – Si – En créant – sans – Si

Chapitre 24
L'expression de la comparaison

Observez *page 202*

a. *plus* + adjectif + *que* / *moins* + adjectif + *que* / *aussi* + adjectif + *que* / *le plus* + adjectif / *le moins* + adjectif *de* – **b.** non

1 1. moins de [...] que, autant de [...] que, le moins de [...] (de toutes) – 2. meilleure, moins bonne, la meilleure – 3. plus que, autant que, le moins.

2 1. bons, meilleurs – 2. mieux, bien – 3. bonne, bien – 4. meilleur – 5 a. bien, mieux (qualité morale) – 5 b. bon, meilleur (compétence) – 6. mieux.

3 1. pire – 2. plus mauvais – 3. pire – 4. plus mauvais – 5. pires

Observez *page 203*

a. *le* : quand le verbe a un objet direct / *y* : quand le verbe a un objet indirect (préposition *à*) / *en* : quand il y a la préposition *de* – **b.** *plus/aussi/moins* adjectif *que* phrase / *plus de/autant de/moins de* nom *que* phrase – **c.** On utilise éventuellement le *ne* explétif avec *plus/moins (de)* mais on ne l'utilise pas avec *aussi/autant (de)*.

4 1. Cet acteur est moins grand qu'il (ne) le semble. – 2. [...] il a travaillé plus qu'il (ne) s'y attendait. – 3. Il est aussi grandiose que je l'imaginais. –

4. Il y a moins de monde qu'on (ne) pourrait le croire sur cette plage. – **5.** Les enfants ont mangé autant de bonbon qu'ils en avaient envie. – **6.** Nos nouveaux voisins sont plus sympathiques qu'ils (n')en avaient l'air.

Observez *page 204*

a. de plus en plus, de moins en moins, plus que jamais – **b.** plus... plus, plus... moins – **c.** d'autant plus... que – **d.** autant... autant

5 | **1.** Elle fait de moins en moins de sport. / Elle fait moins de sport que jamais. – **2.** Elle boit de plus en plus de café. / Elle boit plus de café que jamais. – **3.** Elle dort de moins en moins. / Elle dort moins que jamais.

6 | **a) 2.** Plus Julie boit de café, moins elle dort. / Elle dort d'autant moins qu'elle boit de plus en plus de café. / Elle dort peu, d'autant moins qu'elle boit de plus en plus de café. – **b) 1.** [...], d'autant (moins) qu'elle fume comme un pompier. – **2.** Elle dort d'autant moins qu'elle boit beaucoup de café. / Elle dort peu, d'autant (moins) qu'elle boit beaucoup de café. – **3.** Elle fume d'autant plus qu'elle boit beaucoup de café. – Elle fume beaucoup, d'autant (plus) qu'elle boit beaucoup de café.

7 | **a) 2.** Julie fait moins de sport maintenant qu'il y a un an. Autant il y a un an elle faisait du sport trois fois par semaine, autant maintenant elle en fait une fois par mois. – **3.** Elle boit plus de café maintenant qu'il y a un an. Autant il y a un an elle buvait un café par jour, autant maintenant elle en boit cinq par jour. – **4.** Elle dort moins maintenant qu'il y a un an. Autant il y a un an elle dormait huit heures par nuit, autant maintenant elle dort cinq heures par nuit. – **b) 2.** Autant elle fait de moins en moins de sport, autant elle boit de plus en plus de café. – **3.** Autant elle boit de plus en plus de café, autant elle dort de moins en moins. – **4.** Autant elle fume de plus en plus, autant elle dort de moins en moins.

8 | **1.** Il part d'autant moins en vacances qu'il [...]. – **2.** Cette plante pousse d'autant plus vite que je m'en [...]. – **3.** Cette voiture fonctionne d'autant mieux qu'elle est [...]. – **4.** Mon voisin met la radio d'autant plus fort qu'il [...]. – **5.** Nolwenn a d'autant mieux appris l'espagnol qu'elle [...].

Observez *page 206*

a. Ils sont suivis d'un nom, d'un pronom ou d'une phrase. – **b.** Quand il est précédé d'un nom ou du verbe *être*. – **c.** *comme* est neutre : on peut l'employer dans la langue soutenue ou familière, tandis que *tel que* s'emploie seulement dans la langue soutenue.

9 | **1.** comme – **2.** comme – **3.** comme / tel que – **4.** comme – **5.** comme / telles que – **6.** comme – **7.** comme / tel que – **8.** comme – **9.** comme / tel que.

10 | **1.** Ma sœur a acheté les mêmes rideaux que ma mère. – **2.** Mon voisin porte le même imperméable que l'inspecteur Colombo. – **3.** Cette femme a connu le même destin que Lady Diana. – **4.** J'ai le même chien que mon voisin. – **5.** Oscar a les mêmes difficultés scolaires que sa sœur.

11 | **1.** [...] comme s'il était désolé. – **2.** [...] comme si ses occupants l'avaient abandonnée [...]. – **3.** [...] comme s'il y avait le feu. – **4.** [...] comme s'il était parti pour toujours ! – **5.** [...] comme si ça n'allait jamais s'arrêter.

12 | **1.** [...] trois langues, de même qu'Ilana. – **2.** [...] l'opéra italien, de même que l'opéra français. – **3.** [...] Perros Guirec de même qu'à Carnac. – **4.** [...] la nuit, de même que les chauves-souris. – **5.** [...] en Dordogne de même que dans le Lot.

Observez *page 207*

a. de même que – de même que... de même / *de même que... de même* insiste davantage sur la ressemblance que *de même que*. – **b.** *plutôt que de* infinitif / le même sujet

13 | **a)** et **b) 1.** [...] la musique baroque, de même qu'ils adorent Mozart. / De même qu'ils aiment beaucoup [...], de même ils adorent [...]. – **2.** Plutôt que de mettre du sucre [...], j'utilise des sucrettes. / J'utilise des sucrettes plutôt que de mettre du sucre [...]. – **3.** [...] très ordonné, de même qu'Aude est très méticuleuse. / De même que Louis est [...], de même Aude est [...]. – **4.** [...] notre rendez-vous, de même que vous êtes en retard à la conférence. / De même que j'ai oublié [...], de même vous êtes [...]. – **5.** Plutôt que d'acheter un chat, mon frère va prendre [...]. / Mon frère va acheter [...] plutôt que de prendre [...]. – **6.** Le double vitrage permet des économies [...], de même que la circulation [...] permet des économies [...]. / De même que le double vitrage permet [...], de même la circulation [...] permet [...]. – **7.** Plutôt que de travailler tard le soir, Clémentine préfère travailler tôt le matin. / Clémentine préfère [...] plutôt que de [...]. – **8.** Plutôt que d'aller au théâtre, nous irons au cinéma. / Nous irons [...] plutôt que d'aller [...]. – **9.** Les objets s'usent de même que le corps se fatigue. – De même que les objets [...], de même le corps [...]. – **10.** Mon grand-père est devenu peintre plutôt que de faire des études [...]. / Plutôt que de faire des études [...], mon grand-père est devenu peintre.

14 | le restaurant le plus grand – aussi nombreux qu'une colonie – plus de petits-enfants que d'arrière-petits-enfants – de plus en plus nombreux – plus les années [...] plus les petits-enfants – autant de chaises qu'il y a d'invités – plus le repas [...] s'éternise et moins il y a de convives – ils profiteraient d'autant plus de leur journée qu'ils – comme des petits fous – les mêmes poses que Johnny Halliday, comme s'ils étaient – une meilleure idée : plutôt que de les gronder – plus tôt que prévu – autant la viande et les légumes [...] autant les choux – comme leurs enfants – comme s'ils avaient – une fête telle que celle-là – le plus beau cadeau

risques pour la santé humaine – **e)** Les canons à neige permettent aux stations de sports d'hiver d'apporter une solution à la baisse de l'enneigement liée au changement climatique. Or les canons à neige consomment beaucoup d'électricité et d'eau, ce qui nuit à la préservation de l'environnement. Ainsi la question se pose : comment préserver l'emploi dans les stations tout en respectant la nature ? Le problème est débattu entre élus locaux et défenseurs de l'environnement et peut-être le sera-t-il bientôt au sein du gouvernement.

8 | non seulement... mais aussi – à partir de – mais – auparavant – donc – par conséquent – d'où – même – c'est pourquoi – puis – ensuite – plus tard – finalement

Chapitre 25
Les connecteurs

Observez *page 210*

a. et **b.** (Les connecteurs soulignés sont ceux du texte.) **temps :** aussitôt / alors – **cause :** car, en effet – **conséquence :** d'où, ainsi / c'est pourquoi – **but :** pour cela / dans ce but – **opposition :** à l'inverse, or / cependant, mais, en fait – **reformulation :** autrement dit / en d'autres termes – **addition :** de plus / non seulement... mais encore – **conclusion :** finalement / en définitive

1 | 1 f (*par conséquent*) – 2 e (*toutefois*) – 3 a (*en plus*) – 4 b (or) – 5 c (*d'ailleurs*) – 6 d (*en fait*)

2 | 1. en tout cas – 2. finalement – 3. mais... quand même – 4. du coup 5. après tout – 6. en fait

3 | a) en premier lieu – certes – pourtant – en outre – par conséquent – b) mais – d'abord – en outre – bref – c) 7 – 1 – 3 – 2 – 4 – 5 – 6

4 | 6 – 3 – 4 – 1 – 5 – 2

6 | a) à première vue / en réalité / en effet / or / donc / ou bien / c'est pourquoi / mais / or / c'est pourquoi / aussi / de leur côté / mais – b) Faut-il développer ou freiner l'implantation des canons à neige ? – c) Par la phrase : « dialectique entre activité économique et préservation de l'environnement ». – d) en faveur des canons à neige : l'exploitation de l'or blanc / le ski fait la fortune des montagnes / peu de facilités de reconversion / utilisation raisonnée des canons ; contre leur exploitation : consommation d'électricité et d'eau, atteintes au paysage,

Chapitre 26
Les relations anaphoriques

Observez *page 216*

a. Le pronom relatif *qui* renvoie à son antécédent *déchets*. / Le pron. pers. *ils* → *Les sacs poubelle*. / Le pron. relatif *qui* → son antécédent *utilisateur*. / Le pron. relatif *qu'* (*que*) → son antécédent *sacs*. / Le pron. pers. *ils* → *les gens*. / Les pron. dém. *C'* et *cela* → le système de perception des taxes d'ordures ménagères décrit dans les phrases précédentes. – **b.** Le groupe nominal *Cette réduction des déchets* → la phrase précédente. / Le gr. nominal *ce système* → *un nouveau système de perception des taxes d'ordures ménagères*. – Le gr. nominal *le code barre* → *un code barre* de la phrase précédente. – **c.** Le gr. verbal *faire de même* → ce qui vient d'être décrit : la façon de faire de certaines communes suisses pour organiser la collecte des ordures ménagères et percevoir les taxes correspondantes.

Observez *page 216*

Julie : pron. pers. sujet *elle* (2 fois) – **la licence :** pron. relatif *qu'* – **Ses parents :** pron. pers. sujets *Ils* et *eux-mêmes* – **Son copain Marius :** pron. pers. sujets *Lui* et *il* / pron. pers. compl. *l'* – **originaire de Marseille :** pron. dém. *ce* + pron. relatif *qui* – **Les étudiants de Master :** pron. pers. sujet *eux* / pron. pers. compl. *leur* – **font un stage en entreprise :** pron. dém. *cela*

1 | 1. Elles, qu' – 2. que, Ils, les, leur, ce qu', nous nous – 3. lui, il, elle qui, lui, lui-même, elle – 4. lui, me, que, le – 5. Cela

Observez *page 217*

Pron. poss. : le mien — **Pron. interr.** : lequel — **Pron. dém. + pron. relatif** : ceux qui (2 fois) — **Pron. ind.** : certains, d'autres — **Numéral** : un, deux, le premier

2 | **1.** un, trois autres — **2.** Lequel, le premier... le second / celui-ci... celui-là, le premier — **3.** les tiennes — **4.** plusieurs, Lequel, Celui, celui — **5.** celle que

Observez *page 218*

Ils sont construits, l'un avec l'article défini, l'autre avec le déterminant démonstratif, le dernier avec le déterminant possessif + le même nom *monument*.

3 | **1.** Le, le — **2.** son — **3.** Ce — **4.** Mes — **5.** Les — **6.** Cette

Observez *page 218*

1. La reprise du nom propre *Georges Brassens* est faite avec un nom le désignant par son activité, sa profession et précédé du déterminant dém. — **2.** La reprise du gr. nominal *Un escroc à la carte bleue* est faite par un nom synonyme d'escroc *malfaiteur* précédé de l'article défini. — **3.** La reprise du gr. nominal *un beau tulipier de Virginie* est faite par le nom générique *arbre* précédé de l'article défini.

4 | **1.** l'animal / le matou — **2.** peintre — **3.** Cet ouvrage / Ce livre — **4.** département — **5.** tableau

Observez *page 219*

a. L'anaphore nominale en gras reprend l'ensemble de la phrase précédente. — **b.** *cet incendie* : gr. nominal formé du déterminant dém. et d'un nom résumant l'idée du verbe a brûlé. / *Une telle mesure* : gr. nominal formé du déterminant ind., de l'adjectif *tel(le)* et du nom *mesure*, nom abstrait renvoyant à l'action du gouvernement décrite dans la phrase précédente. / *Cette baisse de la consommation* : gr. nominal formé du déterminant dém. et d'un nom construit avec un compl. du nom, *baisse de la consommation*, l'ensemble renvoyant à ce qui a été constaté dans la phrase précédente.

6 | **1.** manifestation — **2.** l'atterrissage — **3.** disparition — **4.** opération

Observez *page 220*

faire de même → le gr. verbal de la phrase précédente *ont remplacé la session de rattrapage de septembre par une session en juin*. — *a fait / le faire* → le gr. verbal *avancer le début de l'année universitaire*

8 | **1.** en faire autant — **2.** faisait pareil — **3.** faire — **4.** le faire — **5.** faire de même

9 | **1.** qui, dont, meuble — **2.** création — **3.** absence — **4.** les siens — **5.** celui — **6.** décision — **7.** investissement — **8.** Cela — **9.** le faire — **10.** j'en fasse autant

Achevé d' imprimer en Italie par L.E.G.O. S.p.A.
Dépôt légal : avril 2015 - Edition n° 10 - Collection n° 23
15/5438/5